Eduard Winkelmann

Geschichte der Angelsachsen bis zum Tode König Aelfreds

Verlag
der
Wissenschaften

Eduard Winkelmann

Geschichte der Angelsachsen bis zum Tode König Aelfreds

ISBN/EAN: 9783957002365

Auflage: 1

Erscheinungsjahr: 2014

Erscheinungsort: Norderstedt, Deutschland

Hergestellt in Europa, USA, Kanada, Australien, Japan
Verlag der Wissenschaften in Hansebooks GmbH, Norderstedt

Geschichte

der Angelsachsen

bis zum Tode König Aelfreds.

Von

Eduard Winkelmann.

Mit Illustrationen und Beilagen.

Berlin,
G. Grote'sche Verlagsbuchhandlung.
1883.

Inhalts-Verzeichniß.

Vorwort.

Wenn ich nicht geglaubt hätte, daß eine neue Bearbeitung der älteren angelsächsischen Geschichte auch nach den bedeutenden Leistungen eines Lappenberg, Pauli, Freeman, Stubbs und Anderer eine gewisse Berechtigung habe, würde sie nicht von mir gewagt worden sein. Es kam nun zwar für die „Allgemeine Geschichte in Einzeldarstellungen" zunächst darauf an, die bisherigen Ergebnisse der gelehrten Forschung zusammen zu fassen; aber ich darf wohl sagen, daß ich mich nicht damit begnügt habe, sondern selbständig auf die Quellen zurückgegangen und dabei vielfach zu abweichenden Ansichten gelangt bin, deren Begründung hier höchstens angedeutet werden konnte. Die Beschaffenheit übrigens der Quellen, welche für einzelne Zeitabschnitte verhältnißmäßig reich, für andere dagegen und zwar für die meisten überaus dürftig sind, wird nicht ohne Einfluß auf meine Darstellung geblieben sein, besonders da ich, um wo möglich nichts Unsicheres zu bieten, es verschmäht habe, die breiten Lücken der älteren Ueberlieferung mit den ausführlicheren Berichten der Schriftsteller des 11. und 12. Jahrhunderts auszufüllen. Sollte aber meiner Arbeit auch sonst kein Vorzug zuerkannt werden, so wird doch der der Kürze ihr nicht bestritten werden können, und ich meine, es ist schon etwas, kurz zu sein, ohne Wesentliches unbesprochen zu lassen.

Heidelberg, 3. November 1883.

Winkelmann.

I. Britannien bis zum Ende der römischen Herrschaft.

Die Inselgruppe an der oceanischen Küste Europas, welche wir heute Großbritannien nennen, ist unter den Kulturvölkern des Alterthums zuerst den Phöniciern bekannt geworden, welche durch die Meerenge von Gibraltar nach Norden schiffend von dorther namentlich Zinn holten und in den Handel brachten. Erwarben sie sich dabei genauere Kunde von der Beschaffenheit jener Gegenden, so haben sie jedenfalls von derselben nicht viel in die Oeffentlichkeit gelangen lassen: die Griechen wußten noch zur Zeit des Herodot nur so viel, daß im nordwestlichen Oceane die Kaffiteriben, d. h. die Zinninseln gelegen seien. Der von Massilia aus betriebene Handelsverkehr ins Keltenland mag diese dürftige Kenntniß allmählich erweitert haben, aber es verging noch ein Jahrhundert, bis Pytheas von Massilia¹) als der erste Grieche auf dem Seewege zu den Küsten Britanniens gelangte, in Kent wie es scheint den Boden der Hauptinsel betrat, die Weise ihrer Bewohner erforschte und auf dem Heimwege von seiner Fahrt nach dem märchenhaften Thule sie nördlich und westlich umschiffte. Von seiner Reisebeschreibung ist aber nur weniges bei späteren Schriftstellern erhalten, welche sie benutzt haben; ja er scheint überhaupt nicht die Beachtung, welche er ohne Zweifel verdiente, und vor Allem auf lange Zeit hin keinen Nachfolger gefunden zu haben. Wenn man auch nach und nach die wichtigeren Inseln in jenen Meeren bestimmter unterscheiden lernte, das große Albion, dann Jerna (Hibernia, Irland), Mona (Anglesea oder Man?) und Iktis (Vecta, Wight), man wußte trotzdem wenig Zuverlässiges von ihnen, bevor Cäsar nach der ersten raschen Ueberwältigung der kontinentalen Kelten die römischen Waffen zu ihren insularen Stammesgenossen hinübertrug, um durch die Züchtigung der letzteren, von denen die ersteren unterstützt worden waren, sich die Herrschaft über Gallien zu erleichtern. Mehr hat er bei seinen zwei Feldzügen nach Britannien in den Jahren 55 und 54 v. Chr. nicht erreicht; aber er hat diese bisher mehr oder weniger verschleierte Inselwelt, über welche er in Gallien selbst nicht viel erkundet haben will, den Blicken Roms endgültig enthüllt:

---

1) Vgl. W. Bessel, Ueber Pytheas von Massilien und dessen Einfluß auf die Kenntniß der Alten vom Norden Europas. Göttingen 1858; Müllenhoff, Deutsche Alterthumskunde. Bd. I. Berlin, 1870; O. Brenner, Nord- und Mitteleuropa in den Schriften der Alten. München, 1877.

troz seiner phönicischen und griechischen Vorgänger tritt sie doch eigentlich erst mit ihm in die Geschichte ein.

Cäsar berichtet nach seinen theils bei gallischen Kaufleuten, theils auf der Insel selbst eingezogenen Nachrichten.[1]) Jene aber sind in ihren Mittheilungen offenbar sehr zurückhaltend gewesen und dasjenige, was er selbst in Erfahrung brachte, beschränkte sich der Natur der Sache nach auf die Hauptinsel und zwar auf deren südliche, allein von ihm berührte Theile. Er unterschied die Bewohner der Küste von denen des Innern und stellte die letzteren als Urbewohner jenen gegenüber, welche vom Festlande her eingewandert seien. Indessen will er damit nicht sowohl einen Unterschied der Nationalität andeuten — denn ihm galten auch die Bewohner des Binnenlandes als Kelten — als vielmehr die Verschiedenheit der in Britannien vorkommenden Kulturstufen. Die Bevölkerung war im Allgemeinen zahlreich, die Besiedlung dicht, der Viehstand groß, der Bergbau in schwunghaftem Betriebe und zwar vornehmlich auf Blei, weniger auf Eisen; aber während man im Inneren des Landes hauptsächlich von dem Fleisch und der Milch der Hausthiere lebte, war bei den Völkerschaften an der Küste, deren Namen selbst zum Theil auf ihre festländische Heimath zurückweisen, der Ackerbau die Grundlage ihres wirthschaftlichen Daseins und es fehlte nicht an Handelsbeziehungen zu den jenseits des Meeres wohnenden Stammesgenossen, welche besonders das nächstgelegene Cantium (Kent) aufsuchten und ohne Zweifel durch diesen Verkehr dazu beitrugen, daß diese Landschaft schon zur Zeit Cäsars in der Kultur allen übrigen voraus war. Barren von Kupfer und Eisen, die auf ein bestimmtes Gewicht gebracht waren, dienten als Tauschmittel. Abstammung, Sprache und Verkehr schlugen so eine Brücke über den Kanal; sie wurden obenbrein in ihrer verbindenden Kraft verstärkt durch die Gemeinsamkeit der Religion und des Priesterthums hüben und drüben. Ja Cäsar meint, daß das Druidenthum und seine Lehre gerade in Britannien heimisch sei und wer von den Kelten in letztere tiefer einzudringen wünsche, sich dorthin zu begeben pflege. Und ein Moment wenigstens unterstützt die Meinung des Römers, nämlich die eigenthümliche Schrift, welche auf dem Boden der britischen Inseln erzeugt zu sein scheint. Während die festländischen Kelten seit ziemlich früher Zeit sich für ihre Münzen und andere Zwecke des griechischen Alphabets bedienten, hat man dort sich aus kleinen Kreisen oder Punkten und aus geraden Strichen, welche ursprünglich wohl dazu bestimmt waren, in Holzstäbe eingekerbt zu werden, ein selbständiges Alphabet geschaffen. Derartige Schriftdenkmäler sind freilich erst aus den letzten Römerzeiten oder gar aus noch späteren auf uns gekommen; aber es liegt auf der Hand, daß die in ihnen enthaltenen Schriftzeichen — zumeist an den Kanten langer und schmaler Steine eingeschnitten — nicht erst dann in Gebrauch genommen sein können, als das von den Römern mitgebrachte vollkommenere Alphabet

---

1) Caesar de bello Gallico IV, 20. V, 12—16. VI, 13.

der Kulturvölker sich schon jene Inseln erobert hatte. Diese nach einem angeblichen britischen Gotte die oghamische genannte, nationale Schrift, deren Lesung freilich noch sehr zweifelhaft ist, muß nothwendig älteren Ursprungs sein als die Einführung des lateinischen Alphabets, neben welchem und oft in Verbindung mit ihm sie sich viele Jahrhunderte hindurch bis in die christliche Zeit behauptet hat.

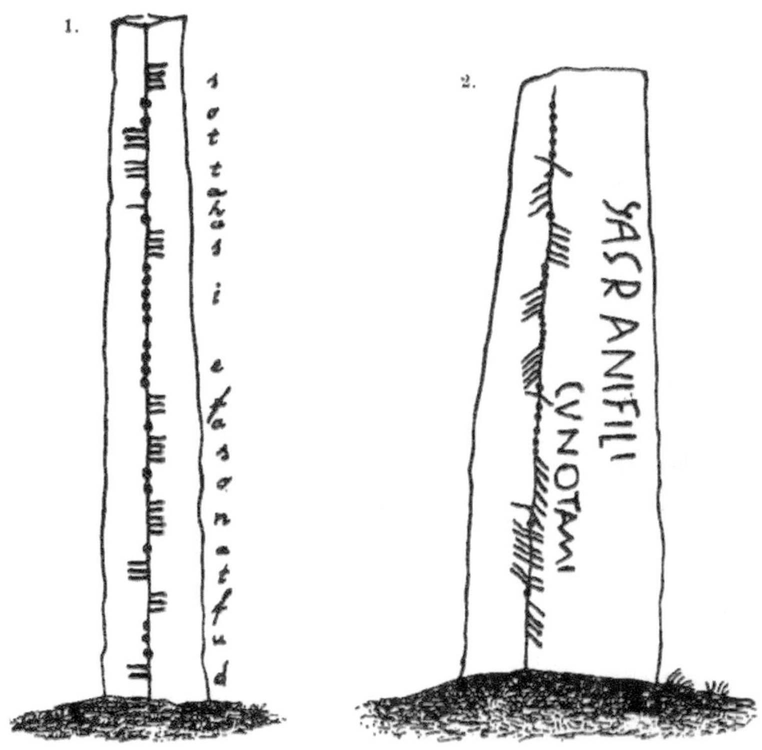

1. Inschrift von Killeen Cormac, Kilbare (Irland):
Duftano's tafel sahattos : des weisen Duftan (?). Auf der Rückseite: IVVENEDRVVIDES.

2. Inschrift von St. Dogmaels Abbey, Pembrokeshire:
Sagramni maqi Cunatami (?)
Sagrani fili Cunotami.

Die ständischen und politischen Verhältnisse Britanniens werden von Cäsar nicht sonderlich beleuchtet, aber wir sind doch wohl zu der Annahme berechtigt, daß sie von denen des festländischen Keltenthums nicht wesentlich verschieden gewesen sein werden. Auch hier dürfte die Masse, „welche keines selbständigen Entschlusses fähig ist und ebenso wenig zu einer Berathung hinzugezogen wird", dem Römer fast wie unfrei erschienen sein, gegenüber den Priestern und den Rittern, deren Ansehen mit der Zahl derjenigen wuchs, welche theils aus Noth, theils um dem Drucke Mächtigerer zu entgehen, sich freiwillig in ihre Clientel begaben. Diesem, wenn ich so sagen darf, feudalen Zuge des keltischen Lebens entspricht denn auch die Kriegsweise der Briten. Denn der Schwerpunkt ihres Heerwesens lag in der zahlreichen Reiterei und in den Streitwagen, von welchen die Krieger nach der Weise der homerischen Helden, wie das Bedürfniß es mit sich brachte, herabsprangen, um zu Fuß den Kampf fortzusetzen. Die britische Reiterei zeigte sich im Allgemeinen der römischen überlegen, beweglicher als diese und besonders gefährlich, wenn sie unversehens aus den durch Verhaue und Gräben gesicherten Wäldern hervor= brach. Freilich die bessere Bewaffnung und die Kriegskunst der Römer wurde zuletzt stets sowohl jener etwas naturalistischen Kampfesweise als auch der rohen Verschanzungen Meister, in welche die Bevölkerung sich und ihr Vieh beim Herannahen des Feindes zu flüchten pflegte, aber doch eben nur mit Mühe und vor allen Dingen deshalb, weil die politische Zerklüftung einheit=

Noch nicht entzifferte Inschrift aus Hackneß bei Scarborough, Yorkshire.

liche Abwehr hinderte und allem Anscheine nach bei den britischen Kelten wo möglich noch größer war als bei den festländischen. Außer den Trinobanten, welche nördlich von der Themsemündung wohnten, gab es in dieser Gegend noch fünf andere selbstän= dige Völkerschaften. Die kleine Landschaft Kent hatte allein vier Könige. Diese ord= neten sich allerdings, als der römische Ein= fall erfolgte, der Führung des Cassivellau=

nus unter, welcher von jenseits der oberen Themse her den nationalen Widerstand organisirte. Ihr Beispiel fand indessen keineswegs allgemeine Nachahmung und namentlich die Trinobanten mit ihren Nachbarn bedachten sich nicht zu den Römern zu treten.

Cäsars britannische Unternehmung blieb trotzdem ohne ein unmittelbares Ergebniß, hauptsächlich deshalb, weil er sie mit völlig unzureichenden Mitteln gewagt hatte und bevor noch das Festland im Rücken ausreichend pacificirt war. Aber wir hören doch auch nichts mehr von Aufreizungen der gallischen Provinzialen durch die frei gebliebenen Landsleute jenseits des Kanals, welche ihre Freiheit nun wieder wie vor Cäsars Ankunft in inneren Kriegen miß= brauchten, ja sogar, wie es schon unter Augustus und wiederholt später ge= schah, selbst die römische Einmischung anriefen. In wie weit solche wirksam geworden sein mag, wissen wir nicht; ein militärisches Eingreifen fand jedenfalls nicht statt und es verging nach Cäsar noch fast ein Jahrhundert, während dessen mit der Politik der Römer auch ihre Handelswaare und mit mancherlei Fertigkeiten auch die Kunst des Münzens dort einzog, ehe die auf die Dauer unentbehrliche Ergänzung des gallischen Besitzes durch die

Unterwerfung und Einverleibung der gegenüberliegenden Küste in Angriff genommen ward.[1])

Freilich Kaiser Claudius brachte im Jahre 43 n. Chr. ganz andere Truppenmassen gegen Britannien in Bewegung, als Cäsar zu seiner Verfügung gehabt hatte, etwa 70,000 Mann, und wenn er selbst auch nicht von ferne die Vergleichung mit seinem großen Vorgänger aushielt, so hatte er doch das Geschick oder das Glück, in diesen Feldzug eine ganze Reihe tüchtiger Befehlshaber mitzunehmen, welche der Aufgabe vollständig gewachsen waren: den Aulus Plautius, der bisher am Rhein commandirt hatte, und die späteren Kaiser Galba und Vespasianus. Letzterem werden Siege in zahllosen Treffen und im Besonderen die Eroberung der Insel Wight zugeschrieben. Der sonstige Verlauf der Eroberung ist völlig unklar und nur so viel läßt sich mit einiger Sicherheit behaupten, daß gleich im ersten Kriegsjahre die Themselinie erreicht wurde und daß in den südlich von derselben gelegenen Landschaften feste Stützpunkte gewonnen worden sind, wie an der Südküste Chichester, die Hauptstadt des den Römern befreundeten Königs der Regni, und Venta (Winchester), der Mittelpunkt der britischen Belger. An der Themse ward Londinium besetzt und als vorgeschobener Posten im Lande der Trinobanten Camulodunum (später Colonia Victrix, Colchester). Letzteres war die Hauptstadt des Königs Cunobellinus gewesen und seines tapferen Sohnes, des in britischen Sagen hochgefeierten Caratacus, der nach dem Siege der Römer nach Wales flüchtete.

Die Erfolge der letzteren waren doch so bedeutende, daß Kaiser Claudius, der übrigens selbst nur ganz kurze Zeit in Britannien verweilt hat, sich selbst die Ehre des Triumphes, seinem Sohne den Beinamen Britannicus zuerkannte und zur dauernden Erinnerung an die Gründung der neuen Provinz zwei Triumphbögen errichten ließ, den einen in Rom, den anderen an der gallischen Küste, wahrscheinlich an der Stelle, wo er zu Schiffe gegangen war. Die Aufgabe aber der von ihm eingesetzten Statthalter, unter welchen Aulus Plautius der erste war, scheint nicht so sehr die Erweiterung der Provinz als ihre Sicherung gewesen zu sein, die Anlage namentlich eines Netzes von Militärstraßen, welche die hauptsächlichsten Lagerplätze und Stützpunkte mit einander in Verbindung brachten. Eine solche Straße ging von der Südküste nach Calleva (Silchester) und von hier über das alte und jetzt schnell emporblühende London nach Camulodunum; eine zweite aber ward von Calleva nach dem wohl sehr früh occupirten Glevum (Glocester) am Severnflusse gezogen, das ebenso wie Camulodunum im Osten mit einer ganzen Legion belegt wurde. Ward letzteres Hauptstadt der Provinz als Sitz des obersten Verwaltungsbeamten und als Mittelpunkt des Kultus des Kaisers und der Roma und Venus Victrix, welcher mit seinen menschlich-heitern

---

1) Vgl. für das Folgende E. Hübner, Eine römische Annexion, in der Deutschen Rundschau 4. Jahrg., Heft 8, S. 221.

Formen allmählich den finstern Gottesdienst der Druiden zurückbrängte, so war Glevum von ganz besonderer militärischer Bedeutung, da von hier aus das walisische Bergland beobachtet werden mußte. Der flüchtige Caratacus leitete nämlich von dort den nationalen Kampf, und obwohl auch er zuletzt besiegt und als er sich zu dem im Northumberland wohnenden Volke der Briganten begab, von diesen im Jahre 51 ausgeliefert wurde — er ist in ehrenvoller Haft zu Rom gestorben — so war Wales darum noch nicht bezwungen. Erst unter Nero und als (seit 59) C. Suetonius Paullinus Statthalter war, wurde ein Legionslager im Nordosten von Wales errichtet, welches zuerst nach dem Flusse Deva (Dee) und später schlechtweg Castra (Chester) hieß. Es sollte den Zusammenhang der Bergbewohner mit den übrigen Stämmen unterbrechen, wie Segontium (Caer-Seiont) an der Menai-Straße wohl dazu bestimmt war, den Zuzug von Irland her zu hindern und die Eroberung von Mona (Anglesea) zu erleichtern, von wo aus das Druidenthum eine fanatische Agitation unterhalten zu haben scheint. Nach wüthendem Widerstande wurde die Insel genommen und der heilige Hain auf derselben, die Stätte gräulicher Menschenopfer, niedergehauen.

Die von jenen Festungen geschützte Provinz schien sich ziemlich schnell in römisches Gewand zu kleiden. An die Standquartiere der vier nach Britannien commandirten Legionen schlossen sich die Heimstätten der aus dem Dienst geschiedenen Veteranen. Tausende römischer Kaufleute oder Handwerker ließen sich entweder dort oder in den alten Mittelpunkten keltischen Lebens, in London und Verulam (bei St. Albans) nieder. Rutupiä auf der Ostspitze von Kent (Sandwich) wurde ein vielbesuchter Hafenplatz. Ein reiches städtisches Leben sproßte überall empor. Die Metallschätze der Mendiphügel bei Aquae Sulis (Bath) wurden schon seit 49 für Rechnung theils des Kaisers theils römischer Unternehmer ausgebeutet. Aber es fehlten auch nicht die Schattenseiten des römischen Staatswesens und der römischen Kultur. Die Aushebungen für den fremden Kriegsdienst, der durch das unselige Verpachtungssystem gesteigerte Druck der römischen Steuern und die Gewaltthätigkeiten und Erpressungen der Militär- und Civilbeamten lasteten schwer auf der eingeborenen Bevölkerung. Sie verarmte in demselben Maße, in welchem die Zugewanderten gediehen und sich mehrten und die von römischen Kapitalisten, zu welchen auch der Philosoph Seneca gehörte, bereitwilligst dargebotene Aushülfe beschleunigte durch die Wucherzinsen, mit welchen sie erkauft werden mußte, den wirthschaftlichen Ruin der Unterworfenen. Da mag es wohl sein, daß der gleichzeitige von Erfolg gekrönte Widerstand der Germanen gegen Rom, wie Tacitus es andeutet, die Briten auf den Gedanken geführt hat, in ähnlicher Weise sich die Freiheit zu erstreiten. Die Erbitterung unter ihnen war allgemein und sie bedurfte zu ihrem Ausbruche nur noch eines Anstoßes.

Ein „König" der noch nicht dem Reiche einverleibten Iceener in Norfolk hatte testamentarisch den Kaiser zum Vormunde seiner Töchter eingesetzt und damit den kaiserlichen Beamten einen willkommenen Vorwand gegeben, um

Land und Volk aufs Schamloseste auszuplündern. Die königliche Witwe Boadicea wurde gemißhandelt, ihre Töchter verunehrt. Da erhoben sich endlich die Icener gegen die Bedrücker (i. J. 62) und ihrem Beispiele folgten die durch die Anlage der Veteranencolonie in Camulodunum geschädigten Trinobanten: die kleine Besatzung in der Festung wurde überwältigt und der Legat Petillius Cerialis, der eine Legion heranführte, mit Verlust fast seines sämmtlichen Fußvolks geschlagen. Ehe Suetonius Paullinus von dem eben eroberten Anglesea herbeieilen konnte, hatte der Aufstand schon eine solche Ausdehnung gewonnen, daß er mit den 10,000 Mann, welche allein ihm im Augenblick zur Verfügung standen, nichts zum Schutze der blühenden römischen Niederlassungen in London und Verulam zu unternehmen wagte. An 70,000 römische Bürger und Unterthanen sollen dort von den Aufständischen ermordet worden sein, deren Wuth Boadicea durch geschickte Verwerthung ihrer persönlichen und der allgemeinen Leiden entflammte. Als jedoch Suetonius seine Truppen gesammelt hatte, da haben die Massen der Aufständischen — die kriegsfähige Mannschaft wird ja vorher durch die Aushebungen außer Landes geschafft worden sein — so wenig wie ihre Voreltern zur Zeit Cäsars im offenen Felde gegen die römische Kriegszucht und Kriegskunst Stand gehalten: eine einzige Schlacht genügte, sie vollständig auseinander zu sprengen, so daß Boadicea an der Zukunft ihres Volkes verzweifelte und ihr Leben durch Gift endete. Suetonius aber, durch frische Truppen vom Festlande her verstärkt, strafte jetzt mit erbarmungsloser Härte die einzelnen Völkerschaften und zwar ebensowohl diejenigen, welche sich zweifelhaft gezeigt, als die, welche sich offen empört hatten. Obwohl er unverkennbar Fehler gemacht hat, von denen der hauptsächlichste wohl der war, daß er um der Unternehmung auf Anglesea willen den Osten zu sehr von Truppen entblößt hatte, so verdankte Rom doch gerade seiner Entschlossenheit gegenüber dem Aufstande, daß die Provinz nicht nur dem Reiche erhalten, sondern auch von allen Aufstandsgelüsten so gründlich geheilt wurde, daß seine Nachfolger in der Statthalterschaft Milde walten lassen konnten. Die Briten waren eben nicht Germanen und kamen diesen an nachhaltiger Widerstandskraft nicht gleich. Sie benützten nicht einmal jene unvergleichliche Gelegenheit zur Befreiung, als nach dem Sturze Neros im Jahre 68 das Weltreich in seinen Fugen krachte und Germanen und Gallier wenigstens zeitweise die Erbschaft desselben im Westen anzutreten schienen. Sie hielten sich still und die Wiederherstellung der Ordnung im Reiche durch Vespasianus besiegelte ihr Schicksal.

Jahre werden nöthig gewesen sein, bis die Spuren jenes kurzen, aber verwüstenden Aufstandes verwischt waren, und noch viel längere Zeit, bis die Unterworfenen selbst sich der römischen Weise anzubequemen und dadurch allmählich ihre Nationalität zu vergessen anfingen. Tacitus rühmt an seinem Schwiegervater Cn. Julius Agricola, welcher vom Jahre 78 bis 85 Statthalter in Britannien gewesen ist, daß derselbe gerade auch diese friedliche

Propaganda des Römerthums betrieben und die Eingeborenen dazu gebracht habe, römisch sich zu kleiden, zu wohnen, zu speisen und zu baden, und die Vornehmen derselben, daß sie ihre Söhne in römische Schulen schickten. Aber diese Romanisirung versprach nur dann Dauer, wenn man zugleich das andere Gebiet möglichst verengte, in welchem die nationale Weise noch von der nationalen Freiheit beschützt wurde. Um zu pacificiren und um zu romanisiren, mußte man so lange unterwerfen, bis womöglich die ganze Insel, ja alles keltische Land in das Römerreich hineingezogen war. Agricola scheint sich allerdings diese Aufgabe gestellt zu haben.

Die Icener werden, sofern sie nicht im Aufstande zu Grunde gegangen waren, unmittelbar nach demselben der Provinz einverleibt worden sein. Der erste Statthalter des Vespasianus, jener Petillius Cerialis, schob dann in siegreichem Kampfe mit dem mächtigen Volke der Briganten die Grenze auf der Ostküste nördlich ungefähr zu derselben Breite vor, welche auf der Westküste schon längst erreicht war: dem Legionslager in Deva (Chester) entsprach nun im Osten das Lager einer anderen Legion in Lindum (Lincoln). Der Nachfolger des Cerialis, der auch als Kriegsschriftsteller bekannte Frontinus, unterwarf auch die bisher nicht bezwungenen Siluren von Wales, und da Devonshire und Cornwal ohne Zweifel schon früher das gleiche Schicksal gehabt haben werden, kann man wohl sagen, daß zu der Zeit, da Agricola durch Vespasianus den Befehl in Britannien erhielt, alles Land bis zum Humber und Mersey unter die römische Herrschaft gebeugt war. Innerhalb dieses Rahmens war sie freilich nicht überall gleich tief eingedrungen und gleich fest gegründet, wie denn Agricola schon im ersten Jahre seiner Statthalterschaft wieder eine Auflehnung der Ordoviker im nördlichen Wales zu unterdrücken und Anglesea neuerdings zu erobern hatte. Aber zur Beruhigung der Unterworfenen und zur Beförderung der Romanisirung, die er, wie erwähnt, nachdrücklich begünstigte, gab es kein besseres Mittel als einmal die Einführung einer gerechten und möglichst rücksichtsvollen Verwaltung, und dann die Niederwerfung auch der bisher noch unabhängigen Stämme im Norden.

Vermögen wir nun auch nicht Agricolas Heereszüge im Einzelnen zu verfolgen, da sein Biograph Tacitus theils überhaupt keine Oertlichkeiten nennt, theils aber solche, die uns völlig unbekannt sind, so berechtigt andrerseits die Thatsache, daß Kaiser Domitianus ihn nach Ablauf der sonst üblichen Amtszeit in seiner Statthalterschaft beließ, doch gewiß zu dem Schlusse, daß sein ganzes Wirken auf der Insel am kaiserlichen Hofe als zweckentsprechend erachtet wurde. Ermuthigt durch diesen Beweis des Vertrauens überschreitet er nun weit die von seinen Vorgängern und von ihm selbst in früheren Jahren erreichten Punkte. Indem er die Legionen in Gebiete führt, welche bisher noch keines Römers Fuß betreten, wird er der Entdecker des nördlichen Britanniens und der Inselwelt bei demselben, von welcher die Völker des Mittelmeeres bis dahin kaum mehr gewußt hatten, als was aus den Nachrichten des Pytheas auf sie gekommen war.

Agricolas Ausgangspunkt für diese weit ausgreifenden Vorstöße, welche von der Flotte unterstützt wurden, wird wohl Eboracum (York) im Lande der Briganten gewesen sein, wo wenigstens seit dem Ende des ersten Jahrhunderts eine der britannischen Legionen im Lager stand. Von hier drang er in seinem vierten Amtsjahre bis zu der Landenge zwischen der Clota und der Bodotria, dem Firth of Clyde und dem Firth of Forth, vor: diese wichtige Linie wurde sogleich durch Militärposten gesichert. Der nächste Sommer fand den römischen Feldherrn schon jenseits derselben und mit den Vorbereitungen zu einer Landung in dem nahen Irland beschäftigt, von wo ein vertriebener Fürst zu ihm gekommen war. Die Eroberung dieser großen Insel erschien ihm so leicht, daß er sie mit einer einzigen Legion und mäßigen Auxiliartruppen vollbringen zu können hoffte; ihren Besitz hielt er sowohl aus geographischen Gründen für wünschenswerth — denn die Alten dachten sich Hibernien als in der Mitte zwischen Britannien und Spanien gelegen — als auch aus politischen Gründen für nothwendig. Es würde, so hat er es später seinem Schwiegersohne Tacitus auseinandergesetzt, auf Britannien eine nützliche Wirkung gehabt haben, wenn die Briten auch dort die Waffen Roms und nirgends mehr nationale Freiheit vor Augen gehabt hätten. Die Unternehmung auf Irland hat trotzdem nicht stattgefunden, wahrscheinlich weil man am Hofe eben die zu derselben nöthige Legion nicht hergeben wollte, und so geschah es, daß weder damals noch überhaupt je ein Römer in feindlicher Absicht die grüne Insel betreten hat. Wenn Agricola aber nun wieder in Britannien selbst die Expeditionen gegen Norden hin aufnahm, wenn es sein und, wie wenigstens Tacitus angiebt, auch seiner Soldaten Ehrgeiz war, endlich einmal das Ende des langgestreckten Britannien zu erreichen, so entsprach das Ergebniß aller Anstrengung zuletzt doch schwerlich seinen Erwartungen. Denn als er im Jahre 83 über den Firth of Forth ins Land der Caledonier vordrang, wurde eine seiner Legionen durch nächtlichen Ueberfall ihres Lagers fast vernichtet, und als die Caledonier unter ihrem Führer Calgacus es im Jahre 84 bei dem „Graupischen Berge"[1] auf eine allgemeine Schlacht ankommen ließen, da behielten die Römer zwar taktisch die Oberhand, aber ihr Sieg war völlig unfruchtbar. Als der nächste Morgen anbrach, war der Feind einfach verschwunden, rings umher tiefe Stille, die Hügel verlassen, die Dörfer in der Ferne verbrannt, nirgends ein menschliches Wesen zu erblicken. Der römische Feldherr mußte sich überzeugen, daß er hier der ungebrochenen Kraft eines Naturvolkes gegenüberstand, zu dessen Bezwingung weder einzelne problematische Siege noch überhaupt seine Mittel ausreichten, da doch auch die nur oberflächlich bewältigten Gebiete im Rücken im Zaum zu halten waren. Er führte also das Heer in die Quartiere zurück und begnügte sich damit,

---

1) Nach einer fehlerhaften Lesart in Tac. Agricola c. 29 hat man im 16. Jahrhundert einen Bergzug des mittleren Schottland willkürlich the Grampian mountains getauft, während doch Niemand sagen kann, wo der Graupische Berg liegt, s. Hübner S. 240.

das unbekannte Land im Norden durch seine Flotte umsegeln zu lassen, welche bei dieser Gelegenheit die Orkaden entdeckte. Im folgenden Jahre wurde er abgerufen.

Trotz dieses schließlichen Mißlingens ist Agricolas Verdienst nicht gering. Seine weiten Kriegszüge, welche den Stößen des Drusus und des Germanicus in das innere Germanien zu vergleichen sind, haben die Römer erst den Umfang dessen kennen gelehrt, was in Britannien noch zu vollbringen war, aber auch die Schwierigkeiten, die ihrer dort warteten. Sie scheinen sich unter Trajan sogar wieder ganz auf York zurückgezogen und in unablässigen und verlustreichen Kämpfen mit den Briganten doch nur einen kleinen Strich nördlich von dieser Festung durch Kastelle und Straßen festgehalten zu haben. Erst Kaiser Hadrian zog auch die Briganten durch das großartige Befestigungswerk, welches gewöhnlich der Pictenwall genannt wird und in den Jahren 122 bis 124 begonnen worden ist, endgültig in das römische Reich herein.

Als ein System von Mauern und Thürmen, Wällen und Gräben, großen und kleinen Kastellen, welche durch eine Straße verbunden waren, reichte die Grenzbefestigung des Hadrian von der Mündung des Tyne östlich von Newcastle, das vom Kaiser seinen Namen Pons Aelius empfing, bis zum Solway im Westen von Carlisle, 80 römische oder 75 englische Meilen lang. Zahlreiche Inschrifttafeln, welche dort gefunden sind, berichten von den Truppentheilen, welche zum Bau und später zur Besatzung verwendet worden sind, und obwohl zahllose Kriege und vielleicht noch mehr die intensivere Bewirthschaftung des Bodens seit dem achten Jahrhunderte, in welchem der in diesen Gegenden heimische Beda die eigentliche Mauer noch zwölf Fuß hoch sah,[1] an der Festungslinie arg genagt und nur dürftige Reste übrig gelassen haben, giebt es deren immerhin genug, um dem geübten Auge des Forschers die ursprüngliche Anlage zu erschließen. Wir entnehmen das Folgende der Beschreibung, welche der Sammler der römischen Inschriften Britanniens sowohl nach den älteren Werken über jenes bewunderte Festungssystem als auch nach eigener Anschauung gegeben hat.[2]

„Die Anlage ist in ihrer Länge deutlich in drei verschiedene Theile gegliedert: an der Südseite der Erdwall, auf der Nordseite die steinerne Mauer mit kleinen Kastellen und zahlreichen Thürmen, zwischen beiden die siebzehn großen Kastelle und eine sie miteinander verbindende Straße.

Der Erdwall im Süden ist ein dreifacher. Nördlich von dem dreißig Fuß breiten (ich gebe abgerundete Maße in englischen Fuß) und zehn Fuß tiefen Graben ist er ein einfacher, südlich ein doppelter, auf beiden Seiten je vierundzwanzig Fuß vom Graben entfernt. Der nördliche und der innere

---

1) Beda, Hist. ecclesiastica I, 12.   2) Hübner im Corpus inscriptionum Latinarum VII, 99 und in seinem oben angeführten Aufsatze S. 241 ff. Vgl. die Karte, welche ich dem Prachtwerke entnommen habe: Lapidarium septentrionale or a description of the monuments of Roman rule in the north of England, published by the society of antiquaries of Newcastle-upon-Tyne. London 1875. Fol.

Der Hadrianswall.

der beiden südlichen Wälle sind sechs bis sieben Fuß hoch, mit flach anstei=
gendem Profil, der südlichste etwas niedriger. Der Kern der Construction
ist vielfach, besonders auf sumpfigem Boden, unregelmäßiges Mauerwerk. Die
Entfernung des gesammten Erdwerkes von der nördlichen Mauer variirt zwi=
schen 180 und 200 Fuß; an einer Stelle etwa in der Mitte zwischen den
beiden Meeren, da, wo die Mauer die bis zu einer Höhe von etwa 300 Fuß
über der Meeresfläche ansteigenden Felsen erklimmt, während der Wall der
Thalsohle folgt, beträgt sie 500 Fuß. Der Erdwall ist an beiden Enden
um einige englische Meilen kürzer als die Mauer.

Die steinerne Mauer im Norden ist, wie die fast durchgehends noch
kenntlichen Fundamente zeigen, sechs bis acht Fuß breit. In der ursprüng=
lichen zinnengekrönten Höhe ist sie natürlich nirgends mehr erhalten; acht bis
zehn Fuß beträgt an einer Stelle die Höhe noch jetzt. Sie wird ursprünglich
etwa zwanzig Fuß gewesen sein. Den Kern des Mauerwerkes bildet soge=
nanntes opus incertum: ein felsenharter Guß von kleinen und großen, durch
Mörtel verbundenen Steinblöcken. Die nördliche Front ist bekleidet mit ziemlich
gleichmäßigen Quadern von mäßigem Umfang (meist zwanzig Zoll lang, zehn
breit und acht hoch), welche, wie üblich, der Länge nach in die Tiefe der
Mauer gelegt sind, während die schmale Seite nach auswärts steht. Die süd=
liche Front ist durchgehends mit geringerer Sorgfalt und Gleichmäßigkeit
behandelt; die Quadern sind kleiner und unansehnlicher als auf der Nord=
seite; häufig springen große Flächen in einer Tiefe von acht bis zwölf Zoll
ein. Der Stein, den man verwendete, ist ein ziemlich harter, quarzhaltiger
Sandstein, welcher in den Höhenzügen südlich vom Wall bricht. Eine Reihe
von Steinbrüchen, aus denen er stammt, läßt sich nachweisen: flüchtig in den
natürlichen Felsen eingehauene Inschriften bewahren die Erinnerung an die
römischen Werkleute. In ungleichen Zwischenräumen lehnten sich an die
Mauer viereckige Thürme von etwa zehn Fuß im Quadrat, mit einer Ein=
gangsthür an der südlichen Seite; die innere Construction war aus Holz.
Schon zu Horsleys Zeit (1685—1731) waren von den etwa 320 Thürmen
dieser Art, welche man nach den Abständen längs der ganzen Mauer berech=
net, nur noch drei an einer Stelle nebeneinander wohl erhalten; jetzt lassen
sich nur noch ganz vereinzelte erkennen. In Abständen von ungefähr einer
römischen Meile, aber natürlich mit Benutzung jeder Gunst des Terrains,
finden sich außerdem kleine Kastelle, deren man im Ganzen mithin nahe an
achtzig zählt; die Engländer nennen sie nicht unpassend Meilenkastelle (mile-
castles). Es sind vierseitige ummauerte Flächen, die Ecken an der Südseite
abgerundet, von ungefähr sechzig Fuß im Quadrat. Die Nordfront fällt
meist mit der Mauer zusammen; zuweilen springt sie etwas über dieselbe
vor. Thore führen nicht blos an der Südseite hinein, sondern ebenso auch
an der Nordseite hinaus: die Kastelle sind also eigentlich in der üblichen
Weise befestigte Thore. Von Baulichkeiten innerhalb derselben hat sich so gut
wie nichts erhalten; es werden nur Blockhäuser von Holz gewesen sein.

An der Nordseite läuft, wo es irgend das Terrain gestattet, ein Graben, wie der des Erdwalles auf der Südseite dreißig Fuß breit und acht bis neun Fuß tief. Wo Flüsse, wie der Tyne, den Mauerlauf durchschneiden, verbinden vorzüglich gebaute Brücken, an beiden Ufern durch brückenkopfartige Vorbauten geschützt, den Straßenzug längs der Mauer.

Endlich die siebzehn großen Kastelle, Stationen oder Prätenturen genannt, welche, mit Ausnahme von drei etwas südlich vom Erdwall befindlichen, in sehr ungleichen Abständen von einander zwischen Wall und Mauer lagen; im Durchschnitt sind sie etwa fünf englische Meilen von einander entfernt. Die Kastelle sind alle ebenfalls von der bekannten quadratisch=oblongen Form; ihre Größe wechselt je nach der Terrainbeschaffenheit zwischen drei und sechs eng= lischen Acres (fünf bis neun preußischen Morgen); Mauern von etwa fünf Fuß Dicke, Erdwälle und Gräben umgaben sie; deutlich sind noch fast in allen die vier Hauptthore und die rechtwinkelig sich schneidenden Hauptstraßen erkennbar. An einigen haben sich, wie an die großen Colonien, vorstädtische Anlagen geschlossen, Bäder, kleine Heiligthümer, ein Mal sogar ein Amphi= theater. Die besterhaltene, einst Borcovicium geheißen, von den Anwohnern als House steads, die Häuserstätten, bezeichnet, wird von den Localantiquaren das englische Pompeji genannt.

An zwei Stellen, im Osten und im Westen, durchschneiden die nordwärts führenden Straßen den Wall. An ihnen, in Northumberland und im südlichen Schottland, liegen in passenden Abständen je zwei, etwa in der Mitte des Walles noch ein vorgeschobenes Kastell; im Ganzen also fünf.“

Der Biograph Hadrians sagt, daß dieser Grenzwall dazu bestimmt ge= wesen sei, Barbaren und Römer zu scheiden. Aber wenn man mit demselben auch zunächst der Vertheidigung dienen wollte und im Gegensatze zu dem Systeme Agricolas, der gleichsam im Fluge durch bloßes Marschiren der nördlichen Barbaren Meister zu werden gedacht hatte, jetzt zu der altrömischen Weise der Herrschaftssicherung durch die mühselige und langsame Arbeit mit Grab= scheit und Steinhammer zurückgekehrt war, ein so mächtiges Werk gab doch auch dem Angriffe einen Rückhalt, wie man ihn bisher nicht gehabt hatte, und brachte sehr rasch die so zu sagen auf dem Glacis desselben hausenden Völker des südlichen Schottlands in Abhängigkeit. Schon 142, also nur zwanzig Jahre nachdem Hadrian seinen Bau begonnen, konnte der Kaiser Antoninus Pius daran denken, die Grenzen bis zu der schon ein Mal von Agricola befestigten Linie des Clyde vorzuschieben und sie hier an der schmal= sten und daher günstigsten Stelle der britischen Insel in ähnlicher Weise, wie Hadrian es am Tyne gethan hatte, durch eine Festungsanlage abzuschließen. Dieses Werk,[1]) von den Schotten später Graemes= (d. h. Grahams=) oder Grymes=Dyke genannt, beginnt bei Kilpatrick am Clyde und zieht sich durch die Ebene 40 römische oder 37 englische Meilen östlich) bis zum Firth of

____

1) Vgl. Hübner im Corp. inscr. Lat. VII, 191 und in seinem Aufsatze S. 247 f.

Forth, wo es nordwestlich von Edinburg endet: ein vierzig Fuß breiter und zwanzig Fuß tiefer Graben, hinter welchem sich ein Erdwall erhebt. An diesen lehnen sich Thürme und größere und kleinere durch eine Straße verbundene Kastelle. Die Zerstörung ist hier in Folge der Beschaffenheit des Terrains und des Baumaterials überall viel weiter vorgeschritten als am Walle Hadrians. Da aber noch erkannt werden konnte, daß die sämmtlichen Kastelle nach Norden hin geschlossen waren und daß keine Straßen über den Wall hinausführten — also anders als beim Walle Hadrians — scheint die Annahme unabweisbar, daß Antoninus Pius bei seinem Baue blos den Grenzschutz im Auge hatte und daß man nun die Caledonier sich selbst überlassen wollte. Dasjenige Kastell, welches zu Ende des zweiten Jahrhunderts in der Nähe von Stirling bestand, kann nur eine vorübergehende Bedeutung gehabt haben; weiter gegen Norden giebt es überhaupt keine Spuren römischer Herrschaft.

Indem der Kaiser also den kriegerischen Unternehmungen nach Außen ein Ende machte, eröffnete er der ihrerseits von keinem Feinde gefährdeten Provinz eine etwa sechzig Jahre dauernde Friedensperiode, in welcher der materielle Wohlstand ungemein zugenommen haben muß, nicht am Wenigsten durch die starke Ausfuhr von Getreide, dessen Belgien und Gallien bedurften. „In dem vergleichsweise milden Süden der Insel blühten Ackerbau und Handel; zahlreiche römische Villenanlagen, mit allem südlichen Comfort von warmen Bädern und weiten Hallen ausgestattet, mit Mosaikfußböden so groß und mannichfaltig, wie sie im Rheinthal, im südlichen Frankreich und Spanien vorkommen, sind daselbst aufgedeckt worden. Die Thermen der Göttin Sulis-Minerva zu Bath, dem comfortabelsten Badeort des vorigen Jahrhunderts, waren schon damals von den Provinzialen eifrigst besucht. Manches Kunstwerk von zierlicher Arbeit, das in jenen Gegenden gefunden worden ist, zeugt von dem gebildeten Kunstgeschmack seines einstigen Besitzers."

Dennoch würde man irren, wollte man aus diesen Denkmälern einer höheren Kultur, welche wesentlich aus dem Bereiche der römischen Kastelle und Kolonien zum Vorschein gekommen sind, auf ein Eindringen derselben in die Masse der keltischen Provinzialen schließen oder letztere innerlich mit der römischen Herrschaft versöhnt glauben. Vielleicht ist nur unsere lückenhafte Ueberlieferung daran schuld, daß wir von Aufstandsversuchen im Ganzen selten hören, am Meisten noch bei den Briganten und den walisischen Siluren. Aber als seit dem Anfange des dritten Jahrhunderts die frei gebliebenen Caledonier ihrerseits zum Angriffe übergingen und den Antoninswall durchbrachen, da gestalteten sich die Verhältnisse der Provinz so bedenklich, daß Kaiser Septimius Severus sich im Jahre 208 selbst nach Britannien begab. Er zähmte die Silurer, indem er die bisher in Glocester stationirte Legion zu ihnen nach Isca (Castra Legionis, daraus: Caerleon) verlegte. Die Nothwendigkeit aber, die Caledonier und die Briganten auseinanderzuhalten, war für ihn wohl die Veranlassung, die Hadriansmauer in dem Maße herzustellen

1. Nördliches Thor der römischen Colonie Borcovicium.

2. Oestliche Pforte des römischen Lagers zu Cirboswald.

Reste des Hadrianswalles.

und zu verstärken, daß er von seinem Biographen geradezu als der Erbauer derselben bezeichnet wird. Richtigeres ist vielleicht in der einheimischen Ueberlieferung enthalten, welche erst ihm die Errichtung des Erdwalles zuschreibt. Denn dieser sicherte die Besatzung der Mauer gegen etwaige Angriffe vom Rücken her und ermöglichte es ihr, zugleich gegen die Caledonier im Norden und gegen die Briganten im Süden Front zu machen. War aber das Letztere nothwendig, dann versteht man auch, weshalb Severus den Limes des Antoninus aufgegeben, das heißt, die dortigen Besatzungen auf den Limes des Hadrianus zurückgezogen haben soll. Wie dem auch sei: die Caledonier waren sicherlich nicht überwältigt, als Severus am 4. Februar 211 in Eboracum (York) starb, das nunmehr die Hauptstadt der Provinz wurde; sie hatten aber auch nicht den Hadrianswall zu überschreiten vermocht. Die Provinz Britannien hatte hier eine feste Grenze gefunden, innerhalb deren ihre weitere Entwicklung vollständig gleichmäßig derjenigen anderer auf barbarischem Boden gegründeten Provinzen verläuft.

Soldatenaufstände und Gegenkaiser fehlten auch hier nicht und unter den letzteren ist besonders der Belgier Carausius[1]) hervorzuheben, der von 287 bis 293 unangefochten über die Insel regierte und durch die Selbständigkeit, welche er ihr also verschaffte, sich in der britischen Sage ein dauerndes Andenken erwarb. Er soll auch den Antoninuswall wiederhergestellt haben und der Urheber eines räthselhaften Rundbaus am Carronflusse nördlich von Falkirk sein. Allectus, einer seiner Gefährten, ermordete ihn und nahm seine Stelle ein, bis nach drei Jahren ein Feldherr des von Diocletianus ernannten Cäsar Constantius Chlorus diesem britannischen Theilkaiserthum ein Ende machte und die so lange abgetrennt gewesene Provinz dem Reiche wieder anschloß. Constantius selbst hat hier lange gelebt und ist zu York am 25. Juli 306 gestorben; sein Sohn Constantin ging von hier aus, um sich die Weltherrschaft zu erobern. Doch das sind Ereignisse, welche der allgemeinen Geschichte der römischen Kaiserzeit angehören: es mußte nur auf sie hingewiesen werden, weil der Wechsel von Zerrüttung und Aufraffen im römischen Reiche auch die Verhältnisse der Provinz und vor Allem ihre Widerstandskraft gegen die seit dem Anfange des dritten Jahrhunderts immer heftiger herandrängenden Barbaren bedingte.

Es ist übrigens merkwürdig, wie weniges die Briten selbst später von dieser ihrer römischen Vergangenheit wußten, da doch die Fortdauer römischer Kultur bei ihnen nie ganz unterbrochen wurde. Ob einige in walisischen Sagen aufbewahrte Namen, wie z. B. Caradoc, der Caratacus der Römer, auf wirklich alter Ueberlieferung beruhen, mag dahingestellt bleiben; aber auch die ältesten britischen Geschichtsquellen, Gildas im sechsten Jahrhunderte

---

1) Der Name kommt auch in Wales vor. Ein christlicher Grabstein aus Caernarvonshire bei Hübner, Inscriptiones christianae Nr. 136 hat die Inschrift: Carausius hic iacit in hoc congeries lapidum (so).

und die wüste Compilation, welche den Namen des Nennius trägt, in ihrem Kerne jedoch wohl auch kaum älter ist als das sechste Jahrhundert, sind über die Zeit vor der Räumung Britanniens seitens der Römer nur aufs Dürftigste unterrichtet.[1]) Gildas erzählt nur ganz im Allgemeinen, wie die Römer des Landes Meister geworden und auch nach dem Aufstande der „hinterlistigen Löwin" — womit Boadicea gemeint sein dürfte — es geblieben seien. Von Sympathie für seine unterdrückten Landsleute ist bei ihm keine Spur zu finden; ihre Unterjochung erscheint bei ihm vielmehr als die selbstverständliche Folge ihrer Feigheit, ihrer Unzuverlässigkeit und ihrer Neigung sich fremder Herrschaft zu fügen. Nennius bringt zwar mehr, ein Verzeichniß der dreimal drei Kaiser, welche nach Britannien gekommen sein sollen, und der Thaten, welche sie dort verrichtet haben. Aber diese Nachrichten gehen selbst wieder auf römische Ueberlieferungen zurück, die freilich hier arg entstellt sind, und das Wenige, was in ihnen von britischer Seite hinzugekommen ist, kann nicht gerade als Bereicherung der Geschichte angesehen werden, da es meist auf verkehrter Gelehrsamkeit beruht, sogar da, wo man auf den ersten Blick einheimische Sage vermuthen möchte.[2]) Derartigen Fabeleien gegenüber ist das Verfahren Bedas,[3]) des gelehrten Angelsachsen des achten Jahrhunderts, nicht genug zu loben, der selbständig auf verhältnißmäßig gute römische Quellen, auf den Eutropius und den Orosius zurückging und mit ihnen die Nachrichten des Gildas verband. Für die letzten Zeiten des Römerthums und für die Einfälle der Barbaren in Britannien hat er jedoch außer einigen kirchlichen Legenden und spärlichen sächsischen Erinnerungen überhaupt keine andere Quelle als das Werk des Gildas gekannt oder benutzt.

Scoten und Picten werden von diesem als die Bedränger der unter römischer Herrschaft stehenden Briten genannt. Sie waren Völker ebenfalls keltischen Stammes und zwar die Scoten die Bewohner Irlands, die Picten aber oder, wie der Sachse Widukind sie wohl richtiger nennt, die Pechten im nördlichen Albion und auf den Orkneys schwerlich andere als diejenigen Völkerschaften, welche die Römer früher als Caledonier bezeichneten. Man

---

1) Beide zusammen sind am bequemsten von San Marte (A. Schulz), Berlin 1844, herausgegeben. Eine kritische Ausgabe ist namentlich für Nennius bringendes Bedürfniß.   2) Bei Caer-Segeint (gegenüber Anglesea) soll das Grabmal des Constantius sein, durch eine Inschrift als solches gekennzeichnet. Da Nennius an dieser Stelle den allerdings in Britannien gestorbenen Vater Constantins d. Gr. zum Sohne des letzteren macht, der jedoch in Wirklichkeit im Oriente starb, zweifle ich nicht, daß die Angabe des Caer-Segeint eine durch die Aehnlichkeit des Klanges mit Caer-Costaint (Stadt des Constantin, Constantinopel) veranlaßte Corruption ist. In Mimantum, dem zweiten Namen dieses Caer-Segeint, vermuthe ich eine Verstümmelung aus Byzantum (oder ähnlich).   3) Er starb 735. Seinen letzten Lebensjahren gehört sein für uns bedeutendstes Werk, die historia ecclesiastica Anglorum an, an der er wenigstens 731 noch gearbeitet hat. Die handlichsten Ausgaben desselben sind die von J. A. Giles in: The miscellaneous works of venerable Bede, vol. II. III. London 1843 und die von A. Holder, Freiburg 1882.

braucht auf die Sagen von ihrer Einwanderung, wie sie sich mit mancherlei
gelehrten Zuthaten verbrämt bei Nennius und zum Theil auch bei Beda
finden, kein sonderliches Gewicht zu legen, wird aber immerhin das Eine
festhalten dürfen, daß die Scoten in verhältnißmäßig später Zeit sich über
den Nordkanal hinüber auch nach Schottland ausgebreitet und die Westküste
desselben nördlich vom Clyde, die Landschaft Dalreida oder das spätere
Argyle occupirt haben. Jenes Vordringen der Caledonier nach Süden, welchem Septimus Severus entgegentreten mußte, mag mit dieser Verschiebung
der Bevölkerungsverhältnisse nördlich vom Antoninswalle zusammenhängen;
ihr Namen aber verliert sich seitdem und macht nun in diesen Gegenden
dem der Picten und Scoten Platz. Jene haben dann vom Firth of Forth
aus, wo sie ihren Hauptort Giudi hatten, und diese vom Clyde her, an
welchem das altbritische von ihnen besetzte Emporium Alcluith (Dumbarton)
lag, sich südwärts ausgebreitet und sowohl zu Lande als zur See das römische Britannien mit ihren Raubzügen heimgesucht. Der Hadrianswall, von
Severus hergestellt und verstärkt und auch in der Folgezeit behauptet, nützte
dagegen sehr wenig, weil die Feinde ihn über das Meer umgingen, und eine
Abwehr derselben durch die Flotte hatte auch große Schwierigkeiten, da zu
gleicher Zeit und oft im Bunde mit Picten und Scoten jetzt auch Schaaren
von Deutschen an den britischen Küsten erschienen.

Woher diese Deutschen kamen, läßt sich nicht immer mit Bestimmtheit
angeben. Sie werden am häufigsten Sachsen genannt, also mit einem Namen, welcher Tacitus noch nicht bekannt war, aber nach dem um die Mitte
des zweiten Jahrhunderts schreibenden Ptolemäus jenen Völkern zukam,
welcher hinter den Chauci auf dem Ansatze der cimbrischen Halbinsel, also im
Norden der Elbe etwa im heutigen Holstein saßen und auch Inseln vor der
Elbmündung inne hatten. Den Namen selbst haben sie unzweifelhaft von
dem sahs, ihrem kurzen messerartigen Schwerte empfangen; im Laufe des
dritten Jahrhunderts aber dehnte er sich auf die Völkerschaften südwestlich
der Elbe, auf die Chauci an der Küste, auf die Angrivarier (Engern) zu
beiden Seiten der Weser und sogar auf die binnenländischen Cheruscer aus,
die allerdings an den überseeischen Unternehmungen der Sachsen gegen die
Küsten Galliens, an welchen sie zuerst im Jahre 287 nachweisbar sind, oder
gegen Britannien schwerlich betheiligt gewesen sein werden. Andrerseits waren
bei diesen Fahrten nicht blos Sachsen, sondern auch Franken, und wir haben
allen Grund zu der Annahme, daß sowohl die Angeln Schleswigs als auch
die Jüten, welche später mit den Sachsen zusammen Britannien eroberten
und besiedelten, ja vielleicht selbst nördlichere Völker, schon von Anfang an
sich den Sachsen zugesellt haben. Der ursprüngliche Zweck ihrer Fahrten
aber war anfangs und noch fast anderthalb Jahrhundert lang ausschließlich
Raub und ihm zu steuern sahen sich die Römer schon in der zweiten Hälfte
des dritten Jahrhunderts zur Aufstellung einer Flotte in Boulogne genöthigt,
welche jedoch ihre Aufgabe nur sehr unvollkommen erfüllte. Carausius unterhielt

als Anführer dieser Schutzflotte selbst ein Einverständniß mit den sächsischen und fränkischen Seeräubern und gerade, weil er dessen verdächtig geworden war, wagte er noch Größeres und nahm, wie erwähnt, in Britannien den Purpur an.

Die verschiedenen Einfälle der Picten, der Scoten und der immer nur mit ihnen zusammen genannten Attacotten oder die der Deutschen aufzuzählen, wäre ebenso unmöglich als zwecklos. Oft zurückgetrieben, kommen sie stets wieder, und wie es scheint, mit immer größeren Schaaren, während die römischen Herren des Landes in den zahlreichen Thronstreitigkeiten des dritten und vierten Jahrhunderts sich selbst zerfleischten und durch ihre räuberartige Verwaltung die Eingebornen zur Verzweiflung und zu Aufständen trieben. Vorsorge gegen jene Feinde zu treffen, war überdies sehr schwer, da sie bald hier bald dort landeten, wohin sie gerade der Wind trieb: in der Plötzlichkeit ihres Auftretens lag die hauptsächlichste Gefahr. In der Mitte des vierten Jahrhunderts waren solche Einfälle schon zu einer ständigen Plage geworden[1]) und Niederlagen, welche die Reichstruppen im Kampfe gegen die Eindringlinge erlitten, etwas ganz gewöhnliches. Der Mangel an römischen Inschriften aus den folgenden Jahrzehnten deutet darauf hin, daß ein großer Theil der Provinz damals schon thatsächlich in der Gewalt der Barbaren gewesen sein dürfte. Julianus, dessen Feldherrntalent hier reichliche Gelegenheit gefunden haben würde, sich ebenso glänzend zu bewähren als gegen Alamannen und Franken, konnte eben wegen der Gefährdung der Rheingrenze persönlich für Britannien nichts thun und erst Theodosius, der Vater des gleichnamigen Kaisers, hat unter dem Kaiser Valentinian I. noch einmal auf dem Boden dieser Provinz die römischen Waffen bewährt und zu Ehren gebracht (368—370). Bei Rutupiä auf der Ostspitze von Kent mit einigen Legionen und batavischen und herulischen Hülfstruppen gelandet, schlug er schon auf dem Marsche nach London mehrere Raubschaaren; er entriß ihnen ihre massenhafte Beute an Menschen, Vieh und Kostbarkeiten und zog triumphirend in das endlich aufathmende London ein. Er erfocht in dem nächsten Jahre weitere Siege über die Barbaren, versah die Kastelle und Grenzwälle wieder mit Besatzungen und gewann anscheinend auch ein Stück Land außerhalb der letzteren. Dieses wurde zu Ehren des Kaisers Valentia geheißen. Ohne Zweifel, der von Claudianus mit dichterischer Ueberschwänglichkeit gepriesene Theodosius, der auch im eisigen Caledonien gelagert und die Orkaden mit Sachsenblut genetzt haben soll, hatte sich durch die Herstellung der britannischen Provinz große Verdienste um das Kaiserthum erworben und es war nicht seine Schuld, wenn unmittelbar nach seiner Abberufung aus Britannien dieses sich wieder den feindlichen Einfällen ausgesetzt sah. Wird

---

1) Die berühmte Stelle des Zeitgenossen Ammianus Marcellinus XXVI, 4, §. 5 zum Jahre 365 lautet: Picti Saxonesque et Scotti et Attacotti Britannos aerumnis vexavere continuis.

Kaiser Valentinianus zum Jahre 375 gerühmt, daß er zwar nicht mit Ge=
walt, aber durch Schlauheit und Treulosigkeit die sächsischen Räuber bewäl=
tigt und der Provinz Frieden verschafft habe, — läßt Claudianus letztere
zum Lobe Stilichos sprechen: „Mich rettete Stilicho, als von Jerne (Irland)
der Scote mit Uebermacht heranzog und das Meer unter den Ruderschlägen
der Feinde schäumte. Er hat bewirkt, daß ich weder Scoten noch Picten zu
fürchten habe und daß ich nicht vom sicheren Gestade aus nach den heran=
segelnden Sachsen auszuschauen brauche," — gerade die Wiederholung dieser
Rettungen lehrt uns, wie gering der wirkliche Werth der einzelnen anzu=
schlagen ist.

Die Scoten scheinen um diese Zeit sich sogar eines großen Theils von
Wales bemächtigt zu haben, bis ein Fürst Cuneda mit dem Beinamen Wledig,
d. h. der Glorreiche, sie wieder von dort vertrieb. Dennoch, „während im
Innern des Landes, besonders in der Mitte der Insel und im Westen, längst,
wie es scheint, das römische Element dem einheimischen gewichen war, hielt
man die Grenzgarnisonen am Hadrianswalle, in den Küstenplätzen, vor Allem
in den Häfen des Kanals fest. Noch bis gegen Ende des vierten Jahr=
hunderts war man, wie die erhaltenen Meilensteine zeigen, eifrig bemüht, das
die Kastelle verbindende Straßennetz in gutem Stand zu erhalten und zu er=
weitern."¹) Die Küsten wurden mit Wachtthürmen versehen. Aber was
nützten alle Festungswerke, wenn schließlich die Vertheidiger fehlten? Nicht
blos die auf der Insel stehenden Legionen und die dorthin geschickten deutschen
Hülfstruppen wurden bei neuen Thronusurpationen auswärts verwendet, son=
dern auch die Provinzialen wurden massenhaft bei solchen Gelegenheiten aus=
gehoben und über das Meer geschickt, wie das namentlich durch die in Britan=
nien selbst aufgestellten Kaiser Maximus (383—388) und Constantin (407)
geschah. Die Erhebung des letzteren mag damit zusammenhängen, daß Stilicho,
als Italien selbst durch die Gothen gefährdet war, den Rest des römischen
Heeres, „welcher den Sachsen und den Scoten gezügelt", von der Insel zu=
rückgerufen hatte. Die römische Herrschaft in Britannien war zu Ende, wenn
auch nicht ganz das dortige Römerthum.

----

1) Hübner am Schlusse seines angeführten Aufsatzes.

II. Reste des Römerthums und Anfänge des Christenthums auf den britischen Inseln.

Die römischen oder romanisirten Einwohner der britannischen Provinz haben ebensowenig wie unter ähnlichen Verhältnissen die der Donau- und Alpenländer mit den abziehenden Truppen vollständig das Land verlassen können und verlassen mögen und es giebt immerhin einige, wenn auch der knappen Ueberlieferung über die folgende Zeit entsprechend nur dürftige Spuren ihrer weiteren Existenz, ja sogar ihrer höheren Geltung unter den Briten. Obwohl das Lateinische nur manche Lehnwörter an die Sprache der Eingeborenen abgegeben oder von ihr empfangen zu haben scheint und nicht mit derselben wie in anderen Ländern zu einer neuen Sprache verwachsen ist, so blieb es doch zunächst nach dem Aufhören der römischen Herrschaft Staats- und Kirchensprache, wie die christlichen Inschriften der nächsten Jahrhunderte zeigen, welche sich besonders zahlreich in Yorkshire, in Wales und in Cornwal gefunden haben.[1]) Sie bezeugen sogar, daß die Kenntniß der römischen Dichter und Dichtungsformen nicht ganz verloren ging. In einer solchen Inschrift von der walisischen Westküste ist mit einer Reminiscenz aus Hiob der Vers des Martialis II, 59, 4 verbunden; eine andere aus Caermarthenshire feiert in einem tabellosen Distichon einen um Glauben und Vaterland verdienten Paulinus aus der zweiten Hälfte des sechsten Jahrhunderts. Noch mehr, das sich selbst überlassene Römerthum Britanniens scheint wenigstens in den erwähnten Landschaften noch eine Zeitlang die politische und militärische Leitung in seiner Hand behalten zu haben. Eine zu Whitby bei Scarborough gefundene Inschrift, angeblich des fünften oder sechsten Jahrhunderts, in welcher sich ein Präpositus Justinianus und ein Magister Vindicianus als Erbauer oder Hersteller des dortigen Kastells nennen, wird freilich bei Seite gelassen werden müssen, da sowohl ihre Deutung als auch ihre Zeitbestimmung unsicher ist. Anders aber steht es mit dem in keltischen Sagen als „der königliche“ bezeichneten Ambrosius Aurelius, der von hochangesehenen römischen Eltern abstammend, im fünften Jahrhundert vielleicht selbst den Purpur genommen hat und die Briten von Wales erfolgreich gegen die Sachsen führte. Gildas, welcher uns dieses berichtet, konnte im sechsten Jahrhunderte

---

1) Gesammelt von Emil Hübner in den Inscriptiones Britanniae Christianae Berolini et Londinii 1876. Fol.

noch sehr wohl von ihm wissen; nennt er die Nachkommen desselben entartet, so lehrt doch auch dieser Tadel wieder, daß es zu seiner Zeit noch Familien gab, deren römische Herkunft allbekannt war. Römischer Herkunft waren ohne Zweifel auch die Zeitgenossen des Gildas, der Fürst Constantin von Devonshire, welchen er wegen seiner Grausamkeit und Rohheit aufs Heftigste angreift, und der an unbekannter Stelle regierende Aurelius Conanus, der von seinem Hause „wie ein dürrer Baum mitten auf der Haide" allein übrig geblieben war und in wilder Sinnenlust sich zu Grunde richtete. Diese mögen für ihre Landschaften die letzten Vertreter eines entarteten Römerthums gewesen sein, während es sich vielleicht in Wales noch länger erhielt, selbst mit einer gewissen politischen Organisation. Ein „König der Römer" wird nämlich dort noch aus dem nächsten Jahrhunderte erwähnt,[1] was freilich ein Titel ist, über dessen Tragweite auch nur Vermuthungen anzustellen ein Wagniß wäre. Soviel steht in jedem Falle fest, daß das römische Wesen in Britannien nicht mit einem Male zu Grunde ging, sondern erst langsam im Laufe der Jahrhunderte erlosch. Wenn jedoch der Angelsachse Beda keine anderen Reste der römischen Herrschaft in Britannien zu nennen wußte als Baudenkmäler, Festungswerke, Tempel, Brücken und Straßen, so hat er offenbar in diesem Augenblicke das wichtigste Denkmal vergessen aufzuzählen, nämlich das Christenthum, welches unter und mit den Römern ins Land gekommen war und den Verfall ihrer Macht überdauerte.

Die Anfänge des Christenthums bei den Briten sind vollkommen dunkel. Mit dem Kaufmanne und dem Soldaten wird es von Gallien her über das Meer gewandert sein und lange im Stillen gewuchert haben, ehe es Aufmerksamkeit und bald Verfolgung auf sich zog.[2] Man mag dahin gestellt sein lassen, ob der Nachricht des Beda von dem britischen Könige Lucius, welcher durch Vermittlung des römischen Bischofs Eleutherius (177—190), nach Nennius sogar mit allen Königen des britischen Volkes die Taufe empfangen habe, irgend eine Thatsächlichkeit zu Grunde liegt, und ebenso ob Tertullians Versicherung, daß zu seiner Zeit der christliche Glaube schon bis zu jenen Gegenden Britanniens gedrungen sei, die nie der Fuß eines Römers betreten, mehr ist als ein rhetorisches Prunkstück. Hundert Jahre später empfing die Insel durch die diocletianische Verfolgung ihre ersten Märtyrer: den heiligen Albanus von Verulam, Aaron und Julius von Caerleon und

---

1) Hübner Nr. 160: Leider sehr verstümmelte Inschrift aus dem neunten Jahrhunderte eines Königs Concenn von Povos (Denbighshire), der darin die Thaten seiner Vorfahren, wie es scheint, aufzählt und darunter den Kampf mit einem rex Romanorum. — Wenn auf einem merkwürdigen christlichen Grabsteine in Irland (s. Gaidoz, Les inscriptions latines de l'Irlande, table 5) „septem Romani" erscheinen, so ist, wie Gaidoz ganz richtig bemerkt, sicher nicht an eigentliche Römer zu denken, vielleicht aber auch nicht, wie er will, an Einwohner des römischen Reiches überhaupt, sondern wohl eher an jene britischen Römer.   2) Sehr früher Zeit dürfte eine Inschrift aus Merionetshire (Wales) bei Hübner Nr. 131 angehören: Porius | hic in tumulo iacet | homo christianus fuit.

„viele andere beiderlei Geschlechts, die an verschiedenen Orten hohen Muthes in Christi Schlachtreihe standen". Das Gewährenlassen durch Constantin d. Gr., aus dessen Zeit uns die Namen der Bischöfe von York, London und Lincoln erhalten sind, welche sich im Jahre 314 an der Synode von Arles betheiligten, wird dann hier wie überall die Zahl der Gläubigen schnell gemehrt, andrerseits wohl auch öfters solche wunderliche Ideenverbindungen gezeitigt haben, wie bei dem Besitzer der Villa von Frampton (Dorchester), in deren Mosaikfußboden den von jambischen Versen begleiteten Göttergestalten der Alten das christliche Monogramm zugesellt ist. Vollends bei den keltischen Einwohnern der Provinz war das Heidenthum damals noch lange nicht überwunden und da, wo es wirklich dem neuen Glauben wich, bot der Charakter des Volkes, „das stets etwas Neues hören wollte und an nichts recht festhielt", einen für den Widerstreit kirchlicher Lehrsätze überaus empfänglichen Boden dar. Der Arianismus fand im vierten, die Doctrin des Pelagius, der selbst ein Brite war, im fünften Jahrhunderte Eingang. Mit dem Kampfe gegen den Pelagianismus beginnt eigentlich erst die britische Kirchengeschichte und fast in demselben Momente, in welchem sich die politische Abhängigkeit des Landes von Rom löste, knüpfte sich die kirchliche Verbindung mit Rom an.

Der römische Bischof Cölestin schickte auf Antrieb eines Diakons Palladius, der anscheinend Beziehungen zu den Rechtgläubigen Britanniens hatte, im Jahre 429 den Bischof Germanus von Auxerre hinüber, welchem sich Bischof Lupus von Troyes zugesellte. In einem Religionsgespräche, zu welchem eine gewaltige Menge von Menschen als Zuschauer und Richter sich eingefunden hatte, brachten sie durch den „Strom ihrer Beredsamkeit" die Anhänger des Pelagius zum Schweigen: ihre Rechtgläubigkeit wurde sowohl durch Wunder bezeugt, wie sie den Legenden der Zeit nicht fehlen dürfen, als auch durch einen Sieg über die vereinigten Sachsen und Picten, welchen die klugen Veranstaltungen des Germanus den schon ganz entmuthigten Briten verschafften, so daß nun auch viele Heiden sich taufen ließen. Man muß nur nicht denken, daß die von Rom verworfene Lehre nun plötzlich von der Insel verschwunden sei. Germanus hat aus demselben Grunde später noch ein Mal und zwar in Begleitung des Severus von Trier, welcher ein Schüler des Lupus war, sich dorthin begeben müssen und wenn es heißt, daß die Urheber der Irrlehre jenem Priester zur Deportation übergeben worden seien, so war das ein Ergebniß, das zwar unzweifelhaft der künftigen Rechtgläubigkeit der Insel zu Gute kam, aber ebenso sicher nicht allein durch die Predigt, sondern vielmehr durch die Unterstützung weltlicher Machthaber herbeigeführt worden sein wird.

Die Mission des Germanus ist nur ein Glied in einer ganzen Kette von Unternehmungen, welche darauf abzielten, die Kelten innerhalb und außerhalb der politisch aufgegebenen Provinz an das mehr und mehr als Centrum der abendländischen Christenheit auftretende Rom zu ketten. Hier hatte der

Brite Ninian seine Bildung und ohne Zweifel auch seinen Auftrag erhalten, welcher ihn zu den südlichen Picten führte: er erbaute in Galloway gegenüber Man die erste steinerne Kirche in diesen Gegenden, welche von der Farbe ihres Gesteins das weiße Haus, jetzt Whitehorn, genannt ward. Einige alte christliche Grabsteine, welche sich hier und sehr vereinzelt an anderen Orten des südlichen Schottlands und der Ostseeküste finden, können vielleicht als ein Zeugniß gelten, daß die Lehre des Christenthums nicht auf ganz unfruchtbaren Boden fiel.

Auch Irland wurde nun von Rom aus in Angriff genommen. Christen mag es dort wohl schon früher gegeben haben, Kriegsgefangene, welche die Scoten von ihren Raubfahrten mitbrachten, oder vereinzelte Eingeborene, welche in der Fremde sich bekehrt hatten; in jedem Falle fehlte jegliche kirchliche Organisation und die ungeheure Mehrheit des irischen Volkes hing noch an dem alten nationalen Kultus, seinen Sonnenfesten und Menschenopfern. Diesen zu stürzen und jene zu schaffen, das sollte die Aufgabe des schon genannten Palladius sein, welchen Papst Cölestin im Jahre 431 als ersten Bischof der „christgläubigen Scoten" weihte und nach Irland sandte. Die irische Ueberlieferung weiß die Kirchen zu bezeichnen, welche derselbe dort gegründet haben soll; aber sie gesteht auch zu, daß kein nennenswerther Erfolg erzielt wurde und daß Palladius bald Irland wieder verließ. Er ist nicht dort, sondern bei den Picten, angeblich in Fordun, gestorben. Da tritt nun der heilige Patricius ein.

Die Zahl der Legenden über Patricius, selbst derer aus alter Zeit, ist sehr groß und jede spätere weiß neue Züge der Geschichte seines langen Lebens hinzuzufügen, ohne daß diese dadurch im Einzelnen gesicherter würde. Die neueren Forscher aber haben, wohl wegen der Befangenheit und der Vorurtheile, mit welchen sie meist an diesen Gegenstand herantraten,[1]) die Erkenntniß desselben nicht in dem Maße gefördert, als es wünschenswerth wäre. Und doch giebt es eine Quelle für die Lebensgeschichte des Patricius, gegen deren Authenticität nichts begründetes eingewendet werden zu können scheint, nämlich seine eigenen Confessionen. Er war nach diesen der Sohn eines Senators von Boulogne, aber in seinem sechzehnten Jahre geraubt und nach Irland gebracht worden, wo er bei einem Häuptlinge in Dalreida, auf der nordöstlichen Ecke der Insel, Hirtendienste habe thun müssen. Nach sechs schweren Jahren sei ihm die Flucht gelungen, aber nur dadurch, daß er sich Seeräubern anschloß, und erst nach langer Zeit und nachdem er vorübergehend nochmals in Gefangenschaft gerathen, kam er zu Verwandten zurück. Ein Traumgesicht habe in ihm dann den Entschluß gezeitigt, sich ganz der Bekehrung der Iren zu widmen. Indessen zwischen der inneren Erfassung

---

1) Sehr umständlich ist das durch den Bischof von St. Gallen, Greith geschehen: Geschichte der altirischen Kirche und ihrer Verbindung mit Rom, Gallien und Alemannien, von 430 bis 630. Freiburg, 1867. Die Verbindung mit Rom ist ihm die Hauptsache.

des Lebensberufs und der wirklichen Inangriffnahme desselben lagen sicherlich viele Jahre, über welche Patricius selbst zwar keine Auskunft giebt, welche
jedoch nach der hier nicht zu verachtenden irischen Ueberlieferung durch ernste
Studien im Kloster des heiligen Martinus von Tours und bei den Ein-
siedlermönchen der lerinischen Inseln ausgefüllt wurden. Entscheidend wurden vor allen Dingen die Beziehungen zu Germanus von Auxerre und obwohl die Nachricht, daß Patricius diesen auf der britischen Mission des
Jahres 429 begleitet habe, nicht als unbedingt beglaubigt anzusehen ist, so
scheint doch das festgehalten werden zu müssen, daß er sich auf Antrieb des
Germanus, der ja selbst seinen Missionsauftrag von Rom erhalten hatte,
ebenfalls nach Rom begab. Es ist gleichgültig und wohl kaum auszumachen,
wie lange er sich dort aufhielt; der damalige Papst Cölestin aber hatte offenbar für die Mission unter den Kelten ein besonderes Interesse, und als Miß-
erfolg und Tod des Palladius ihm bekannt geworden waren, da wies er
— es war im Jahre 432 — das von jenem verlassene Arbeitsfeld eben
dem Schüler und Freunde des Germanus zu. Irland hatte in Patricius
— das ward sein Name, als er auf der Reise durch Gallien die Bischofs-
weihe empfing — endlich seinen Apostel gefunden.

Der Werth eines Mannes wird gerechter Weise nicht blos an seinem
Erfolge gemessen werden dürfen. Aber eine große Wirkung rechtfertigt den
Rückschluß auf die Tüchtigkeit der Persönlichkeit, welche sie hervorrief. Ich
wüßte nun zur richtigen Schätzung des Patricius nichts Besseres beizubringen
als die Worte, mit welchen er in den Confessionen seine Wirksamkeit charak-
terisirt. Er sagt: „Für mich selber suche ich nichts; ich will arm und verlassen bleiben, wie Christus selber es auf Erden war, denn ich muß täglich
mich gefaßt halten, ermordet zu werden oder in Gefangenschaft zu fallen, ohne
daß ich dazu Anlaß biete. Allein das Alles fürchte ich nicht, in der Hoffnung auf die Verheißung des Himmels; denn ich habe mich in die Hand
des allmächtigen Gottes gegeben, der überall regiert. Er hat mich zu diesem
Amte auserwählt, daß ich einer seiner geringsten Diener sei. Möge er besser
walten, daß ich keine der Völkerschaften mehr verliere, die ich für ihn hier
am äußersten Ende des Erdkreises gewonnen habe." Es ist wahr, eine große
allgemeine Verfolgung ist nicht über die Mission ergangen; an Störungen
und Gefahren hat es ihr natürlich nicht gefehlt.

Patricius selbst erzählt, wie er einstmals mit seinen Begleitern ergriffen
worden sei, um an einem bestimmten Tage getödtet zu werden. „Allein noch
war die Zeit nicht da; sie raubten uns Alles was wir hatten, banden mich
mit Ketten, doch nach vierzehn Tagen befreite mich der Herr aus ihrer Gewalt und sie gaben uns Gott zu Lieb was unser war, und noch dazu die
uns so nöthigen Freunde zurück." Das mag damals geschehen sein, als er
in der Grafschaft Leitrim das Bild des Sonnengottes Crom-Cruach zerstört
hatte, welchem Kinder geopfert wurden, oder als er einstmals in der Nähe
der irischen Königsburg Tara (nordwestlich von Dublin) am Vorabende des

Osterfestes lagerte und mit Einbruch der Nacht nach der alten Weise das Osterfeuer anzündete. Am gleichen Abende aber feierte der König Leoghaire mit seinen Großen in Tara ein heidnisches Fest, während dessen nach drui=bischer Satzung kein anderes Feuer angezündet werden durfte. Die Missio=näre wurden also wegen ihres Vergehens gefangen genommen und vor die Versammlung gebracht, deren heidnischer Glaube jedoch nicht mehr auf festen Füßen gestanden haben mag; sonst würde man sich schwerlich auf eine Dis=putation mit den Christen eingelassen oder geduldet haben, daß sogar ein Druide, wie die Legende erzählt, und zwei Töchter des Königs sich ihnen zuwandten — ein Vorgang, auf welchen Patricius anzuspielen scheint, indem er triumphirend ausruft: „Die Söhne der Scoten sind Mönche und die Töch=ter der Könige Jungfrauen Christi geworden."

Die unverkennbare Geneigtheit zur Annahme des neuen Glaubens, auf welche Patricius bei dem irischen Volke traf, und die große Zahl der Kirchen, welche er und seine Genossen fast in allen Theilen der Insel gründeten, zwangen ihn schon früh, auf eine Vermehrung der geistlichen Arbeitskräfte bedacht zu sein und Gehülfen aus Italien und Gallien, vor Allem aber aus dem den Iren stamm= und sprachverwandten Britenlande an sich heranzu=ziehen — Männer, welche bei aller Kirchlichkeit doch auch die Träger der alten Kultur waren, und je mehr Kirche und Kultur damals durch das Vor=bringen der Sachsen gefährdet und eingeengt wurden, um so bereitwilliger dem an sie ergehenden Rufe nach Irland folgen mochten, wo es galt, beiden eine neue Heimstätte zu bereiten. Ihrem Zuströmen und ihrem Eifer ist es zuzuschreiben, daß gegen das Ende des fünften Jahrhunderts — Patricius selbst soll angeblich erst im Jahre 493 gestorben sein — nicht blos Irland und die benachbarten Inseln im Allgemeinen für das Christenthum gewonnen, viele Bischöfe geweiht und mönchische Genossenschaften gegründet waren, in welchen gewissermaßen die Kollegien der Druiden ihre Fortsetzung fanden, sondern daß diese Mittelpunkte kirchlicher Bildung auch Pflegestätten dessen wurden, was jene Länder sich von der Kultur des Alterthums gerettet hatten. Patricius soll nach einer späten Tradition in seiner Begleitung geübte Schmiede gehabt haben, welche sich auf die Anfertigung der Glocken und Kirchengefäße verstanden, und unter den Missionären und Bischöfen selbst waren einige auf diesem Gebiete geradezu Künstler. Besonderes Gewicht aber wurde auf die Schreibekunst gelegt. Das lateinische Alphabet faßte erst jetzt festen Fuß auf der Insel, und mag die Ueberlieferung, daß Patricius auch ABC=Bücher ver=faßt habe, immerhin eine sagenhafte sein, sie deutet doch darauf hin, daß das eindringende Christenthum und die sich begründende Kirche die einheimische Schrift zu verdrängen bemüht waren. Ein Alphabet hat sich gefunden, das auf einer mit dem Kreuz und der Beischrift: „[crux] domini" bezeichneten Steinsäule eingehauen ist[1]) und wohl kaum jünger sein dürfte als das sechste

---

1) Galboz table II.

Jahrhundert. In den Klöstern Britanniens und Irlands waren unzählige fleißige Hände mit dem Abschreiben kirchlicher und profaner Werke beschäftigt und man verwendete dazu sowohl die allgemein übliche Uncial= als auch weiter=hin eine eigenthümlich ausgebildete spitzige Minuskelschrift, welche später gleich=falls von den Angelsachsen angenommen wurde. Besonders auffällig sind jedoch diese Schreibarbeiten der britischen und irischen Mönche durch ihre Ver=zierungen. Die Initialen wurden in ihren einzelnen Zügen durch dicke rothe Punkte eingerahmt, oft aber selbst aus vielfach verschlungenen farbigen Bän=dern gebildet. Die zierlichsten Ornamente erwachsen so aus dem Spiele einer unerschöpflichen Phantasie, welche immer neue Verschlingungen erfindet und die einzelnen Bänder zuletzt in Köpfe fabelhafter Thiere auslaufen läßt. Menschliche Gestalten wollten den Künstlern weniger gelingen.

Es ist wahr, diese römisch=christliche Kultur blieb auf die kirchlichen Mittel=punkte beschränkt und ist am wenigsten so bald Gemeingut der Masse geworden. Aber es wollte doch auch etwas für die Zukunft bedeuten, daß der Zusammen=hang mit dem Alterthum, trotzdem daß die politische Verbindung mit den Ländern des Mittelmeeres aufhörte, in Britannien sich nicht ganz löste und in Irland gar neu begründet wurde. Das Alterthum hat für diese Länder gerade lange genug gedauert, um ihnen noch seine jüngste Frucht und sein kostbarstes Erbe, nämlich das Christenthum, hinterlassen zu können.

III. Die Festsetzung der Deutschen in Britannien.

Der Geist des römischen Staatsorganismus wird durch nichts besser gekennzeichnet, als durch die Thatsache, daß bei dem Zerfalle des Ganzen keine einzige Provinz allein aus sich heraus ein neues selbständiges Leben zu entfalten im Stande gewesen ist. Wie hätten die britischen Provinzialen, durch schlechte Verwaltung, Aufstand und jahrhundertlange feindliche Einfälle herabgekommen, ihrer waffenfähigen Leute zum großen Theile beraubt, durch eigene Kraft sich zu behaupten vermocht? Obwohl die Erinnerungen, welche sich bei Gildas über diese Zeiten finden, als „die Römer Abschied nahmen, um nicht wiederzukehren", einen ziemlich sagenhaften Charakter haben, drücken sie deutlich das Bewußtsein aus, daß man ohne den Rückhalt an dem bisherigen Weltcentrum nicht bestehen zu können sich getraute. Noch im Jahre 446 soll die aufgegebene Provinz den Aetius um Unterstützung angefleht haben, natürlich vergeblich. Wem wird sie zur Beute werden? Den barbarischen Stammesgenossen aus Schottland und Irland oder den nicht minder barbarischen Ankömmlingen von Deutschland? Jene hatten inzwischen endgültig den schlecht vertheidigten Grenzwall überfluthet und in weiten Landstrichen die Einwohner erschlagen oder weggeschleppt oder zur Flucht in Wälder und Gebirge gezwungen, wo die Noth sie ihrerseits wieder zu Räubern an denen machte, welche noch etwas gerettet hatten. Ein Sieg, wie der unter der Führung des heiligen Germanus erfochtene, ist eine ganz vereinzelte Erscheinung. Zerrüttung im Innern gesellte sich zu der Bedrängniß von Außen. Die Häuptlinge oder Könige der einzelnen Bezirke, wohl durchgehends Männer, die ihr Recht entweder wie der oben genannte Ambrosius auf ihre frühere Stellung in der römischen Organisation, oder wie der im Südosten gebietende Guorthigirn auf ihre Herkunft von den alten nationalen Fürstengeschlechtern zurückführen mochten, waren von einträchtigem Zusammenwirken oder von freiwilliger Unterordnung unter einen aus ihrer Mitte weit entfernt: ihre Fehden füllen die Pausen aus, welche die feindlichen Einfälle übrig lassen. Die Kirche aber vermochte noch weniger als einigendes Band zu dienen, da, abgesehen von dem Verfalle der Sitten unter den Geistlichen selbst, über welchen bitter geklagt wird, weder alle Provinzialen der christlichen Kirche angehörten, noch diejenigen, welche sich zu ihr bekannten, auf dem Boden derselben Lehre standen. Die kirchlichen Streitigkeiten, auf deren Intensität die Mission des Germanus einen Rückschluß gestattet, müssen nothwendig die allgemeine Zerklüftung befördert haben. Hungersnoth, die Folge der Kriege in einem Lande, das noch vor kurzem mit seinem Ueberflusse an Getreide Gallien ernährt hatte, und fürchterliche Pesten vollendeten das Elend. Seine Wurzel aber hatte es in den immerfort sich wiederholenden Heimsuchungen durch die Scoten und die Picten, und um diesen zu wehren, waren schließlich sogar die Sachsen als Helfer willkommen.

Wenn britische Fürsten sich entschlossen, Sachsen in Dienst zu nehmen, so folgten sie darin nur dem Beispiele ihrer früheren Landesherren, der Römer, welche ja oft genug festländische Deutsche aus allerlei Stämmen auf der Insel verwendet, hier und da auch schon angesiedelt hatten. Neu war nur das Eine, daß die Briten selbst mit ihren bisherigen Bedrängern in Verbindung traten; sie thaten es aber ohne Zweifel erst dann, als der letzte Versuch, unmittelbar von Rom her Hülfe zu erhalten, wiederum gescheitert war. So wird man immerhin sagen können, daß es, wenn auch nicht gerade im Jahre 441, in welchem die kurze Chronik des Prosper Britannien in die Gewalt der Sachsen gerathen läßt, oder im Jahre 449, wie man gewöhnlich annimmt, so doch um die Mitte des Jahrhunderts geschehen sei. Und das ist auch die Meinung des Beda, der die entscheidende Berufung der Sachsen in die Regierungszeit der Kaiser Marcianus und Valentinianus III. verlegt, d. h. in die Jahre 449—456 oder richtiger 450—457.[1]) Aus andern Stellen mögen andere Zeitbestimmungen, frühere und spätere, berechnet werden können und diese auch in gewissem Sinne ihre Richtigkeit haben, da nichts zu der Annahme nöthigt, daß die Verbindung mit den Sachsen nur in der einzigen Landschaft Kent gesucht worden ist, wie man nach den anscheinend allein auf mündlicher und noch dazu sehr sagenhafter Ueberlieferung beruhenden Darstellungen bei Gildas und Nennius zu meinen versucht sein könnte. Im Einzelnen aber weichen sie erheblich von einander ab.

Gildas erzählt, daß der König Guorthigirn mit Rath seiner Großen gegen die nordischen Völker Sachsen aus Deutschland herbeigerufen habe, diese dann auch zunächst auf drei „Kielen" oder Kriegsböten herbeigekommen seien und sich auf der Ostspitze Britanniens festgesetzt hätten. Nach Nennius waren dagegen die Ankömmlinge aus ihrer Heimath Vertriebene, und sie wurden bei ihrer zufälligen Ankunft von dem sowohl durch Picten und Scoten als auch durch den Römer Ambrosius bedrängten Guorthigirn in Dienst genommen, der ihnen die Insel Thanet einräumte, das von dem Flusse Stour in Kent gebildete fruchtbare Delta, in welchem jetzt die Städte Margate und

---

1) Beda, Hist. eccles. I. 15 sagt nicht, daß die Berufung gerade 449 geschehen sei; er kann diese Jahreszahl auch nicht aus der Zeit des Abzugs der Römer um 409 und der Angabe des Gildas, noch 40 Jahre lang seien die Briten ruhig geblieben, combinirt haben, wie Ranke meint. Gildas bringt keineswegs einen solchen Termin, sondern Nennius, der aber, soweit wir sehen können, nicht von Beda benutzt worden ist, — außer etwa für die Genealogie des Hengist, welche jedoch bei beiden auf die allgemeine Ueberlieferung zurückgehen mag.

Ramsgate liegen. Man sieht, daß für beide das entscheidende Ereigniß die mit Bewilligung des Guorthigirn erfolgte Festsetzung der Deutschen ist, mögen diese nun gerufen worden oder freiwillig gekommen sein, beide stimmen ferner darin überein, daß der britische Fürst den Fremden für ihren Dienst außer jenem Lande, welches Beda als für sechshundert Familien ausreichend schätzt, auch Unterhalt zugesagt habe; daß sie ihren Dienst tapfer versahen, aber allmäh= lich sich durch weiteren Zuzug aus der Heimath verstärkt und endlich das Dienst= verhältniß abgeworfen hätten, als die Briten, sei es, weil sie für den Augen= blick nicht weiter der Hülfe bedurften, sei es, weil die größere Menge der Deutschen die Lieferung des Unterhalts unerträglich machte, diesen ihnen ver= weigerten.   Die Deutschen griffen nun auf eigene Hand um sich und wurden also wieder was sie früher gewesen waren, Feinde der Briten, — nur mit dem Unterschiede, daß ihre Züge nach Britannien seitdem nicht mehr oder nicht blos auf Raub gerichtet waren, sondern vor Allem Eroberung und Ansiedelung zum Zwecke hatten.

Das sind Vorgänge, wie sie unzählige Male auch innerhalb des römi= schen Reiches vorgekommen sind, überall wo sich Deutsche auf Grund eines Dienstvertrages angesiedelt hatten. Aber die ausführlicheren Erzählungen, welche sich bei Nennius und noch mehr bei den späteren an diese einfachen historischen Vorgänge ansetzten, sind durchaus sagenhaft und man kann höch= stens noch zweifeln, ob der Sage oder gar dem Mythos auch die Brüder Hengist und Hors zuzurechnen sind, unter deren Führung die Deutschen nach Thanet gekommen sein sollen.

Ihre das Gleiche bedeutende Namen sind allerdings auffällig — aber wie häufig haben Deutsche ihre Namen der Thierwelt entlehnt? Ob der Hengist der britischen Kriege derselbe ist, dessen in dem unter dem Namen der Schlacht bei Finnsburg bekannten Gedichte und im Beowulfs=Epos ge= dacht wird, ist doch fraglich; immerhin sind seine Vorfahren germanische Heroen und Götter, unter welchen auch Wodan nicht fehlt.[1])   Man weiß jedoch, daß überall der alte Volksadel, wenn er über seinen Ursprung nicht mehr Rechenschaft zu geben vermochte, eben deshalb sich auf die Götter zurückzubeziehen liebte.   Für die Geschichtlichkeit des Hengist aber fällt doch sehr ins Gewicht, daß die Könige von Kent sich von ihm ableiteten und zwar schon zu einer Zeit, in welcher zuverlässige Kunde von ihm sich sehr wohl noch erhalten haben konnte.   Es ist einfach undenkbar, daß z. B. der König Ethelbert, welcher im Jahre 563 seine Regierung antrat, der Urenkel eines Sohnes des Hengist, so wenig über den Mann gewußt haben sollte, welcher nur etwa 110 Jahre früher die Herrschaft seines Geschlechts in

---

1) Sein Vater ist Victgils, der Großvater Victa, der Urgroßvater Vetta, der Sohn des Wodan. Nennius §. 31. Aber es ist zu beachten, daß wenigstens die Na= men Vetta und Victa auch für historische Persönlichkeiten beglaubigt sind, durch einen zu Cramond bei Edinburg gefundenen Grabstein. Hübner, Inscr. Christ. Nr. 211: in oc tumulo iacit Vetta f[ilius] Victi.

Kent begründet hatte, daß ihm vielmehr eine mythische Persönlichkeit hätte
aushelfen müssen. Die Ungeschichtlichkeit einer Person wird aber selbstverständlich nicht als dadurch erwiesen betrachtet werden dürfen, daß man schon
sehr früh von ihr zu singen und zu sagen wußte, wie das offenbar, und
zwar von Freund und Feind, bei Hengist geschehen ist, neben welchem Hors
ganz zurücktritt. Letzterer wird eigentlich nur bei seiner Ankunft und dann
wieder bei seinem Tode erwähnt.

Die älteste Form der Sage vom Hengist ist nun diese. Da er die
Kriegsuntüchtigkeit des Königs Guorthigirn und seines Volkes erkannt, habe
er ihm die Nothwendigkeit vorgestellt, zu seinem Schutze noch mehr Krieger
kommen zu lassen. Als diese auf sechzehn Kielen anlangten, gab Hengist
ihnen ein Gelage. Guorthigirn war ebenfalls geladen und er entbrannte in
Liebe zu Hengists schöner Tochter, welche unter den Neuangekommenen war
und auf des Vaters Geheiß den Gästen Wein und Meth reichte. Guorthigirn
begehrte sie zum Weibe; Hengist aber hielt mit seinen Genossen Rath und
verlangte für das Mädchen das ganze Land Kent und der König gab es
ihm. Und Hengist sprach wiederum zu Guorthigirn: „Ich bin jetzt dein
Vater und werde dein Berather sein. Du aber folge stets meinem Rathe,
denn dann wirst du von Niemandem überwunden werden, weil mein Volk
stark ist. Ich werde meinen Sohn und meinen Brudersohn einladen gegen
die Scoten zu kämpfen und du gieb ihnen das Land im Norden, das am Walle
liegt." Das hieß der König gut und Hengists Sohn Ochta — nach angelsächsischer Ueberlieferung war er vielmehr Hengists Enkel, der Sohn des
Erich Aesk — und Ebissa wurden mit vierzig Kielen gerufen. Auf der
Fahrt plünderten sie die Orkaden und setzten sich dann im Lande der Scoten
fest. Hengist ließ nun immer mehr Kiele nachkommen, so daß die Inseln
der Heimath menschenleer wurden.¹) Guorthigirn aber nahm aus Liebe
zu seiner Frau Alles über sich und war den Barbaren Freund; sein Sohn
Guorthemir dagegen bekämpfte sie, wo er konnte, brachte ihnen auch mancherlei Niederlagen bei und erschlug in einer Schlacht am Derwentflusse
(östlich von York), als sein Schwert zerbrochen war, den großen Hors mit
einem aus der Erde gerissenen Baume! Die Barbaren riefen jedoch neue
Verstärkungen aus Deutschland herbei und beschlossen, als der siegreiche
Guorthemir todt war, sich auch seines Vaters zu entledigen. Unter dem
Vorwande mit ihm einen festen Freundschaftsvertrag aufrichten zu wollen,
veranlaßten sie ihn zu einer Zusammenkunft, zu der jedoch beide Theile sich
ohne Waffen einfinden sollten. Da sagte Hengist zu seinen Leuten, sie
möchten ihre Messer in die Stiefel stecken. „Wenn ich dann rufen werde:
Auf, Sachsen, nehmet eure Sachse! so stürzt euch auf die Begleiter des

---

1) Beda I, 15 bemerkt, daß bis auf seine Zeit die Heimath der Angeln zwischen
den Gebieten der Sachsen und Jüten wüst gelegen. Die Angeln wären darnach so
gut wie ganz ausgewandert und das stimmt zu der Thatsache, daß die weitere Rolle,
welche die Angeln in der Heimath gespielt, nur eine ganz untergeordnete ist.

Königs. Diesen aber tödtet nicht, denn er ist der Mann meiner Tochter und es ist besser für uns, wenn er sich loskauft." So wurden auf den Ruf des Hengist dreihundert Große, welche den König begleitet hatten, getödtet. Dieser aber wurde gefangen und verstrickt und gab, um sein Leben zu lösen, viel Land her, das jetzt Ostsachsen, Südsachsen und Mittelsachsen heißt.

Der Charakter dieser Erzählung ist unverkennbar. Aber man würde doch zu weit gehen, wollte man ihr deshalb jeden geschichtlichen Gehalt ab= sprechen, weil sie durch die Abneigung des unterliegenden Volkes gefärbt worden ist, welches sein Unglück lieber der Treulosigkeit und dem Verrathe des Feindes zuschrieb, als seiner eigenen Schwäche. Daß schon Hengist Essex, Middlessex und Sussex gewonnen habe, ist einfach unrichtig; daß jedoch seine Leute kurzweg als Sachsen bezeichnet werden, während doch Beda die Besiedler Kents ausdrücklich Jüten nennt, wird nicht auffälliger erscheinen, als daß die römische Kurie nachher die Könige der sämmtlichen von Ger= manen eroberten Gebiete als Könige der Angeln anredete und dieser Name überhaupt zuletzt für alle Deutsche Britanniens geblieben ist. Wir haben keinen Grund zu bestreiten, daß die Festsetzung der Jüten in Thanet und Kent von ähnlichen Festsetzungen an anderen Stellen — anderer Jüten im Norden, auf Wight und in der Nachbarschaft; der Angeln am Habrianswalle und am Humber; der Sachsen an der Südküste und an der Themsemün= dung u. s. w. — begleitet war, und es scheint ebenso wenig zu bezweifeln, daß die bedrängten Briten, wie die Sage vom Guorthemir erkennen läßt, solche Festsetzungen hier und da für den Augenblick noch vereitelten. Die größte Wahrscheinlichkeit steht ferner den Andeutungen rücksichtlich der wei= teren Schicksale Guorthigirns zur Seite: da er vornehmlich das Unglück seines Volkes verschuldet hatte, auch wohl in Zwiespalt mit der Geistlich= keit gerieth, scheinen seine Unterthanen sich von ihm abgewendet und dem Fürsten römischer Herkunft, jenem Ambrosius, angeschlossen zu haben, so daß Guorthigirn sich zuletzt nur noch in Nordwales behauptete. Sein Erbe mußte sich dieses kleine Gebiet sogar förmlich von Ambrosius verleihen lassen, der nun als „König über alle Könige des britischen Volkes" auftritt und diese Stellung durch kriegerische Erfolge gegen die Fremden rechtfertigt.

Es wird übrigens mit den Siegen der Briten dieselbe Bewandtniß haben, wie einst mit den Rettungen Britanniens durch die römischen Kaiser und ihre Feldherren: einzelne Erfolge vermochten nicht den Gang der Dinge im Großen zu wenden und dieser war für die Briten entschieden ungünstig, ohne daß wir ihr Zurückweichen, welches durch die Ausbildung kleiner ger= manischer Staaten an ihrer Stelle dargethan wird, im Einzelnen zu verfolgen vermöchten. Obwohl sie, im Gegensatze zu den Germanen, ein schreibendes Volk waren und in ihren Klöstern eine nicht unbedeutende Bildung pflegten, hat doch die Katastrophe ihrer Nation keine Aufzeichnung gefunden. Gildas, welcher den wichtigen Ereignissen der letzten Jahrzehnte des fünften und der ersten des sechsten Jahrhunderts nahe stand, geht über dieselben mit der

kurzen Bemerkung hinweg, daß bald die Einen bald die Anderen siegten,
und die von ihm offen gelassene Lücke kann um so weniger mit den zum
Theil wohl auf alten Traditionen beruhenden Nachrichten späterer angelsächsischer Schriftsteller über mehrfache Siege und über die weiteren Erlebnisse Hengists befriedigend ausgefüllt werden, je deutlicher die künstliche Anordnung derselben hervortritt, nämlich in Perioden von je acht Jahren bis
zu dem im vierzigsten Jahre nach seiner Ankunft erfolgenden Tode des
Hengist. Wir müssen uns mit dem dürftigen, allein sicheren Ergebnisse begnügen, daß Hengist ursprünglich nur der adelige Führer kriegerischer Raubschaaren, dann das Haupt der unter ihrem Schutze sich Niederlassenden, endlich der Begründer eines germanischen Königthums in Kent war; daß ihm
sein Sohn Erich Aesk folgte, nach welchem die späteren Könige von Kent
sich Aeskinger nannten; daß nach Erich Ochta König ward, dann Irminrik
und endlich dessen Sohn Aethelbert, unter dessen Regierung (563—616)
das Christenthum in Kent Eingang fand und durch seine Vertreter den
von der Invasion abgerissenen Faden historischer Ueberlieferung wieder
anknüpfte.

Noch zur Zeit des Hengist soll ein gewisser Aella mit seinen Söhnen,
von welchen Cissa ihm nachfolgte, sich unter langwierigen und harten
Kämpfen mit den Briten in derjenigen Landschaft festgesetzt haben, welche
später zur Unterscheidung von anderen sächsischen Gebieten Sussex genannt
worden ist. Ihre Nachkommen behaupteten sich dort, aber ihre Geschichte ist
völlig unbekannt, da sie nach der Gründung anderer deutschen Herrschaften
im Norden und Westen an dem Kampfe gegen die Briten nicht mehr unmittelbar betheiligt waren.

Um so ausführlicher ist, man kann nicht sagen, die Geschichte, aber die
auch hier durch die Vorliebe für achtjährige Perioden charakterisirte sächsische
Heldensage von Wessex über die Thaten Cerdics und seines Sohnes Cynric,
welche wie Hengist Sprossen des Wodan sind, obwohl etwas jünger als jener,
an den herrlichen Buchten von Portsmouth und Southampton die Landung
erzwingen und von hier aus mit ihren Völkern, den Gewissi, allmählich ins
Innere vordringen, in Landschaften, in welchen das britische Element bis
dahin noch durch nichts erschüttert war. Die Sage weiß davon, daß Cerdic
sich einmal mit Aella von Sussex und Aesk von Kent vereinigte, um
einem Gesammtaufgebote der Briten zu begegnen. In diesen Rahmen dürfte
sowohl der Sieg, welchen die Briten nach Gildas bei Bath, wie es scheint
im Jahre 516, gewonnen haben, als auch ihr gefeierter Held Arthur gehören, dessen Grab man im Jahre 1189 beim Kloster Glastonbury aufgefunden haben will. Seine wirkliche Existenz ist trotzdem im höchsten Grade
zweifelhaft. Gildas, der sein Zeitgenosse gewesen sein müßte, gedenkt seiner
auch nicht mit einem Worte und die Siege Arthurs, welche Nennius auf-
zählt — es sind ihrer zwölf und darunter auch jene Schlacht bei Bath —
haben überhaupt so wenig Inhalt und sind im Lokal so unsicher, daß sich

aus ihnen nicht viel ergiebt. Höchstens das Eine, daß zur Zeit Arthurs schon Südwales vertheidigt und um Caerleon gekämpft werden mußte. Wurden die Sachsen damals von hier zurückgewiesen, so behaupteten sie doch Hampshire, Dorset und einen Theil von Wiltshire und Somerset etwa bis zu den großen Waldungen, welche sich nordöstlich und südwestlich von Bath erstreckten. Jüten aber bemächtigten sich der Insel Wight und besiedelten dieselbe als ein besonderes Fürstenthum unter der Oberhoheit Cerdics, der im Jahre 519 den Titel eines Königs von Westsachsen angenommen haben soll. Die Hauptstadt des Königreichs aber ward das alte Venta, welches seinen Namen in Wintanceaster (Winchester) bewahrte, einst der erste Stütz= punkt römischer Herrschaft über Britannien. — Auf Cerdic folgte 534 sein Sohn Cynric und 560 sein Enkel Ceawlin, der den Briten endlich auch Bath abnahm, seine Herrschaft nordwestlich bis ans Meer und nördlich bis Glocester und Cirencester ausdehnte und unter allen sächsischen Königen den Vorrang hatte, bis er endlich einem Bunde seiner Großen mit Aethelbert von Kent erlag. In der Schlacht bei Wodnesborg (südwestlich von Marl= borough) besiegt, mußte er 591 den Thron von Wessex seinem Neffen Ceolric überlassen und in die Verbannung gehen.

Nicht die geringste Kunde ist auf uns gekommen, wie die sächsische Herr= schaft auf dem nördlichen Themseufer in Ostsachsen (Essex) und um London in Mittelsachsen (Middlessex) oder wie die Ansieblungen der Angeln, welche sich in ein nördliches und südliches Volk (Norfolk, Suffolk) theilten, auf der nach ihnen benannten Halbinsel Ostangeln entstanden sind. Wir gewinnen nichts durch den Namen des angeblich ersten von Woban herstammenden Königs der Ostangeln Wilhelm Wechta und seines Sohnes Uffa, nach welchem die späteren Könige Uffinger hießen.

Dasselbe Dunkel ruht auf den Anfängen der Gyrwas in den Marschen am Washbusen und auf dem Ursprunge der Ansieblungen in Lindessi, der Umgegend des alten Lindum (Lincoln). Und doch müssen gerade über diese Küsten die anglischen Einwanderer geströmt sein, welche den Briten in jahr= hundertlangem Ringen auch das Innere abgewannen und hier die vom Trentflusse geschiedenen Herrschaften der Nord= und Süd=Myrcas (Mercia), der Mittelangeln in Stafford und der Hwyccas etwa von Glocester bis Worcester gründeten, von welchen letzteren die Maegesaeten sich noch weiter über den Severn nach Hereford vorschoben. Die spätere Geschichte zeigt alle diese Landschaften, zum Theil unter besonderen Unterfürsten, zusammengefaßt unter der Oberhoheit der Könige von Mercia, deren Ahnenreihe ebenfalls mit Woban, deren beglaubigte Geschichte aber erst mit Camer (oder Cribba?) und seinem seit dem Jahre 593 regierenden Sohne Wibba beginnt.

Einige Anzeichen sprechen dafür, daß die germanischen Festsetzungen in dem Lande nördlich von Humber, welches später in die beiden Königreiche Deira bis zum Tyne und Berneich oder Bernicia bis zum Firth of Forth zerfiel, sogar älter sein könnten als die in Kent, und vielleicht hängt es mit

solchen zusammen, daß in früheren Zeiten die Sachsen öfters als Bundesgenossen der Picten und Scoten bei ihren Einfällen ins Britenland erscheinen.
Weitere Zuzüge mögen im fünften Jahrhunderte erfolgt sein, um die Zeit,
als Kent von Hengist in Besitz genommen wurde, und ein Sohn (oder Enkel)
desselben, Namens Ochta, soll ja hier kürzere Zeit geherrscht haben, bevor er
zum Königthume in Kent berufen wurde. Wie aber und von wem solche
einzelne Festsetzungen und Herrschaften zu jenen größeren Reichen zusammengefaßt worden sind, ist völlig unbekannt. Auf festeren Boden gelangen wir
erst mit Ida, welchen als den Edelsten von ihnen die Fürsten der Angeln
in Nordhumbrien sich im Jahre 547 zum Könige gesetzt haben sollen. Auf
ihn folgten der Reihe nach seine Söhne: Abba, Aethelrik, Deodrik und
Friodwald, von welchen der vorletzte ermordet wurde, als er vier verbündeten
keltischen Königen glücklich widerstand, Friodwald aber zu der Zeit regiert
haben soll, als in Kent das Christenthum Eingang fand, also am Ende des
sechsten Jahrhunderts. Auch dessen Nachfolger Hussa ist vielleicht noch ein
Sohn Idas gewesen; ihm folgte ein Enkel Idas, von seinem Sohne Aethelrik,
Aethelfrid Flesaur, der zu größeren Dingen berufen ward. Keiner der
Häuptlinge und keiner der Könige, sagt Beda von ihm, habe mehr Länder
der Briten durch Vertilgung oder Unterwerfung der Eingeborenen dem eng-
lischen Volke zur Ansiedlung geöffnet oder zinspflichtig gemacht. Aidan, der
König der Scoten, welcher Aethelfrids Fortschritte aufhalten wollte, erlitt
im Jahre 603 beim Degsastein (wahrscheinlich bei Carlisle) eine gewaltige
Niederlage, welche auch dadurch merkwürdig ist, daß sie den durch mehrere
Jahrhunderte erneuerten Einfällen der Scoten nach dem Süden ein Ende
machte. Im folgenden Jahre wurde Deira, welches einst unter Ida mit
Bernicia verbunden gewesen war, aber inzwischen unter Königen aus Wodens
Geschlecht, Uffi und seit 560 Aella, sich wieder unabhängig gemacht hatte, von
Aethelfrid aufs Neue unterworfen: Aellas Sohn Edwin hat lange heimath-
los umherirren müssen, ehe er bei den Ostangeln Aufnahme fand. Denn
Aethelfrid griff immer weiter um sich und auch Mercia oder wenigstens die
nördlicheren Theile davon scheinen sich seiner Hoheit gefügt und ihn dadurch
in Stand gesetzt zu haben, seine Waffen auch gegen die Briten in Wales zu
tragen. Diese hatten sich bei Chester zur Abwehr versammelt und aus dem
Kloster Bangor ganze Schaaren von Mönchen kommen lassen, welche etwas
abseits von der Schlacht für ihren Sieg beten sollten. Als Aethelfrid dies
erfuhr, da richtete er seinen Angriff zuerst gegen jene Wehrlosen. Denn, sagte
er, wenn sie auch keine Waffen führen, so kämpfen sie doch gegen uns, indem
sie ihren Gott gegen uns anrufen. Nur fünfzig Mönche sollen damals ent-
kommen, ungefähr zwölfhundert aber erschlagen worden sein. Als ein ge-
waltiger Krieger faßte Aethelfrid den ganzen Norden des heutigen England
unmittelbar und mittelbar unter seiner Hand zusammen, während Aethelbert
von Kent durch seinen Sieg über Ceawlin von Wessex zu einer ähnlich domi-
nirenden Stellung im Südosten gelangt war. Man hat für ein derartiges

Verhältniß den Ausdruck Bretwalda (s. u.) gebraucht; in jedem Falle ist bei demselben mehr an ein thatsächliches Uebergewicht, wie es durch kriegerische Erfolge begründet wird, als an eine staatsrechtliche Fixirung zu denken.

In den ersten Jahrzehnten des siebenten Jahrhunderts schienen also aus den zahlreichen kleinen germanischen Gründungen und Herrschaften, welche auf englischem Boden entstanden waren, zwei größere Reiche sich herauszubilden, von welchen das eine mehr sächsisch-jütische, das andere mehr die anglischen Elemente der Einwanderung umfaßte. Aber fertig war noch nichts: wie jene Bestandtheile sich vereinigt hatten, so konnten sie sich auch wieder trennen und je nach dem Ausgange der ewigen Fehden unter ihren Königen zu immer neuen Combinationen zusammengefaßt werden, in welchen bald auch die Reste der Briten ihren Platz fanden.

Diese waren jetzt auf einen engen Raum, im Allgemeinen auf die Küstenlandschaften des Westens zusammengedrängt und obendrein in eine Menge kleiner Herrschaften zersplittert. Eine Zeit lang mag unter ihnen das Reich Damnonia auf der südwestlichen Halbinsel die Führung gehabt haben, die Heimath Arthurs, bis es diese Stellung durch den Verlust der östlichen Gaue an die Westsachsen und den Abfall Cornwals einbüßte und etwa auf Devonshire beschränkt wurde. In Wales gab es neben den größeren Herrschaften von Demetia im Süden, Powis in der Mitte und Gwyned im Norden noch mehrere kleinere, deren Verbindung unter einander aber stetem Wechsel unterworfen war. Wie überdies der geographische Zusammenhang der Briten von Cornwal mit denen von Wales unterbrochen war, seitdem Westsachsen und Hwyccas sich am untern Severn festgesetzt hatten, so standen die Waliser auch nicht mehr mit den britischen Gauen in Lancaster, Westmoreland und Cumberland in unmittelbarer Verbindung, da die Mittelangeln sich von Mercia bis zur Mündung des Mersey vorschoben. Die Geschicke der cumbrischen Theile waren nun vielmehr aufs Engste an die der Scoten geknüpft, deren Könige hier die Oberhoheit übten, und die entscheidende Niederlage der letzteren beim Degsastein dürfte leicht den Uebergang mancher cumbrischen Gaue in das Reich Aethelfrids zur Folge gehabt haben. Man sieht, wie eng die Grenzen nun waren, in welchen sich das keltische Volksthum des eigentlichen Britannien noch ungebrochen erhalten hatte.

IV. Die Anfänge des Christenthums bei den Angeln und Sachsen Britanniens.

Der Sieg des anglisch=sächsischen Elements war zunächst überall von einer grenzenlosen Verwüstung begleitet. Die Mauern der Städte wurden gebrochen, die Einwohner kamen durchs Schwert oder in den Flammen um, die Trümmer der Häuser wurden ihr Grab oder wilde Thiere und die Vögel des Himmels besorgten ihre Bestattung. Auf dem platten Lande sah es nicht besser aus. Flüchtlinge wurden schaarenweis gemordet, andere gaben sich frei= willig in die Knechtschaft, wieder andere führten entweder aus ihren Verstecken im Waldgestrüpp und an den Klippen der Küste den kleinen Krieg gegen die Sieger weiter oder suchten Sicherheit jenseits des Meeres. Das sind einige Züge aus dem von Gildas gezeichneten Bilde der Zustände des ausgehenden fünften Jahrhunderts und es dürfte im Allgemeinen richtig getroffen sein, namentlich in Bezug auf die Landschaften an der Ost= und Südseite Britan= niens, welche wohl schon durch die früheren Einfälle ziemlich veröbet waren und nun in der Hauptsache ihre Bevölkerung wechselten. Aber, wie Gildas andeutet und Beda geradezu sagt, nicht alle alten Einwohner der von den Deutschen heimgesuchten und zuletzt förmlich besetzten Gebiete sind vernichtet oder vertrieben worden und namentlich für Northumbrien einerseits und Wessex andrerseits liegen ausreichende Zeugnisse über das Vorhandensein eines keltischen Bevölkerungsrestes unter den Deutschen auch noch in späterer Zeit vor. Solche Reste dürften sich auch sonst und vor Allem in den Städten erhalten haben, welche keineswegs sämmtlich von Grund aus zerstört worden sind. Canterbury, London, Lincoln, York und andere Plätze haben auch jene Stürme überdauert und das wechselnde Kriegsglück zwang wohl sehr bald auch die Eroberer, sich sowohl der erhaltenen römischen Befestigungen zu bedienen, die sie dann von castrum Ceaster, Chester nannten, als auch in die alten britischen Ortschaften zu ziehen, welche meist von Natur fest und hoch gelegen waren: für diese gebrauchten sie den alten Namen, oft mit einem hinzugefügten =burg (bury, borough). Blieben aber Reste der ursprünglichen Bevölkerung nach, wenn auch wenig zahlreich und in gedrückter Lage, dann wird auch das Christenthum in jenen Gegenden nicht ganz durch die heid= nische Eroberung ausgelöscht worden sein, welche wenigstens hier und da Kirchen verschont hat, wie z. B. die Kirche des heiligen Martin zu Canterbury.

Jedoch von einer Einwirkung, welche diese jedenfalls nur kümmerlichen Reste des Christenthums auf die heidnischen Sieger geübt haben möchten, kann keine Rede sein: der nationale Gegensatz der Kelten und der Germanen wurde durch den Unterschied des Glaubens nur noch verstärkt und Arthur ist in der Sage nicht blos der Führer seines Volkes, sondern auch der Streiter für Christus und die heilige Jungfrau, deren Bild er auf seinen Schultern trägt. Es scheint fast, als ob die Briten sich absichtlich nicht um die Aussaat des Evangeliums bei ihren Feinden bemüht haben, um nicht den großen Vortheil einzubüßen, daß sie den wahren Gott auf ihrer Seite hatten. Schloß anfänglich die Wuth des entbrannten Kampfes den Gedanken an Mission völlig aus, so wurde sie auch dann nicht versucht, als später christliche Briten gelegentlich sich mit heidnischen Angeln und Sachsen zu bestimmten Zwecken verbündeten oder zeitweise demselben Könige gehorchten. Ein Hauptvorwurf der römischen gegen die britische Kirche war daher der, daß sie nichts für die Bekehrung der Deutschen in ihrer Nachbarschaft gethan habe, und dieser Vorwurf war durchaus berechtigt.

Noch von einer andern Seite her hätte letzteren das Christenthum zugänglich gemacht werden können. Der Handelsverkehr nämlich mit den Küsten des Frankenreiches hat trotz aller Umwälzungen auf der Insel schwerlich aufgehört und wir haben allen Grund zu der Vermuthung, daß die Sachsen, welche nach einer Urkunde des Frankenkönigs Dagobert im Jahre 629 aus Rouen und Quentawich Wein, Honig und Farbstoff holten, englische Sachsen gewesen sind und damals wohl kaum zum ersten Male dort erschienen. Kriegsgefangene aus Deira kamen schon im sechsten Jahrhunderte auf den Sklavenmarkt in Rom (s. u.); man wird mit solchen die Produkte des Südens an den fränkischen Küsten erhandelt haben, deren man auf der Insel bedurfte. Aber es fehlten auch nicht politische Beziehungen. König Theudebert I. von Austrasien (534—548), derselbe welcher in Rivalität mit dem byzantinischen Reiche seine Herrschaft die Donau abwärts ausbreitete, soll auch die Oberhoheit über die Deutschen in Britannien beansprucht haben, wahrscheinlich weil er sich als Rechtsnachfolger der Kaiser des Westens dachte. Von einer Anerkennung oder Verwirklichung solcher Ansprüche ist nicht die Rede; aber wer wollte läugnen, daß sie dem Christenthum, und zwar der katholischen Form desselben, hätte förderlich werden müssen, welcher Theudebert auch mit seiner Donaupolitik zu dienen sich rühmte.

Diese katholisirenden Tendenzen wurden nun am Ende desselben Jahrhunderts in anderer Weise wieder aufgenommen. Aethelbert von Kent wurde eine merowingische Prinzessin Bertha, die Tochter des Königs Charibert von Paris, zur Gemahlin bewilligt, aber unter der ausdrücklichen Bedingung, daß sie in ihre neue Heimath einen Bischof Namens Luithard mitnehmen und dort völlig frei ihres Glaubens leben dürfte. Das Christenthum war also im Bereiche der britannischen Deutschen weder etwas völlig Neues noch eigentlich von ihnen verfolgt, als Papst Gregor I. der Große sie selbst und zwar eben für das römische Christenthum zu gewinnen unternahm.

In England erzählte man sich darüber später folgende hübsche Geschichte. Als er noch nicht Papst war, sah er einst auf dem Markte Jünglinge von heller Farbe, schönem Haarwuchs und angenehmem Aussehen, welche dort zum Verkaufe ausgestellt waren, und er erfuhr auf Befragen von ihnen, daß sie von der Insel Britannien und Heiden seien. Er seufzte darüber, daß so strahlende Menschen noch dem Fürsten der Finsterniß angehörten, und fragte weiter, wie denn ihr Volk hieße, und als er hörte: Angeln, da sagte er: „Recht so, denn sie haben ein Engelsantlitz und solche müssen Miterben der Engel im Himmel werden. Wie aber heißt die Provinz, aus der man sie fortgeschleppt hat?" Man nannte ihm Deira, und er sprach: „Gut, vom Zorne Gottes (de ira) sollen sie erlöst und zu Christi Barmherzigkeit berufen werden. Wie aber heißt der König dieses Landes?" Aella wurde geantwortet und mit diesem Namen spielend rief er nun aus: „Allelujah, das Lob Gottes soll dort gesungen werden!" Er selbst wollte nöthigenfalls dorthin gehen, aber die Angelegenheiten Roms gestatteten nicht seine Entfernung. Als er jedoch Papst wurde, sandte er einen Mönch des Namens Augustinus mit etwa vierzig Genossen aus, um das Wort Gottes dem Volke der Angeln zu predigen.

Das geschah im Jahre 596. Inwiefern eine Anregung vom Frankenreiche her, die unter den obwaltenden Verhältnissen erklärlich genug wäre, den Entschluß Gregors mit bestimmt hat, wissen wir nicht; in den Berichten erscheint Alles unmittelbar aus der Initiative des Papstes entsprungen. Seine Abgesandten wurden freilich durch das, was sie unterwegs über die Angeln hörten, und durch die Schwierigkeiten der Mission bei einem barbarischen Volke, dessen Sprache sie nicht einmal kannten, so erschreckt, daß sie Halt machten, Augustin an den Papst zurückschickten und diesen baten, sie von ihrem Auftrage zu entbinden. Gregor jedoch wollte davon nichts wissen. Vielmehr erneuerte er am 23. Juli 596 jenen Auftrag, indem er den Missionaren Empfehlungsschreiben an den Erzbischof von Arles mitgab. Wahrscheinlich durch dessen Vermittlung wurden sie mit fränkischen Dolmetschern versorgt und so gingen sie denn nach Kent, wo sie sowohl wegen des Verkehrs mit dem Frankenreiche als auch weil der König Aethelbert ja schon eine christliche Frau hatte, am ehesten auf freundliche Aufnahme rechnen konnten. Die Insel Thanet, von der aus die Deutschen ins Land geströmt waren, wurde auch das Eingangsthor für das ihnen zugedachte römische Christenthum.

Unter einem Dache mit den Boten des neuen Gottes zu verhandeln, schien dem Könige allerdings bedenklich: er fürchtete, daß die Kraft ihres Zaubers in geschlossenem Raume zu wirksam sein möchte. Aber er sagte bei der Zusammenkunft unter freiem Himmel ihnen doch gastfreundliche Aufnahme in seinem Lande zu, räumte ihnen in Canterbury eine Wohnung ein und ließ sie überhaupt gewähren. Die aus römischer Zeit stammende Kirche des heiligen Martin im Osten der Stadt, in welcher die Königin Bertha ihren Gottesdienst hielt, öffnete sich auch den Missionaren. Aber ihre Wirksamkeit scheint nach Allem doch nur von geringem Erfolge gekrönt gewesen zu sein, wenigstens so lange, bis endlich Aethelbert selbst — und bei ihm dürfte doch die Frau das Beste gethan haben — sich zur Taufe bequemte. Den Unterthanen Aethelberts blieb die Annahme des Christenthums auch dann völlig freigestellt, und obwohl den Mönchen jetzt ein Platz zur Errichtung von Kloster und Kirche überwiesen, auch wohl schon Land für ihren Unterhalt zugetheilt wurde und Augustin sich zum Bischofe der Neubekehrten weihen ließ — er hat sich zu diesem Zwecke nach Arles begeben —, so spricht doch nichts für die Annahme, daß dieses Bisthum mehr gewesen sei, als die zahlreichen Bisthümer, welche Patricius und seine Genossen massenhaft bei dem Volke der Iren ins Leben gerufen hatten. Ein solches Missionsbisthum, wie das zu Canterbury, war für lange Zeit nichts anderes als die Vorstandschaft in einer Kirche und in einer an Zahl gewiß noch sehr beschränkten Glaubensgenossenschaft in der Diaspora.

Die Hingebung an seinen Beruf kann bei Augustin nicht bezweifelt werden, aber wohl, ob er der rechte Mann an der rechten Stelle war. In seinem brieflichen Verkehre mit Papst Gregor oder vielmehr in den Bescheiben und Breven, welche letzterer im Jahre 601 auf Anregungen von Augustins Seite her erließ,[1]) besitzen wir ein vortreffliches Rüstzeug zur Beurtheilung dieser beiden Männer, welche am Eingange der anglischen Kirchengeschichte stehen. Gregor aber ist der Größere. Die Anfragen Augustins, wie es bei den Deutschen mit Ehen in verbotenen Graden, mit der Zulassung von Schwangeren, Wöchnerinnen u. s. w. zum Kirchenbesuche, mit Taufe und Kommunion und dergleichen zu halten sei, haften zum großen Theile ängstlich an den Buchstaben der Vorschriften des alten Bundes; die Antworten des Papstes verlegen dagegen die Entscheidung in die Gewissensfreiheit des evangelischen Christen. Der Eine, an die unbedingte Geltung überlieferter Regeln gewöhnt, sieht die Dinge um sich mit den Augen des Mönchs an und man begreift, daß er sich auf solchem Standpunkte nicht leicht zu Concessionen an seine fremdartige Umgebung bequemen mochte; der Andere erfaßt auch das Kirchliche mit der Gewandtheit des im Weltlichen wohlgeschulten Staatsmannes, der um eines hohen Ziels willen kleine Nach-

_____

1) Beda hat in seinem ersten Buche Kap. 27 den überaus interessanten Libellus responsionum vollständig gegeben und in den folgenden Kapiteln drei Breven an den Erzbischof von Arles, an Augustin und an König Aethelbert vom 22. Juni 601, dazu ein vertrauliches Schreiben des Papstes an Augustin ohne Datum und ein Breve an den Abt Mellitus vom 17. Juni 601. Dies letzte Datum kann nicht richtig sein, da das Breve den Ueberbringern der Briefe vom 22. Juni und zwar nachdem sie schon einige Zeit abgereist waren, nachgeschickt wurde. Ich vermuthe, daß der Abschreiber dieser Briefe aus den päpstlichen Registerbüchern (s. Bedas Vorrede) dadurch, daß ihm dies Breve unter die vom X. kal. iulii (22. Juni) gerieth, veranlaßt worden sein mag, in der Datirung desselben etwa XV. kal. aug. (18. Juli) in XV. kal. iulii (17. Juni) irrthümlich umzuändern.

giebigkeiten nicht scheut. Wie oft ist der Umstand, daß die Kirche Ehen in solchen Verwandtschaftsgraden nicht duldet, an welchen Heiden keinen Anstoß nehmen, ein Hinderniß für die Bekehrung gewesen! Gregor räumt es aus dem Wege, indem er die schon vor der Taufe der Betheiligten bestehenden Ehen dieser Art anerkennt und sich mit der Weisung begnügt, nur den Abschluß solcher Ehen nach dem Empfange der Taufe und trotz aller Belehrung kirchlich zu ahnden. Sein Grundsatz ist, daß in dieser Zeitlichkeit die Kirche einiges zwar zu strafen, anderes aber zu toleriren und wieder anderes absichtlich nicht zu beachten habe, um durch Toleriren und Nichtbeachten selbst des Uebels Meister zu werden. Scheint Augustin sich dahin geäußert zu haben, daß die heidnischen Heiligthümer der Angeln grundsätzlich zerstört werden müßten, so ist Gregor im Gegentheile für ihre Erhaltung, namentlich wenn sie gut gebaut seien, und für ihre Umwandlung in christliche Kirchen, damit die dem Volke gewohnten Stätten dem wahren Gotte desto mehr Verehrer zuführten. Selbst die heidnischen Feste will er nicht eigentlich abgeschafft haben. Wie das Volk früher bei den Tempeln der Götzen Rinder geopfert habe, so möge man es nun aus Anlaß irgend welcher kirchlichen Feier zusammenkommen, Laubhütten bauen, Thiere zur Speisung schlachten und in Gottes Namen schmausen lassen. Der Papst weiß sehr wohl, daß die Hartnäckigkeit der Barbaren und ihre Anhänglichkeit an das Hergebrachte nicht mit einem Male sich brechen läßt und daß, wie er sich gelegentlich ausdrückt, wer auf einen Berggipfel gelangen will, nicht in Sätzen hinaufspringen darf, sondern Schritt für Schritt emporsteigen muß. Man möchte wünschen, daß Gregor Gelegenheit gehabt hätte, seine verständigen Grundsätze über Mission selbst praktisch zu erproben.

Jener briefliche Verkehr offenbart ferner in Augustin neben der starren Auffassung seiner Pflichten, welche immerhin wegen ihrer Consequenz Achtung beanspruchen darf, noch einen anderen bedenklichen Zug, nämlich die Begierde nach persönlicher Geltung und Auszeichnung, welche ihn auf sehr zweifelhafte Wege führte. Er that nicht allein zur Unterstützung seiner Mission Wunder, sondern er sorgte auch dafür, daß sie zur Kenntniß des Papstes kamen, der freilich die Nachricht sehr kühl aufnahm. Sein aus dieser Veranlassung an Augustin gerichteter Brief ist ein Zeugniß seiner Menschenkenntniß und ein Meisterstück seiner Ironie. Augustins Fähigkeit, Wunder zu wirken, bezweifelt er natürlich nicht, aber er weist jenen auf die Gefahr hin, daß sie ihn zur Selbstüberhebung verführen möchte: um der Bekehrung der Heiden willen, nicht seinetwegen sei er mit dieser Gabe begnadet worden, von der Gregor offenbar wünscht, daß Augustin sie mit Maß gebrauche. „Nicht alle Auserwählten thun Wunder und doch sind ihre Namen im Himmel angeschrieben."

Indessen Augustin wollte auch auf Erden etwas gelten. Während die von ihm gegründete „neue Kirche der Angeln" noch Jahrzehnte lang ein sehr bescheidenes und unsicheres Dasein führt, tritt ihr Bischof mit dem sonderbaren Anspruche auf Disciplinargewalt über die sämmtlichen Bischöfe auch der Briten, ja sogar über die Bischöfe Galliens an den Papst heran, der dann zwar in Bezug auf die letzteren derartige Ansprüche als dem Rechte des Erzbischofs von Arles widerstreitende rundweg zurückweist, sie aber rücksichtlich der britischen Bischöfe ausdrücklich anerkennt. Es scheint, daß Gregor aus der Entfernung die Bedeutung der ersten anglischen Kirche — ob mit oder ohne Schuld Augustins, können wir dahingestellt sein lassen — einiger Maßen überschätzt hat, als er in einer Bulle vom 22. Juni 601 sogleich für ganz Britannien das Schema der künftigen kirchlichen Organisation entwarf. Augustin, dem der Papst das Pallium verlieh und seinen Sitz in London zuwies, das ohne Zweifel immer noch die bedeutendste Stadt der Insel war, bekam die Befugniß, zwölf Suffraganbischöfe zu ordiniren und auch für York einen Bischof zu bestellen, der dann in jenen Gegenden je nach dem Fortgange der Bekehrungen ebenfalls wieder zwölf Bisthümer gründen und über diese Metropolitangewalt haben, selbst jedoch mit seinen Suffraganen, solange Augustin lebe, demselben unterworfen sein sollte. Wie lange hat es gedauert, ehe dieser Rahmen ausgefüllt wurde und wie wenig waren die britischen Bischöfe geneigt, die Autorität des Angelnbischofs anzuerkennen, welcher sie vom römischen Bischofe überwiesen waren!

Allerlei Differenzen hatten sich im Laufe der Zeit zwischen der britischen und der römischen Kirche herausgebildet. Im praktischen Leben machte sich vor Allem der Unterschied in der Berechnung des Osterfestes bemerkbar. Die Briten nämlich berechneten den Frühlingsvollmond, von welchem dasselbe abhängig ist, nach einem Cyklus von 84 Jahren und sie bewahrten darin den Brauch der älteren römischen Kirche — was doch nicht wenig für ihren ursprünglichen Zusammenhang mit derselben spricht — sogar getreuer als Rom, das im Laufe des fünften Jahrhunderts diesen Cyklus etwas mobificirt und im sechsten Jahrhunderte zu Gunsten des noch jetzt üblichen von 19 Jahren aufgegeben hatte. Sie begannen ferner die Osterwoche mit dem Frühlingsvollmonde selbst, nicht erst mit dem auf ihn folgenden Sonntage, wie um diese Zeit wohl schon alle übrigen christlichen Völker. Diese Differenzen wollte Augustin auf einem Religionsgespräche beseitigen, zu welchem der damals auf der Höhe seiner Macht stehende König Aethelbert die britischen Bischöfe berufen mußte und welches auf der Grenze der Hwyccas und Westsachsen an einer Stelle stattfand, die noch zu Bedas Zeit „Augustins Eiche" hieß. Aber weder seine Darlegungen noch die Bekräftigung derselben durch ein Wunder, zu welchem er in einer ihn sehr bezeichnenden Art griff, konnten die Briten zur unbedingten Annahme der römischen Weise bestimmen, und eine zweite Versammlung, zu welcher das Kloster Bangor seine besten Kräfte entsendete, lief noch viel schlimmer ab, obwohl Augustin Nachgiebigkeit jetzt blos noch in den beiden Streitpunkten über Osterfest und Taufpraxis und außerdem die Betheiligung der Briten an der Mission bei den Deutschen verlangte. Sein herrisches Wesen brachte die Briten gegen ihn auf: sie wollten weder ihn als ihren Erzbischof anerkennen, noch seine sonstigen

Forderungen erfüllen. Auguſtin hatte ohne Zweifel Recht, wenn er die Briten darauf aufmerkſam machte, daß eine möglichſt ſchnelle Chriſtianiſirung der Angeln und Sachſen ſie vielleicht am Beſten vor denſelben zu ſchützen vermöchte; aber er ſelbſt hat doch auch wohl dazu beigetragen, daß die von ihm vorgeſchlagene gemeinſame Miſſionsarbeit damals nicht zu Stande kam, obwohl der Eifer für Bekehrung, welcher die Briten des fünften Jahrhunderts ausgezeichnet hatte, in denen des ſechsten und des beginnenden ſiebenten Jahrhunderts keineswegs erloſchen war. Es iſt dieſes vielmehr die Zeit, in welcher das Chriſtenthum durch den heiligen Columba und von ſeinem Kloſter auf der Hebrideninſel Hy oder Jona aus ſich endgültig die nördlichen Picten eroberte, und während die britiſche Kirche die Unterſtützung Auguſtins in der Miſſion unter den Deutſchen der Inſel zurückwies, begann ſie ihre für Chriſtenthum und Kultur gleich wichtige Thätigkeit bei den Deutſchen des Kontinents.

Die Arbeitskräfte der Miſſionsſtation in Canterbury waren inzwiſchen auf Auguſtins Anſuchen durch Gregor verſtärkt worden, indem er im Jahre 601 wiederum eine Mönchsgenoſſenſchaft der früheren zur Unterſtützung nachſandte. Aber obwohl König Aethelbert, der damals auch vom Papſte ein Belobungsſchreiben erhielt, das erſte päpſtliche Schriftſtück, das an einen engliſchen König gerichtet worden iſt, in fortdauernd freundlicher Weiſe der Miſſion zur Seite ſtand, ſo entſprachen die Erfolge der nächſten Jahre doch keineswegs den Erwartungen, von welchen die päpſtliche Organiſationsbulle eingegeben war. Die Unterſtützung Aethelberts ermöglichte wohl im Jahre 604 die Errichtung eines Bisthums in dem zu ſeiner Herrſchaft gehörenden Rofesceſtir (Rocheſter) und eines zweiten zu London innerhalb des von ihm abhängigen Eſſex, wo ſein Neffe Sabercht König war, und Auguſtin hatte, indem er hier den Mellitus und dort den Juſtus, zwei der Nachgeſendeten, zu Biſchöfen weihte, ſomit zur Zeit ſeines Todes am 26. Mai 607 wirklich die Würde eines Metropolitans inne. Indeſſen ſchon unter ſeinem Nachfolger Laurentius, welchen er als einen ſeiner urſprünglichen Genoſſen ſelbſt zu dieſer Stelle im Voraus geweiht hatte, zeigte ſich ſehr deutlich, auf wie ſchwachen Füßen dies ganze Kirchenweſen ſtand, wenn es auch auf der römiſchen Synode von 610 zum erſten Male durch einen Biſchof, jenen Mellitus von London, vertreten war. Es trat erſt ein Stocken der Ausbreitung, dann ein entſchiedener Rückgang ein.

Jenes hängt vielleicht mit Kriegen unter den angliſch-ſächſiſchen Königen zuſammen, in Folge derer die Führung, welche bisher der chriſtliche Aethelbert von Kent gehabt, auf den König der Oſtangeln, den Uffinger Redwald überging,[1] bei dem der Unterricht im Chriſtenthume, den er in Kent empfangen

---

1) So glaube ich die Stelle des Beda II, 5 verſtehen zu müſſen: imperium huiusmodi . . . . . tertius Ethelbertus rex Cantuariorum, quartus Redwaldus rex orientalium Anglorum, qui etiam vivente Ethelberto eidem suae genti ducatum praebebat, obtinuit.

hatte, nicht weiter wirkte, als daß er seine Verehrung unter Christus und die heidnischen Götter theilte. Der Rückgang aber zeigte sich sogleich nach dem Tode Aethelberts, der am 24. Februar 616 erfolgte, da dessen Sohn Eadbald Heide geblieben war und alle die schwachen Gemüther, welche nur aus Rücksicht auf den verstorbenen König und um mancherlei Vortheile willen ihm in den neuen Glauben gefolgt waren, jetzt aus Besorgniß vor dem anders denkenden Sohn das Christenthum schleunigst wieder verließen. Und da um diese Zeit auch König Sabercht von Essex starb und seine Söhne den Bischof Mellitus aus London vertrieben, wurde die christenfeindliche Bewegung so allgemein, daß Mellitus und der Bischof Justus von Rochester nach Gallien flüchteten und auch der Metropolitan Laurentius in Canterbury daran dachte, ihrem Beispiele zu folgen. Ein sehr durchsichtiges Wunder, eine Art christlicher Zopyrusgeschichte, half jedoch des letzteren Stellung in Kent befestigen, ja König Eadbald selbst wurde jetzt Christ, rief Mellitus und Justus zurück und setzte wenigstens den letzteren wieder in sein früheres Bisthum ein. Die Londoner aber weigerten sich, den Mellitus bei sich zu= zulassen und Macht und Einfluß von Kent waren in dieser Zeit viel zu ge= ring, um sie etwa gewaltsam vom Heidenthum abzubringen. Man mußte sich bis auf bessere Tage damit begnügen, daß die Kirche doch noch in Kent be= stand und daß wenigstens die Hauptstadt allmählich ein mehr christliches Ge= präge erhielt. Es gab dort jetzt außer der Martinskirche und einer anderen alten Kirche, welche Augustinus auf Christi Namen geweiht und zum Sitze seiner Nachfolger bestimmt hatte, noch das von Aethelbert gegründete Peter= Paulskloster mit seiner Kirche, die unter dem Erzbischofe Laurentius (gest. 2. Febr. 619) vollendet wurde und zum Begräbnisse der Könige und Erz= bischöfe diente, ferner eine Kapelle der vier Gekrönten und eine Kirche der heiligen Jungfrau, welche der nach seinem Uebertritte sehr eifrige König Ead= bald erbaute und Mellitus als dritter Erzbischof von Canterbury (gest. 24. April 624) weihte.

Wie die Mission durch politische Erschütterungen des anglisch=sächsischen Staatensystems gehemmt worden war, so kam sie durch einen neuen Wechsel innerhalb desselben auch wieder in Fluß. Wir erinnern uns, daß der vom gewaltigen Aethelfrid von Northumberland aus Deira vertriebene Edwin (s. o. S. 35) endlich bei Redwald dem Könige der Ostangeln eine Zuflucht gefunden hatte. Trohungen und Versprechungen Aethelfrids machten Red= wald beinahe schon Willens den Gastfreund preiszugeben, als die Fürsprache der Königin nicht blos diesen rettete, sondern auch Redwald zum Kriege gegen Aethelfrid bestimmte. Am Idleflusse im Lande der Mercier kam es zwischen ihnen zur Schlacht, in welcher zwar Redwalds Sohn Regnher, aber auch Aethelfrid fiel und die Northumbrier vollständig besiegt wurden. Edwin konnte so im Jahre 616 nicht nur sein väterliches Reich wieder in Besitz nehmen, sondern auch die ganze Erbschaft Aethelfrids antreten, ja er erweiterte dessen Herrschaft über britische Landestheile noch durch die Unter=

werfung der Inseln Man und Anglesea. Dieser im Norden jetzt allmächtige
Fürst warb nun um Aethelberga, die Schwester Eadbalds von Kent, und er
erhielt sie gegen das Versprechen, ihr und ihren Begleitern die Ausübung
ihres Glaubens gestatten und überhaupt nichts gegen das Christenthum
unternehmen zu wollen. So geschah es, daß dasselbe auch im Norden Fuß
faßte, wie es einst in Kent selbst ebenfalls durch eine Heirath Eingang gefunden hatte. Der damalige Erzbischof von Canterbury Justus weihte am
21. Juli 625 Aethelbergas geistlichen Begleiter und Beirath Paulinus zum
Bischofe, einen Mann, wie es scheint, britischer Herkunft,[1]) der vor vielen
Jahren mit ihm zusammen ins Land gekommen war.

Daß des Paulinus Aufenthalt unter dem ihm bestimmten Volke des
Nordens anfänglich gar keine Frucht trug, wird in der Ueberlieferung, wie
Beda sie wiedergiebt, offen zugestanden: Alles kam hier auf das Verhalten
des Königs an. Papst Bonifacius IV. ermahnte daher dessen christliche
Gattin, an seinem Herzen zu arbeiten und Edwin selbst dem Beispiele seines
Schwagers in Kent zu folgen.[2]) Als nun Edwin am Ostertage (20. April)
626 vor einem vom westsächsischen Könige ausgehenden Mordanschlage durch
die Aufopferung eines treuen Dieners glücklich errettet und zugleich durch
die Geburt einer Tochter erfreut war, da machte sich Paulinus an ihn und
erzielte seine Einwilligung in die Taufe dieser Tochter und das Versprechen,
daß er selbst Christus dienen wolle, wenn der ihm Sieg über den meuchel-
mörderischen Nachbar verleihen werde. Edwin gewann den Sieg, seine
Gegner wurden getödtet oder unterworfen, er erfüllte auch sein Versprechen
wenigstens zum Theil, insoweit, daß er sich an dem heidnischen Kultus nicht
mehr betheiligte, aber zögerte doch mit seinem förmlichen Uebertritte. Einerseits erbat er sich von Paulinus Belehrung, andrerseits hielt er mit seinen
heidnischen Großen Rath über die ihm angesonnene Wandlung. Wer wollte
es dem vor Sein und Nichtsein seiner Sache gestellten Bischofe verübeln,
daß er durch einen kleinen Kunstgriff die Entscheidung zu beschleunigen
suchte? Wundersame Erlebnisse Edwins in den Jahren seiner Verbannung,
ein Gelübde, das derselbe damals gethan hatte, als er an ein Preisgeben
seiner Götter auch nicht einmal dachte, müssen Paulinus, und man kann
leicht errathen, auf welchem Wege, bekannt geworden sein; an diese von
Edwin sorgsam geheim gehaltene, ihm aber wie durch Offenbarung zuge-
kommene Dinge erinnerte er plötzlich den König und überwältigte ihn damit.
Edwin erklärte sich nun zur Taufe bereit, aber er wünschte, womöglich seine
Umgebung mit sich herüberzuziehen und berief deshalb eine Versammlung

---

1) Bei Nennius wird er Rum map Urbgen genannt und der Zusammenhang
zeigt, daß eben dieser Paulinus gemeint ist.   2) Beda II, 10. 11. Diese Briefe
müssen, da Bonifacius IV. im Oktober 625 starb, zwischen Juli und Oktober dieses
Jahres und zwar näher dem Endpunkte dieses Zeitraumes geschrieben sein, da die
Nachricht von der Hochzeit der Aethelberga ziemliche Zeit gebraucht haben wird, um
nach Rom zu gelangen.

der „Weisen“, in der über den alten und den neuen Glauben förmlich Be=
schluß gefaßt werden sollte.

Dergleichen ist auch sonst vorgekommen und es kann auch nicht befrem=
den, daß der gewiß allgemein bekannte Wille des Königs den Ausschlag
gab. Einzig in seiner Art dürfte dagegen der Verlauf der Versammlung
sein, über welche Beda uns den Bericht eines jüngeren Gefährten des Pau=
linus aufbewahrt hat. Denn der heidnische Oberpriester selbst, er wird Coifi
genannt, sprach sich dafür aus, daß man dem Könige, wenn derselbe den
neuen Glauben für den besseren erkannt habe, folgen müsse, und einer der
weltlichen Großen verglich den Menschen nicht übel mit einem Sperlinge,
der zur Winterszeit in die Thüre eines behaglichen Gemaches hinein und
sogleich durch eine andere Thüre wieder hinausfliegt. Ueber die zwischen
dem Hinein und dem Hinaus liegende kurze Spanne des menschlichen Lebens
wisse man Bescheid, aber was demselben vorausgegangen sei und was dem=
selben folgen werde, darüber herrsche völlige Ungewißheit. Wenn daher die
neue Lehre darüber Auskunft zu geben vermöge, sei sie ganz annehmbar.
Als dann der auf Coifis Verlangen herbeigeholte Paulinus seinen Gott
verkündigt hatte, da bekannte jener seine Ueberzeugung von der Wahrheit
dieser Lehre und stimmte selbst für die Zerstörung der Tempel und Altäre
der alten Götter, die er in seiner Thorheit bisher verehrt habe. Wir
müssen annehmen, daß Coifi seine Meinung hier gleichsam als Obmann der
ganzen Versammlung aussprach; der König stimmte bei und der so gefaßte
Beschluß wurde auf der Stelle vollstreckt. Coifi selbst führte den ersten
Streich gegen das Heiligthum, das östlich von York jenseits des Derwent=
flusses bei Godmundham gelegen war.

Das Eis war gebrochen. Am Ostertage (12. April) 627 ward König
Edwin zu York in einer kleinen hölzernen Kapelle, welche dem heiligen
Petrus geweiht war und später in einen umfangreicheren Steinbau einge=
schlossen wurde, mit den Edeln seines Volkes getauft. Aber die Masse des
Volkes blieb damals und unzweifelhaft noch längere Zeit heidnisch, ob=
wohl Paulinus, dem der König nun York als Bischofssitz anwies, nach der
kirchlichen Ueberlieferung bei seinem gelegentlichen Aufenthalte auf könig=
lichen Gütern großen Zulauf gehabt und viele Leute in den Flüssen des
Landes getauft haben soll. Kirchen waren bis zum Tode Edwins nur
zu York und noch an einem anderen später untergegangenen Orte in Deira
errichtet; in Bernicia gab es sogar weder eine Kirche noch einen Altar noch
überhaupt irgend ein äußeres Zeichen des neuen Glaubens.

Jenes Ereigniß des Jahres 627 ist dennoch von nicht zu unterschätzen=
der Bedeutung gewesen. Die Mission hatte jetzt neben Kent sich einen zwei=
ten Stützpunkt im Norden erobert und der mächtige Einfluß ihres dortigen
Beschützers kam ihr nicht wenig auch in denjenigen Ländern zu statten,
welche nicht seiner unmittelbaren Herrschaft unterworfen waren. In Lincoln
wurde der Ealdorman mit seinem ganzen Hause bekehrt und sogleich eine

steinerne Kirche erbaut. Bei den Ostangeln wurde nach dem Tode Redwalds deffen Sohn Eorpwald im Jahre 632 durch Edwins persönliche Dazwischenkunft gewonnen und als derselbe schon nach einigen Jahren ermordet wurde, da ward dem Christenthume bei den Ostangeln erst recht eine feste Stätte durch deffen Bruder und Nachfolger Sigebert bereitet, welcher bisher als Verbannter im Frankenreiche gelebt hatte und heimgerufen den dort angenommenen Glauben eifrigst bei seinen Landsleuten zu verbreiten suchte. Ein Burgunder Felix, welchen ihm dann der Erzbischof von Canterbury zuschickte, wurde 636 der erste Bischof der Ostangeln mit dem Size in Domuc (Dunwich) und Beda versichert, daß es demselben während seiner siebenzehnjährigen Amtsführung gelungen sei, das ganze Land zu bekehren. Eine Schule wurde gegründet, natürlich nur zur Ausbildung einheimischer Geistlichen. Solche Bemühungen und Fortschritte erregten begreiflich in Rom hohe Befriedigung: der Papst Honorius richtete am 11. Juni 634[1]) an König Edwin ein artiges Belobungsschreiben und sanktionirte, indem er an deffen Bischof Paulinus und an den fünften Erzbischof von Canterbury Honorius, welcher sich von jenem hatte weihen lassen, zugleich das Pallium überschickte, diesen Gebrauch auch für die Zukunft: sterbe der eine von beiden Bischöfen, so solle stets der Ueberlebende den Nachfolger des Verstorbenen zum Bischofe weihen. Unverkennbar ist damit die Gleichberechtigung Yorks mit Canterbury ausgesprochen, ganz im Sinne Gregors I., deffen für Britannien entworfenes Kirchenschema sich jetzt der Ausfüllung zu nähern schien.

Als jedoch jene Briefe geschrieben wurden, war weder König Edwin mehr am Leben, noch das Christenthum bei den Angeln in dem fröhlichen Aufblühen, welches der Papst nach den eben erhaltenen Berichten voraussetzen durfte. Ein jäher Umschlag stellte wieder Alles ins Ungewisse.

König Edwins Macht war wohl groß, aber doch mehr glänzend als fest gegründet: in stolzem Selbstgefühl ließ er sich als dem Oberherrn anderer Könige die Standarte der römischen Imperatoren vortragen. Da empörte sich gegen ihn der König des walisischen Gwynedh Catguollaun oder, wie die Angeln sich das Wort mundgerecht machten, Keadwalla und der König Penda von Mercia, deffen Herrschaft durch Edwins Eroberungen offenbar Einbuße erlitten hatte, schloß sich dem Briten an. Das britische Christenthum und das deutsche Heidenthum der Insel zogen vereinigt gegen das römische Kirchenwesen ins Feld, welches seinen vornehmlichsten Beschützer eben in Edwin gefunden hatte und nun mit ihm erlag. Edwin wurde am 12. Oktober 633 in der Schlacht bei Hatfield, nördlich von Doncaster, mit einem großen Theile seines Heeres erschlagen. Von seinen Kindern erster Ehe war der älteste Sohn Osfrid vor seinen Augen im Kampfe gefallen und der zweite Eadfrid wurde später von Penda ermordet.[2]) Edwins Ge-

---

1) Diese Briefe, bei Beda II, 17. 18, erregen wiederum allerlei chronologische Bedenken.   2) Beda II, 20: necessitate cogente ad Pendam regem transfugit

schlecht war dem Verderben verfallen. Seine zweite ihn überlebende Frau Aethelberga flüchtete mit ihren Kindern unter dem Geleite einiger Getreuen und ihres geistlichen Berathers Paulinus in ihr Heimathland Kent zu ihrem Bruder, dem Könige Eabbald; aber weil sie, wie es heißt, die Nachkommenschaft Edwins selbst dort nicht sicher glaubte, schickte sie sowohl ihren Sohn als auch einen Sohn des gefallenen Osfrid ins Frankenreich hinüber und da sind dann beide gestorben, so daß vom Geschlechte Edwins Niemand übrig blieb als eine Tochter, jene Eanfled, deren Geburt einst den Anstoß zu seiner Bekehrung gegeben hatte. So vollständig aber schien mit dem von Deira aus gegründeten northumbrischen Großkönigthum auch die römische Kirche im Norden der Insel beseitigt, daß selbst Paulinus an der Möglichkeit seiner Rückkehr nach York und einer Herstellung der früheren Zustände verzweifelte: er nahm das erledigte Bisthum Rochester an und ist in demselben gestorben (10. Oktober 644).

Die unmittelbare Folge der Niederlage von Hatfield war das Auseinanderfallen Northumbriens in die beiden Theile, aus welchen es erwachsen war. In Deira bemächtigte sich ein einst von Paulinus zum römischen Christenthum bekehrter Vetter Edwins, Osric, der Herrschaft, während nach Bernicia die Söhne des von Edwin beseitigten Königs Aethelfrid zurückkehrten, welche bisher als Flüchtlinge bei den Scoten gelebt und dort das britische Christenthum angenommen hatten. Alte Familienfeindschaft und der neue Gegensatz des Bekenntnisses machten ein Zusammengehen der so getrennten Theile unmöglich: um so leichter erlagen sie vereinzelt den fortgesetzten Angriffen Keadwallas. Im Jahre 634 wurde erst Osric von Deira, dann auch Eanfrid von Bernicia von ihm erschlagen.

Aber seinerseits gelangte auch Keadwalla nicht zur Aufrichtung einer festen Herrschaft. Er hatte schon Northumbrien bis zum alten Hadrianswalle unter sich gebracht; da wurde er noch 634 von Eanfrids Bruder Oswald unmittelbar nördlich von der römischen Befestigungslinie auf dem Heavenfield, nordöstlich von Hexham,[1]) überfallen und getödtet.

Die sehr kirchlich gefärbte Ueberlieferung, welche Beda aufbewahrt hat, schreibt den Sieg der kleinen deutschen Schaar über das große Heer der Briten der Glaubensinnigkeit ihres Führers zu, welcher vor dem Kampfe ein hölzernes Kreuz, das erste Zeichen des Christenthums in Bernicia, aufgerichtet und seine Leute veranlaßt habe, vor demselben die Kniee zu beugen: es ist das die Stelle nördlich von Corbridge, welche später durch die Kapelle

---

et ab eo postmodum ... peremtus est. Es ist nicht nothwendig anzunehmen, daß Eadfrid noch in der Schlacht zu Penda überging; er kann das auch später gethan haben, gefährdet durch die Briten. Daß er gerade zu Penda flüchtete, erklärt sich daraus, daß seine Mutter Cuenberg, Edwins erste Frau, aus dem mercischen Königshause war. Aber nach Nennius §. 61, der den britischen König Catguollaun, §. 63 Catgublaun nennt, ist auch Eadfrid wie sein Bruder in der Schlacht selbst gefallen.

1) Nennius §. 63 nennt den Ort Catscaul.

S. Oswalds bezeichnet wurde. Aber wenn die fortreißende Kraft innerster Zuversicht sicherlich nicht gering geachtet werden darf, es kam ihr hier doch noch ein Anderes zu Hülfe. In Oswalds Person nämlich waren die Ansprüche der beiden Geschlechter vereinigt, welche nach einander und in Feindschaft mit einander bisher in Northumbrien geherrscht hatten; er war der Sohn Aethelfrids von Bernicia, aber auch der Schwestersohn Edwins von Deira, dessen Recht nach dem Tode oder der Flucht seiner Nachkommenschaft auf ihn überging. So ist denn Oswald nach dem Siege über Keadwalla König von ganz Northumbrien geworden.[1])

Jene für das Deutschthum auf der Insel gefährlichste Krisis der Jahre 633 und 634 endete also damit, daß dasselbe sich behauptete. In kirchlicher Beziehung dagegen behielt das keltische Element fürs Erste die Oberhand, wenigstens im Norden. Denn wie Oswald selbst bei den Scoten dem Christenthume gewonnen worden war, so bemühte er sich nun demselben in der Form, wie er es dort kennen gelernt hatte, bei seinem Volke Eingang zu verschaffen. Aus dem von Columba gegründeten Kloster auf der Hebrideninsel Hy ließ er Mönche kommen und es schadete ihrer Wirksamkeit nicht, daß sie zunächst der anglischen Sprache nicht mächtig waren: Oswald selbst verdeutschte, was sie lehrten, seinen Großen und Dienern. Und was waren das für Leute! Vollständig bedürfnißlos, erfüllt von dem heiligen Drange der Lehre, so zogen sie durch das ihnen eröffnete Land, um das Evangelium zu verkünden, die Mächtigen mit dem Worte zu strafen, die Noth der Elenden zu lindern. Empfingen sie Geschenke, so wurden diese zum Besten der Armen oder zum Loskaufe Unfreigewordener verwendet. Beda, der eifrig römisch-katholische Mönch, ist so voll des Lobes über das Verhalten dieser Mönche aus Schottland und Irland, denen er im Grunde nur Eines, nämlich die abweichende Feier des Osterfestes, vorzuwerfen hat, daß es fast scheint, als wolle er sie nicht blos seinen eigenen Zeitgenossen als nachahmungswerthes Beispiel hinstellen, sondern mittelbar auch andeuten, daß die römische Mission des Paulinus es in manchen Dingen versehen habe, und das würde dann freilich ihren ebenso plötzlichen als vollständigen Zusammenbruch erklären. Die Iren scheinen zunächst mehr das praktische Christenthum in den Vordergrund gestellt und weniger das Dogmatische betont zu haben, für welches erst der Boden durch jenes vorbereitet werden sollte. Und hart genug war dieser Boden. Der Mönch, welchen König Oswald zum ersten Vorsteher der neuen Kirche bestimmt hatte, kehrte bald in sein heimathliches Kloster zurück und berichtete, daß er mit seinen Lehren nichts habe ausrichten können, denn die Menschen seien unzähmbar und barbarischen Sinnes. Aber an die Stelle dieses zu rasch Verzweifelnden trat ein anderer Mönch

---

1) Beda III, 6: Huius industria regis Deirorum et Berniciorum provinciae, quae eatenus ab invicem discordabant, in unam sunt pacem et velut unum compaginatae in populum. Bestand hatte diese Verbindung jedoch noch nicht, wie wir sehen werden.

von Hy Namens Aidan, welcher bei seinem Wirken den Grundsatz der Schrift walten ließ, daß den Unmündigen nicht starke Speise, sondern Milch gebühre, und so in der That Anklang fand. König Oswald wies ihm als Sitz das Felseneiland Lindisfarne, jetzt Holy Island, südlich von Berwick an; aber Aidan war wenig daheim. Zu Fuß, mit wenigen Begleitern durchstreifte er das Land; die Heiden lud er zur Taufe und die Getauften zu Werken der Liebe ein und er selbst lebte nach dem Zeugnisse Bedas nicht anders, als er lehrte. Die Zahl der Gehülfen mehrte sich; man baute Kirchen und errichtete Klöster als Ausgangspunkte der Mission und als Schulen für anglische Knaben, welche hier von den Elementen allmählich zu höheren Studien geführt wurden.

Die Christianisirung Northumbriens ist seitdem nicht mehr ernstlich in Frage gestellt worden. Aber so wie sie vor sich ging, hat sie doch offenbar die Zerklüftung unter den Deutschen der Insel vermehrt. Denn während die Mitte derselben nach wie vor heidnisch blieb, behauptete die aus dem Norden, welcher der britischen Kirche anheimgefallen war, verdrängte römische Kirche sich im Südosten und Süden, ja sie gewann gerade, wie sich zeigen wird, in dieser Zeit dort gesetzliche Anerkennung und zugleich weitere Verbreitung.

Es liegt aber auf der Hand, daß wenn auch allmählich die deutschen Königreiche an der Küste sich dem Christenthume in der einen oder in der anderen Form eröffneten, von sicherem Bestande desselben so lange nicht die Rede sein konnte, als nicht blos ihre politischen Verhältnisse stetem Wechsel unterworfen waren, sondern auch das Heidenthum in Mercia und seinen Königen einen festen Halt hatte. Die kriegerischen Erfolge, welche der König Penda von Mercia (626 bis 655) nach allen Seiten davontrug, mögen — außer durch die verhältnißmäßig lange Dauer seiner Regierung — doch wesentlich durch den Umstand unterstützt worden sein, daß man in ihm den unerschütterlichen Vertheidiger des alten Glaubens sehen durfte. Das unerwartete Emporkommen Oswalds von Northumbrien scheint ihm zeitweise Schranken gesetzt zu haben; wenn jedoch Beda von Oswald sagt, daß derselbe alle Völker und Provinzen Britanniens, welche die Sprachen der Briten, Picten, Scoten und Angeln redeten, unter seine Herrschaft gebracht habe, so haben wir doch für die Annahme einer derartigen Alle überragenden Stellung des northumbrischen Königs[1] weiter keinen Anhalt, und sie war im besten Falle nur eine ganz vorübergehende. Denn Oswald fiel schon am 5. August 642 gegen die Mercier Pendas.[2] Aber daß die Nebenbuhlerschaft Oswalds und Pendas vornehmlich in der Gegensätzlichkeit ihres Glaubens wurzelte, das wird schon durch die Thatsache bezeugt, daß Oswald nach seinem Tode als der Märtyrer-

---

1) Wenn die Briten ihm nach Nennius §. 64, vgl. Lappenberg I, 157, den freundlichen Beinamen Laningwin „freigebige Hand“ gaben, so verdankt er den natürlich seiner Förderung der britischen Kirche. 2) Auch Pendas Bruder Eowa fiel hier nach Nennius §. 65, der den Schlachtort Cocboy nennt. Beda III, 9: in lingua Anglorum nuncupatur Maserfelth. Die Oertlichkeit ist nicht mehr nachweisbar.

Heros der angelsächsischen Christen verehrt wurde. Mensch und Vieh wurden an der Stelle, an welcher er erschlagen worden war, gesund und die Erde, welche sein Blut getrunken hatte, war bald so begehrt, daß dort ein Loch von Mannestiefe entstand. Man wollte wissen, daß er, als er von den Feinden umzingelt und rettungslos verloren war, doch noch der Seinigen im Gebete gedacht habe, und mit Beziehung darauf entstand das Sprichwort: „Gott, erbarme dich der Seelen, sagte Oswald, als er niedersank." Der Sieger hatte der Leiche Kopf, Arme und Hände abschneiden und an Bäumen aufhängen lassen, gleichsam zum Opfer für seine Götter, und erst nach einem Jahre gelang es Oswalds Bruder Oswiu sich dieser Trophäen zu bemächtigen. Der Kopf des Märtyrers wurde dann in Lindisfarne, Arme und Hände in der Peterskirche von Banborough beigesetzt; der Rumpf war schon früher von einer nach Mercia verheiratheten Nichte Oswalds ins Kloster Bardney bei Lincoln geschafft worden, wo nun gleichfalls Wunder geschahen. Das Christenthum der Angelsachsen hat in Oswald seinen ersten nationalen Heiligen bekommen und die bald von ihnen in Angriff genommene Mission auf dem Festlande verbreitete den Ruhm desselben auch dorthin.

Die Niederlage Oswalds hatte übrigens in politischer Beziehung dieselbe Wirkung wie einst der Tod Edwins. Das northumbrische Reich fiel aufs Neue in seine beiden Bestandtheile auseinander, indem Oswalds Bruder Oswiu zwar Bernicia behauptete, in Deira aber Oswin, der Sohn des 634 gefallenen Osric, also ein Neffe Edwins, zum Königthume gelangte, — ein Mann, welcher von Beda sehr gerühmt wird, aber eben wegen jener Nebenbuhlerschaft sich schwerlich der Abhängigkeit von dem heidnischen Penda entziehen konnte und so auch wahrscheinlich die weiteren Verwüstungszüge der Mercier nach Bernicia mitmachte. Ein Mal war sogar Banborough, Oswius Königssitz, nahe daran in Pendas Hand zu fallen; man schrieb die Rettung der Stadt nur dem Gebete des auf dem benachbarten Lindisfarne weilenden Bischofs Aidan zu. Dieser stand allerdings in guten Beziehungen zu beiden northumbrischen Königen, aber er hat offenbar ihre Feindschaft nicht zu sänftigen vermocht und er erlebte es noch, daß Oswin, welcher an der Spitze seines Heeres der Feldschlacht feige ausgewichen war, von seinen eigenen Leuten den Berniciern verrathen und ermordet wurde. Das geschah in Gilling bei Richmond am 20. August 651; am 31. August ist Aidan selbst gestorben, welcher mit viel besserem Grunde als Paulinus der Begründer des Christenthums in Northumbrien genannt werden kann. Oswins Tod hatte nun freilich den König Oswiu von einem Nebenbuhler befreit, aber es scheint nicht, daß letzterer dessen Erbe anzutreten vermochte. Die Einfälle der Mercier hörten nicht auf und auf ihrer Seite stand nicht blos der durch Oswiu verdrängte Sohn Oswalds, Ethelwald, sondern zeitweise sogar sein eigener Sohn Alchfrid.

Schwer lastete die Hand Pendas auf allen seinen Nachbarn. Der westsächsische König Coinwalch, welcher seine Schwester zu verstoßen gewagt hatte, wurde im Jahre 645 durch ihn vertrieben; die Wiedereinsetzung desselben im Jahre 648 führte zu einer Theilung des Königreichs, bei welcher Coin= walchs Neffe Cuthred mit dem Grenzlande gegen Mercia ausgestattet wurde. Ein anderer Cenricssproß Cenbricht scheint einen dritten Theil von Wessex unter sich gehabt zu haben. Da hier von Kämpfen aus den nächsten Jahren nichts berichtet wird, mag man, wenn das nicht zufällig sein sollte, wohl annehmen, daß alle drei Könige nun die Oberhoheit Pendas anerkannten.

Noch schlimmer erging es den Ostangeln. Ihr König Sigebert, der eigentliche Begründer des Christenthums bei diesem Volke, hatte sich zuletzt in ein Kloster zurückgezogen und die Herrschaft seinem Vetter Ecgric über= lassen. Als dieser nun von der Uebermacht der Mercier bedrängt war, da nahm er seinen Vorgänger als Gebetshelfer mit zum Heere, aber beide Könige wurden erschlagen und bald darnach im Jahre 654 theilte ihr Nachfolger Anna ihr Schicksal. Der nächste König der Ostangeln Ethelhere war ganz von Penda abhängig und leistete ihm Heeresfolge. An Anlaß zu Streit hat es ja den zahlreichen Königen und Unterkönigen der Angeln und Sachsen nie gefehlt, aber die Kriegslust jenes Merciers war doch die hauptsächlichste Ur= sache, daß nirgends sich feste Verhältnisse herausbilden konnten und daß auch das junge Kirchenwesen dieser Landschaften immer wieder ins Schwanken gerieth.

Da brachte schon das Jahr 655 die Entscheidung. Die allseitigen Siege Pendas hatten die Stellung Oswius mehr und mehr verschlechtert, Wechsel= heirathen ihrer Kinder sie nicht gebessert; sein feindlicher Neffe Ethelwald war mit Hülfe der Mercier König in Deira geworden; ihre Einfälle, welche neuerdings Banborough erreichten, wurden unerträglich. Die Ueberlieferung glaubt zu wissen, daß Oswiu seinem mächtigen Nachbarn Tribut angeboten habe, aber abgewiesen und so zum Verzweiflungskampfe gezwungen worden sei. Das Ergebniß war ein ganz unerwartetes. Mit gewaltigem Heere, welches die Könige von Deira und Ostangeln verstärkt hatten, und mit dreißig Unter= königen, darunter auch britischen Fürsten, war der achtzigjährige Penda heran= gerückt, aber als es den 15. November 655 am Flusse Winwed östlich von Leeds zur Schlacht kam, blieb Oswiu Sieger. Penda selbst und die meisten seiner fürstlichen Begleiter verloren das Leben und von seinem Heere ertranken auf der Flucht in jenem Flusse noch mehr, als das Schwert gefressen hatte. Nur Catgabail Fürst von Gwynedh soll durch frühzeitigen Abzug dem allge= meinen Blutbade entronnen sein.

Dieser Tag war für die weitere Entwicklung der angelsächsischen Staaten von der höchsten Bedeutung und zwar noch mehr in kirchlicher als in poli= tischer Rücksicht. Hatte Penda selbst in seinen letzten Jahren die Verbreitung des christlichen Glaubens unter seinem Volke nicht mehr zu hindern vermocht — wie denn sein Sohn Peada als Unterkönig der Mittelangeln schon 653, als er um eine Tochter Oswius warb, während des Aufenthalts bei dem= selben von Finan, Aidans Nachfolger im Bisthume, getauft worden war und scotische und anglische Geistliche von dort mitgebracht hatte —, so kam jetzt nach Pendas Tode und als Oswiu mit dem Rechte des Siegers selbst das

Königthum bei den Merciern annahm, auch hier die Mission in vollen Fluß. Die Scoten Diuma und Ceollach waren nach einander die ersten Bischöfe des Landes. Der Einfluß Oswius und der Vorgang der Mercier zog dann auch die Ostsachsen nach, welche, seitdem sie im Jahre 616 ihren Bischof Mellitus vertrieben hatten, jedem Bekehrungsversuch unzugänglich geblieben waren. Ihr König Sigbert empfing auf einem northumbrischen Königshofe am Hadrianswalle die Taufe und bestellte einen Angeln des Namens Cedd, der vorher schon bei den Merciern gewirkt hatte, zum Bischofe seines Volkes. Aber nicht London, das wahrscheinlich nicht so rasch umgestimmt wurde, sondern Ithancestir bei Maldon und Tilbury an der Themse wurden die frühesten Stützpunkte des neuen kirchlichen Lebens in Essex. Blieb auch die Gegenströmung nicht aus, starb sogar Sigbert selbst durch die Hand seiner Verwandten, weil er in seinem Verkehre mit dem Bischofe der königlichen Würde vergeben zu haben schien, so war doch sein Nachfolger Suibhelm wiederum ein Christ. Und bei den Merciern ging es ähnlich: politische Umwälzungen haben die Befestigung des Christenthums nicht mehr zu hindern vermocht.

König Oswiu hatte nämlich anfangs seinem Schwiegersohne Peada, dem Sohne Pendas, noch das südliche Mercia als ein Unterkönigthum gelassen, aber anscheinend auch dieses Land unmittelbar an sich genommen, als im Frühlinge 656 Peada angeblich unter Mitwirkung seiner Gemahlin ermordet worden war. Oswiu war damals auf dem Gipfel seiner Macht und gebot unmittelbar oder mittelbar über alle Länder nördlich von der Themse und selbst über einen großen Theil der Picten. Aber noch lebte, heimlich von Getreuen gehütet, ein jüngerer Sohn Pendas, des Namens Wulfher; den erhoben schon im Jahre 658 die mercischen Großen zu ihrem Könige und es gelang ihnen in der That, nicht blos die Herrschaft der Northumbrier abzuschütteln, sondern auch ihrem Volke unter der Führung Wulfhers (bis 675) so ziemlich dieselbe gebietende Stellung unter den kleinen Staaten des Südens und Ostens und wahrscheinlich auch in Wales zurückzuerobern, welche Penda hier innegehabt hatte. Es ist nun möglich, daß der Bischof Ceollach durch diese Umwälzung bestimmt wurde, seine Wirksamkeit in Mercia einzustellen und in das Kloster Hy zurückzugehen; doch Wulfher selbst wurde Christ und sorgte dafür, daß in die Stelle des Geflüchteten der Angle Trumher, Abt des Klosters Gilling, eintrat.

Man kann sagen, daß seit der Schlacht von Leeds die Frage, ob das Heidenthum oder das Christenthum bei den Angeln und Sachsen die Zukunft haben sollte, schon zu Gunsten des letzteren entschieden war. Der nächsten Zeit war es vorbehalten, zwischen der keltischen und der römischen Form desselben zu wählen.

V. Der Sieg der römischen Kirche in Britannien.

Es sah um die Mitte des siebenten Jahrhunderts doch so aus, als werde die keltische Kirchenform über die römische den Sieg auf der Insel davon tragen. In allen neuerdings dem Christenthume sich öffnenden Staaten wurden Klöster nach dem Muster der irisch=schottischen gegründet; die dort wirkenden Bischöfe waren zwar nur zum Theile Kelten, aber sie waren sämmtlich von dem Bischofe von Lindisfarne geweiht und sie standen sämmtlich mit dem Aus= gangspunkte dieser ganzen Mission, mit Hy und seinem Abte, in Verbindung. Diese kirchliche Gemeinschaft umfaßte jetzt ganz Northumbrien, Mercien und Essex, sie concurrirte schon bei den Ostangeln mit dem römisch geweihten Klerus, und bei dem politischen Uebergewichte von Northumbrien und Mercia schien ihr der schließliche Sieg in den übrigen Staaten des Südens kaum fehlen zu können. Doch das Entgegengesetzte geschah: die römische Kirche er= starkte wieder, gewann der Nebenbuhlerin endgültig die noch mehr oder minder heidnischen Missionsgebiete ab und warf sie in kurzer Zeit auch in ihren hauptsächlichsten Stützpunkten nieder. Es ist nicht viel, was uns darüber berichtet wird, aber es reicht aus, den Gang der Dinge im Allgemeinen zu verfolgen.

Zuerst wurde in Kent unter dem Könige Earconbert, dem seit 640 regierenden Sohne Eabbalds, mit den heidnischen Heiligthümern aufgeräumt, der heidnische Kultus und die Nichtbeachtung der vierzigtägigen Fasten mit landrechtlichen Strafen bedroht. Die Beziehung zum nachbarlichen Franken= reiche ist hier offenbar ebenso entscheidend gewesen, wie bei den Northumbriern die unmittelbare Berührung zu den Scoten. Die fränkischen Klöster, nament= lich Faremoutier=en=Brie südöstlich von Melun, Chelles östlich von Paris und Andelys an der Seine füllten sich mit den Sprößlingen vornehmer angel= sächsischer Familien: kentische und ostanglische Königstöchter sind hier wieder= holt Aebtissinnen geworden. Fränkische Geistliche haben umgekehrt den Weg nach Britannien genommen, um den noch heidnischen Sachsen zu predigen. Einem solchen Reiseprediger Birin gelang es 635, den westsächsischen König Cynegils zu bekehren und ein Bisthum in Dorcic (Dorchester) zu begründen. Als freilich Birin und 642 Cynegils starben, gerieth die Mission wieder ins Stocken, denn der neue König Coinwalch war ihr nicht günstig und wurde obendrein im Jahre 645 durch die heidnischen Mercier der Herr= schaft beraubt. Als Flüchtling bei den Ostangeln weilend, nahm Coinwalch

jedoch dort das Christenthum an und veranlaßte nach seiner Wieder=
einsetzung (648) einen Franken Angilbert, der seine Studien in Irland
gemacht hatte, bei ihm als Bischof zu bleiben. Nach Bedas Bericht wurde
das gute Verhältniß zwischen ihnen später dadurch gestört, daß der König
neben Angilbert, dessen fremde Sprache ihm schließlich doch unbequem
ward, noch einen zweiten Bischof, den Sachsen Wini, in Winchester
bestellte. Angilbert zog deshalb 660 wieder fort, während Wini im
Jahre 663 vom Könige vertrieben wurde, so daß Wessex nochmals längere
Zeit ganz ohne Bischof war, bis Coinwalch sich entschloß, neuerdings den
Angilbert zu sich einzuladen. Indessen dieser war inzwischen nach vorüber=
gehendem Aufenthalte in Northumbrien, wo er damals die Rivalität der
römischen und britischen Kirche zum Austrage bringen half, in seine Hei=
math zurückgekehrt, Bischof von Paris geworden und begreiflicher Weise nicht
geneigt, sich nochmals so unsicheren Verhältnissen anzuvertrauen, aber er
sandte seinen Neffen Chlothar oder Eleutherius hinüber, der dann im Jahre
670 von dem Kenter Erzbischofe zum Bischofe von Wessex geweiht wurde.
Damit war auch hier die römische Kirche festgewurzelt. Die fortdauernden
Grenzkämpfe der Westsachsen mit ihren keltischen Nachbarn waren wohl die
Ursache gewesen, daß die keltische Mission bei jenen entweder gar nicht ver=
sucht wurde oder doch, wenn sie versucht worden sein sollte, was wir nicht
wissen, hier keinen Eingang gefunden hatte.

Hatte die römische Kirche in Wessex dem Heidenthume Boben abge=
wonnen, so triumphirte sie in Essex auf Kosten der keltischen Kirche selbst.
Nachdem der Bischof Cedd aus einem uns unbekannten Grunde das Land
verlassen hatte und nach Northumbrien zurückgegangen war, wo er dann das
von ihm gegründete Kloster Lestingham, westlich von Scarborough, als Abt=
Bischof leitete, wurde der im Jahre 663 aus Wessex vertriebene Wini, welcher
selbst im Frankenreiche, also durch einen römischen Bischof ordinirt worden
war, durch den Einfluß Wulfhers von Mercia Bischof von London.[1])

Der Unterschied der beiden Kirchen lag nicht oder nicht mehr im Dogma.
Seitdem den Briten im Jahre 640 noch einmal von dem Klerus der Stadt
Rom die Begünstigung des Pelagianismus zum Vorwurfe gemacht worden
war, ist von einer Abweichung in der Lehre nicht mehr die Rede. Aber
ebensowenig waren die Briten grundsätzliche Gegner des römischen Primats.
Sie kamen häufig nach Rom und der dortige Bischof war auch ihnen unbe=
stritten der Nachfolger Petri und im Besitze der Verheißung des Herrn: ein
großer Theil der von ihnen bei den Angeln und Sachsen gegründeten Kirchen

---

1) Es geschah nicht etwa erst nach und in Folge der Synode von Streaneshalch
(s. u.), durch welche sich der Sieg überhaupt für die römische Kirche entschied; denn
zur Zeit derselben lebte Cedd schon ganz bei dem Könige Oswiu von Northumbrien,
s. Beda III, 23. 26, und als Cedd noch 664 starb, war Wini schon in Essex Bischof.
Andrerseits kann seine Einsetzung auch nicht lange vor jener Synode geschehen sein,
da er erst 663 aus Wessex vertrieben worden war.

wurde auf den Namen des Apostelfürsten geweiht. Es bestand ein reger Wechselverkehr zwischen der katholischen und der britischen Geistlichkeit. Letztere betrieb damals die Mission unter den dem Frankenreiche unterworfenen Stämmen, und Glieder der ersteren, Franken sowohl wie Angeln, suchten gern die Klöster Irlands auf, um der gelehrten Bildung willen, welche dort und fast nur dort gepflegt und kostenlos dem Nachsuchenden gespendet ward. Kurz es gab, wenn von unwesentlicheren Verschiedenheiten der äußeren Kirchen= ordnung, des Ritus, des Gesanges, der Tonsur abgesehen wird, zwischen den beiden Kirchen nur noch den einen alten Streitpunkt, nämlich die Frage: wann Ostern gefeiert werden müsse, und in dieser Beziehung verhielt sich die britische Geistlichkeit im Großen und Ganzen noch genau ebenso ablehnend gegen die Römischen, wie zur Zeit Augustins. Hatte der Bischof Aidan von Lindisfarne sich den letzteren wenigstens dadurch genähert, daß er Ostern, um es nicht mit dem jüdischen Feste zusammenfallen zu lassen, niemals am Frühlingsvollmonde selbst hielt (Beda III, 17), so wollte sein Nachfolger Finan von irgend einer Nachgiebigkeit überhaupt nichts wissen und Colman, der dritte scotische Bischof von Lindisfarne seit 661, nahm denselben Stand= punkt ein.

Diese Verschiedenheit in der Ansetzung des Osterfestes brachte nun mancherlei Unzuträglichkeiten mit sich. Daß in dem einen deutschen König= reiche Ostern zu anderer Zeit gefeiert wurde als in dem benachbarten, hätte hingehen können; bedenklicher war es jedenfalls, wenn in einem und dem= selben Reiche das Fest verschieden gehalten wurde. So geschah es wahr= scheinlich bei den Ostangeln und vor Allem in dem northumbrischen Reiche des Königs Oswiu. Die kleine römische Gemeinde in Deira, welche nach der Flucht des Paulinus von seinem gesangskundigen Schüler Jakobus noth= dürftig zusammengehalten worden war, wollte freilich nicht viel bedeuten. Aber die Gemahlin des Königs Eanfled, die in Kent aufgewachsene Tochter Edwins, behielt die römische Weise bei und es kam vor, daß der König Ostern feierte, während die Königin noch in den Fasten war. Sogar Alchfrid, der älteste Sohn des Königs, wurde durch einen anglischen Geistlichen Wilfrid, der in Rom studirt und in Gallien die Weihe em= pfangen hatte, gleichfalls von der scotischen Festfeier abgebracht: aus dem von Alfrid gegründeten und früher den Scoten eingeräumten Kloster Ripon, nordwestlich von York, mußten diese jetzt ausziehen, um anderen Mönchen Platz zu machen, welche unter Wilfrid als ihrem Abte Ostern nach römischer Art hielten. Eine Einigung war unerläßlich, aber welche Art war dann die berechtigte?

König Oswiu brachte den Streit für England zum Austrage. Die zeitweilige Anwesenheit des aus Wessex fortgezogenen fränkischen Bischofs Angilbert an seinem Hofe gab ihm den Anlaß, die Osterfrage einer Synode vorzulegen, welche sich unter seinem Vorsitze im Jahre 664 in dem Kloster Streaneshealch (Whitby) versammelte. Für die Scoten führte Colman von

Lindisfarne das Wort; ihm gegenüber wurde von der römischen Partei, welche durch Angilbert und seine Begleiter, durch jenen Jakobus und Wilfrid vertreten war, letzterer zum Redner bestellt. Der spätere Bischof Cedd, von Geburt ein Angle, durch seine kirchliche Erziehung ein Scote, diente als Dolmetscher. Die Akten dieser Disputation haben noch Beda vorgelegen und man erfährt aus seinem Berichte, daß vornehmlich darum der Streit sich drehte, ob Ostern auch am Frühlingsvollmonde selbst oder erst an dem darauf folgenden Sonntage gehalten werden dürfe und ob die Osterwoche mit dem Abende vor dem Frühlingsvollmonde oder erst am Abende des Vollmondstages selbst begonnen werden sollte. Einer Verständigung kam man natürlich nicht näher. Beriefen sich die Einen auf die angeblich von dem Evangelisten Johannes beobachtete Regel, auf Jahrhunderte ununterbrochenen Gebrauchs und auf die unbezweifelte Rechtgläubigkeit Columbas, der ihm gefolgt sei, so führten die Andern ihre Weise auf eine ausdrückliche Einrichtung durch Petrus zurück, dessen Berechtigung dazu eben auf der ihm vom Herrn gegebenen Gewalt beruhe. Als Wilfrid so die Worte des Evangeliums: Du bist Petrus u. s. w., in die Discussion hineinzog, da wandte sich der König an seinen Bischof: „Hat das der Herr wirklich zu Petrus gesprochen?" Colman gab das zu. „Ist irgend eine ähnliche Gewalt euerm Columba gegeben worden?" Colman konnte das nicht behaupten. „Also ihr Alle" — fuhr der König fort — „seid darüber einig, daß Petrus die Schlüssel des Himmelreichs empfangen hat?" Beide Parteien stimmten bei. „Nun," sagte da Oswiu, „wenn er der Pförtner des Himmelreichs ist, so mag ich ihm nicht widersprechen. Ich will vielmehr Alles thun, um seinen Anordnungen zu gehorchen, damit er sich nicht von mir kehre, wenn ich einst an die Pforte komme." Wie für den Erfolg aller Missionen unter den Angeln und Sachsen bisher überall nicht sowohl das spontane Entgegenkommen des Volkes, sondern das Verhalten der Könige maßgebend gewesen war, so gab auch hier, als es sich um die besondere Form der kirchlichen Ordnung handelte, das Königthum durch sein Eingreifen den Ausschlag. Die Ansicht Oswius wurde von der Versammlung der Großen und Geringeren, welche um den König saßen und standen — wir haben da unzweifelhaft an eine mit der Synode verbundene Witenagemota zu denken — durch Handaufheben förmlich zum Beschlusse erhoben.

Von diesem Augenblicke an hatte die römische Kirche im Bereiche der Angeln und Sachsen keinen Rivalen mehr, da auch der mächtige Wulfher von Mercia sich offenbar in irgend einer Weise jenen Beschluß von Streaneshealch angeeignet hat. Colman und wer sonst sich dem Beschlusse nicht fügen mochte, räumte das Land, in welchem sie übrigens das beste Andenken hinterließen. Wie Beda der scotischen Mission bei ihrem Eintritte in die anglische Welt gerecht geworden ist, so hat er auch in seiner Kirchengeschichte der Angeln ihrem nach gerade dreißig Jahren ersprießlichster Wirksamkeit erfolgenden Ausscheiden einen ehrenden Nachruf gewidmet. Er hebt hervor, daß man an den Sitzen der scheidenden Bischöfe außer der Kirche nur ganz wenige Wohnhäuser gefunden habe und diese von der Art, wie sie zum menschlichen Dasein eben noch ausreichen, also keine Spur von Bequemlichkeit oder gar Pracht. Die bischöfliche Kirche zu Lindisfarne selbst war zwar ziemlich ansehnlich, aber doch nur von Holz und mit Stroh gedeckt. Erst in der römischen Zeit wurde dort Dach und Wand mit Blei beschlagen. Stattlicher Häuser aber bedurften die scotischen Mönche deshalb so wenig als des Geldes, weil sie es nicht für nöthig hielten, die Großen bei sich aufzunehmen und zu bewirthen, wenn diese die Kirche besuchten. Der König selbst mußte, wenn er einer Erfrischung bedurfte, mit der gewöhnlichen rohen Kost vorlieb nehmen. Je weniger nun jene Mönche und Geistlichen um Gunst buhlten, um so reichlicher fiel sie ihnen zu: wohin auch einer von ihnen kam, er war freundlicher Aufnahme sicher, und wo er sich auf dem Wege zeigte, eilte man herbei seinen Segen zu empfangen. Bei seiner Ankunft in einem Dorfe versammelten sich die Bewohner von selbst, um Worte des Lebens sich zu erbitten. Uebrigens hielten sich die Scoten für gewöhnlich von den Dörfern fern, wenn es sich nicht um Predigt, Taufe oder Krankenbesuch handelte. Mancher Angle mag doch die gewohnten Berather schmerzlich vermißt haben, besonders als noch im Jahre ihres Abzugs ein großes Sterben, das im Süden anhub, alle Theile der Insel entvölkerte. An einem Tage (14. Juli 664) starb der König Earconbert von Kent und der dortige Erzbischof Deusdedit; in Wales starb Catgualart, der Sohn Catguollauns; in Northumbrien der Abt-Bischof Cebb und des fortgewanderten Colman Nachfolger Tuda. Der Tod räumte so gewaltig unter den Bischöfen des Landes auf, daß schließlich nur noch der vor Kurzem in London eingesetzte Wini übrig war. Das hat den Uebergang in die neuen Verhältnisse einerseits erschwert, andrerseits aber auch vereinfacht.

Für Abt-Bischöfe der scotischen Art, ohne scharf abgegrenzten Sprengel, mit häufig wechselndem Sitze, war innerhalb der römisch-kirchlichen Organisation kein Raum. Man bedurfte neuer Bischöfe und einer festen Diöcesaneintheilung, wie solche schon von Gregor dem Großen vorgesehen war, als er im Voraus Canterbury und York zu Erzbisthümern über die damals erst erhofften Bisthümer im Lande der Angeln und Sachsen bestimmte. Vor Allem aber galt es zunächst wieder Bischöfe zu haben und das war nicht leicht, da in diesem Augenblicke, wie gesagt, auch der Erzbischof von Canterbury starb. So mußte denn der von Oswiu zum Bischofe von York bestimmte Ceadda, der Bruder Cebbs und sein Nachfolger in Lestingham, nothgedrungen sich durch Wini von London unter Assistenz zweier britischen Bischöfe weihen lassen und Wilfrid, der Sieger von Streaneshealch, welchen Oswius Sohn Alfrid sich zum Bischofe wünschte, übers Meer ins Frankenreich gehen, um dort eine völlig regelrechte Weihe zu empfangen. Endlich verständigte sich Oswiu auch mit dem neuen Könige von Kent, Egbert, über die Wiederbesetzung des dortigen Erzbisthums, dem anscheinend, ohne daß der Metropolitanrechte Yorks irgendwie gedacht wurde, auch die northumbrischen Bisthümer untergeordnet werden sollten. Aber als der für diese Stelle aus-

ersehene Priester zur Weihe nach Rom kam, starb er daselbst und der da=
malige Papst Vitalianus vermochte seinerseits auch nicht sogleich eine ge=
eignete Persönlichkeit ausfindig zu machen und so blieb gerade das wichtige
Canterbury fürs Erste noch unbesetzt, während die benachbarten Ostsachsen
aus Anlaß jenes Sterbens, vor welchem der Christengott sie nicht zu schützen
vermocht hatte, unter der Führung eines ihrer rasch wechselnden Könige noch=
mals zu den vernachlässigten Heiligthümern der Vorfahren zurückkehrten.
König Wulfher von Mercia, dessen Oberhoheit Essex damals unterworfen
war, stellte hier den christlichen Kultus wieder her, so daß die letzte Schild=
erhebung des Heidenthums fast in demselben Augenblicke unterlag, in welchem
die römische Kirchenordnung in den angelsächsischen Staaten zur allgemeinen
Durchführung kam.

Sie ward das Werk des Erzbischofs Theodorus, eines zugleich durch
Gelehrsamkeit und Weltklugheit ausgezeichneten griechischen Mönchs aus Tarsus
in Cilicien, welchen Papst Vitalianus endlich im März 668 geweiht hatte
und mit dem Abte Hadrian von Nisiba,[1]) der zu seinem Berather, aber
anscheinend auch zu seinem Aufpasser bestellt war, nach England schickte. Sie
trafen nach längerem zum Theil durch das Mißtrauen des Majordomus
Ebruin veranlaßten Aufenthalte im Frankenreiche gerade ein Jahr nach ihrer
Abreise von Rom, am 27. Mai 669, in Canterbury ein und unternahmen
bald darauf eine Kirchenvisitation, die erste, welche sich über sämmtliche angel=
sächsische Staaten erstreckte. Theodorus, der erste Erzbischof, dessen Autorität
also in allen diesen Staaten anerkannt ward, kam übrigens nicht ganz als
ein Fremdling in das Land, da er früher schon wiederholt im Frankenreiche
beschäftigt gewesen war und dort in seinem Verkehre mit Angilbert von Paris
und mit anderen Bischöfen, welche Beziehungen zu England unterhielten,
vollauf Gelegenheit gehabt hatte, sich über die Verhältnisse zu unterrichten,
welche seiner warteten, und über die Personen, mit welchen er zu thun haben
würde. Da wurden nun Bischöfe für lang verwaiste Sitze wie Rochester
und das westsächsische Winchester (s. o.) geweiht, die Weihen anderer, wie
zum Beispiel die Ceaddas, welche Bedenken erregte, wiederholt und die
Uebelstände, welche aus der concurrirenden Wirksamkeit Ceaddas und Wilfrids
in Northumberland entspringen mochten, dadurch beseitigt, daß letzterem ganz
Northumberland zugewiesen, der erstere aber in das gerade vakante Bisthum
der Mercier versetzt wurde, welches außer Mercia damals auch noch Mittel=
angeln und Lincoln umfaßte.[2]) Ceadda gründete in dem letzteren mit Hülfe

---

1) Beda IV, 1 nennt ihn Abt in monasterio Nisidano, quod est non longe
a Neapoli Campaniae.   2) Bei Beda IV, 3 und später öfters ist von dem Bis=
thum Merciorum et Mediterraneorum Anglorum et Lindisfarnorum die Rede. Der
Zusammenhang aber an allen jenen Stellen zeigt, daß nicht Lindisfarne, sondern die
Provinz Lindissi (Lincoln) gemeint ist. Die Corruption Lindisfarnorum für Lin=
dissinorum findet sich aber schon in den ältesten Handschriften Bedas und darnach
auch wieder in seiner neuesten Ausgabe durch Holder.

des Königs Wulfher das Kloster Barrow, nahm aber seinen Sitz doch nicht hier, sondern bei der Kirche von Lichfield, nördlich von Birmingham; es wurde eben mit der Weise der Scoten gebrochen, nach welcher der Bischof zugleich oder vornehmlich Abt eines Klosters war.

Weiter handelte es sich um die Heranziehung eines Nachwuchses von Geistlichen aus dem Lande selbst, und um womöglich ganz unabhängig von den Scoten zu werden, bei welchen doch noch immer viele Angeln studirten — so viele, daß eben um diese Zeit der vertriebene Colman für sie ein besonderes Kloster, nämlich Mayo in Irland gründete —, bemühte sich Erzbischof Theodorus Schulen ins Leben zu rufen, welche sowohl durch das, was sie boten, als auch durch den Studiengang mit denen der britischen Kirche zu wetteifern oder gar sie zu übertreffen vermöchten. Der allgemeinen Schulung in dem Trivium der Grammatik, Rhetorik und Dialektik, durch welche man dahin kam, daß die Schüler Lateinisch und Griechisch wie ihre Muttersprache redeten, gesellte sich das Quadrivium so zu sagen der kirchlichen Spezial= wissenschaften, nämlich der Arithmetik, Geometrie, Astronomie (zur Be= rechnung der Kirchenfeste) und der Musik hinzu, bei welcher besonders auf die Einübung der in Roms Kirchen üblichen Gesangesweise, des cantus Ro= manus, Werth gelegt wurde. Kenner und Pfleger desselben, wie jener Jako= bus in York, Bischof Wilfrid und der von ihm aus Kent berufene Eddi Stephanus — derselbe, welcher Wilfrids Leben beschrieben hat — erlangten dauernden Ruhm.

Die Schreibekunst war schon von den Scoten emsig gepflegt worden (s. o. S. 27); jetzt kamen die Angelsachsen unter der Führung ihrer römisch ge= schulten Lehrer den früheren Meistern gleich oder thaten es ihnen wohl noch in der Herstellung solcher Prachthandschriften zuvor, wie der Evangeliencodex war, mit welchem Bischof Wilfrid die Kirche von Ripon bedachte, mit goldenen Buchstaben auf farbigem Pergamente und ohne Zweifel auch wieder mit jenen wunderbar schönen Verzierungen, in deren Erfindung sich der angelsächsische wie der keltische Schreibkünstler gefiel. Eine scharfe Grenze zwischen dem blos handwerksmäßigen und dem künstlerischen Betriebe läßt sich da nicht ziehen: von der rein ornamentalen Verzierung ist man sehr früh zur selbständigen Illustration fortgeschritten, allerdings auf der Grundlage der römisch=christ= lichen Kunst der späteren Jahrhunderte, aber doch nicht so, daß einfach die herkömmlichen Typen wiederholt worden wären.[1]

Die Kirchen der Scoten waren einfach, dem Bedürfnisse nur eben ge= nügend gewesen; sie mochten den Angeln selbst in ihrer Einfachheit anfäng= lich imponirt, dem anglischen Handwerker wohl Anleitung auch zu zweck= mäßigerer Herstellung der Profanbauten gegeben haben, aber schwerlich eine Anregung zu weiterem selbständigen Schaffen. Die großen Kirchenbauten da= gegen, welche unmittelbar nach der endgültigen Festsetzung der römischen

---

1) Vergl. Springer, Die Psalter=Illustrationen. S. 226.

Weise von ihren Vertretern unternommen wurden, weckten auch die künstlerische Befähigung der Deutschen und boten ihnen mannichfaltige Gelegenheit, den Meistern, welche freilich zunächst noch aus der Fremde herbeigeholt werden mußten, ihre Fertigkeiten abzulauschen, endlich es ihnen nachzumachen. Wilfrid von Northumberland, der mit Hülfe solcher ausländischen Techniker viel und Großartiges baute, hat sich eben dadurch um seine Landsleute ein Verdienst erworben, daß er sie über das Bedürfniß hinaus auf Höheres wies und ihnen bisher ganz unerhörte Muster vor Augen stellte. Er ließ die arg verfallene Kirche von York herstellen und mit Blei decken, in Ripon eine große Kirche aus Quadern neu aufführen und aufs Reichste schmücken; in Hexham endlich erbaute er eine Kirche von so gewaltigem Umfange, mit so stattlichen Thürmen, so zahlreichen Säulen und so herrlichen Gemälden, daß sein Biograph wohl meinen durfte, sie habe außer in Italien nicht ihresgleichen. Es wurde jetzt gewisser Maßen der Faden wieder angeknüpft, welcher durch die Preisgebung Britanniens seitens der Römer seit mehreren Jahrhunderten abgerissen gewesen war.

Die Uebereinstimmung der Könige Oswiu von Northumberland, der am 15. Februar 670, Egbert von Kent, der im Juli 673, und Wulfher von Mercia, der im Jahre 675 starb, hat diese Neuordnung der kirchlichen Verhältnisse möglich gemacht; in der Hauptsache wurde sie im Laufe weniger Jahre durchgeführt und sie war schon so ziemlich vollendet, als Erzbischof Theodor am 24. September 673 zu Hartford die erste allgemeine Landessynode hielt, welcher die Bischöfe Bisi von Ostangeln, Putta von Rochester, Eleutherus von Wessex und Winfrid von Mercia und die Bevollmächtigten Wilfrids von Northumberland beiwohnten, sodaß allein Essex und Sussex nicht vertreten waren. Die Beschlüsse dieser Synode lehren, auf welche Dinge damals nach dem Ausscheiden der scotischen Mission und im Gegensatze zu derselben besonderes Gewicht gelegt wurde. Ostern sollte nach römischer Weise gehalten, die Abgrenzung der bischöflichen Sprengel beobachtet, dem Vagiren der Mönche und Weltgeistlichen ein Ende gemacht, die Ausübung priesterlicher Befugnisse ohne Erlaubniß des Diöcesanbischofs nicht geduldet werden. Dem Volke gegenüber hatte man noch immer mit der Forderung kanonischer Gültigkeit der Ehen und mit dem Verbote willkürlicher Scheidung einen schweren Stand. Die Bischöfe verabredeten übrigens, künftig je am 1. August zusammenzukommen, unter sich eine Rangordnung nach der Zeit ihrer Weihe zu beobachten und bei wachsender Zahl der Gläubigen eine Vermehrung der Bisthümer ins Auge zu fassen.

In sehr bedeutendem Maße ist diese letztere während des nächsten Jahrzehnts durchgeführt worden. Die erste Vermehrung der Bisthümer erfolgte, als bald nach der Synode Bisi von Ostangeln (Dunwich) starb: da wurden für Norfolk und Suffolk besondere Bischöfe bestellt, welche in Aylsham und Sudbury ihre Sitze nahmen. Als ferner Oswius Sohn, König Ecfrit im Kriege gegen Mercia Lincoln eroberte, richtete er auch dort ein besonderes

Bisthum ein und als er sich im Jahre 678 mit seinem heimischen Bischofe Wilfrid überwarf und diesen vertrieb, theilte er ganz im Sinne des Erzbischofs Theodor, und wohl auch mit Wissen und Willen desselben, die übergroße Diöcese Northumberland in die Sprengel Deira und Bernicia, indem er den neuen Bischöfen einerseits York und andrerseits Hagulstad (Hexham) oder Lindisfarne zum Sitze anwies. Das letztere Bisthum wurde drei Jahre später auf Veranlassung Theodors nochmals in die Bisthümer Hexham und Lindisfarne zerlegt und ein weiteres für den damals unter Ecfrid stehenden südlichen Theil des Pictenlandes in Abercornig gegründet. Endlich um dieselbe Zeit, in welcher Wilfrid von Northumberland abgesetzt worden war, hatte auch der Bischof Winfrid von Mercia dem Willen des Erzbischofs weichen müssen und wohl im Zusammenhange damit erhielten nun erst die unter Mercia stehenden Landschaften der Mittelangeln und Hwyccas eigene Bischöfe, jene in Chester, diese in Worcester. Die Maegesaten westlich vom Savern gelangten erst im folgenden Jahrhunderte zu einem eigenen Bisthume in Herford.

Auf jener Synode des Jahres 673 waren allein Essex und Sussex ohne Vertreter gewesen. Jenes wahrscheinlich deshalb, weil der Bischof Wini gestorben, ein anderer aber noch nicht bestellt war. Dieses dagegen fehlte als ein Land, in welchem die Kirche überhaupt noch nicht über die allerersten Anfänge hinausgekommen war. Es gab da wohl ein kleines Kloster, in welchem einige Scotenmönche in ihrer Weise dem Herrn lebten, aber Einfluß auf das Volk hatten sie nicht gewonnen und der König Ethelwalch war wohl nur deshalb Christ geworden, weil sein Oberherr Wulfher von Mercia es so wollte und weil derselbe ihm die im Jahre 661 den Westsachsen abgenommenen Provinzen, nämlich die Insel Wight und das Land Meanwara, den Süden von Hampshire, als Pathengeschenk gab. Aber andrerseits saß offenbar auch das Heidenthum nicht mehr in den Gemüthern der Leute fest: es bestand eigentlich nur noch, weil bisher Niemand sich um die durch Klippen und große Waldungen von der übrigen Welt abgeschiedenen Südsachsen bekümmert, Niemand sich ernstlich um ihre Bekehrung bemüht hatte. Sie war jenem Wilfrid von Northumberland vorbehalten. Dieser hatte sich nämlich nach seinem Sturze auf der römischen Synode vom Oktober 679 zwar gegen alle Anklagen seiner Feinde gerechtfertigt, aber trotzdem zu Hause nicht die Erlaubniß zur Rückkehr in sein früheres Bisthum erhalten können und, weil man ihn auch in Mercia und Wessex nicht dulden wollte, so nahm er nun jenen in kirchlicher Beziehung so gut wie unangebauten Boden in Angriff. Er bekam von Ethelwalch die Halbinsel Selsea geschenkt und erbaute hier ein Kloster, von welchem aus er in den Jahren 680 bis 685 bei den Südsachsen gewirkt hat und zwar so, daß Sussex seitdem nicht mehr als eigentliches Missionsfeld galt. Aber es ist auch möglich, daß die furchtbaren Verheerungen, welche Sussex gerade in diesen Jahren von Seiten der Westsachsen erlitt, überhaupt nur Wenige übrig gelassen haben, welche bekehrt werden konnten. Den Anlaß zum Kriege selbst gaben ohne Zweifel jene Provinzen, mit welchen Suffex sich hatte beschenken lassen, als Wessex von Mercia so gut wie ganz überwältigt worden war, und welche Suffex als sicheren Besitz betrachten mochte, als Wessex nach dem Tode des Königs Coinwalch im Jahre 672 durch die Streitigkeiten im Hause Cerdics und durch neue Kämpfe mit den Merciern völliger Auflösung anheimgefallen war. Aus dieser Zerrüttung arbeitete sich jedoch Wessex am Anfange der achtziger Jahre wieder heraus. Ceadwalla, der Sohn eines früheren Nebenkönigs, erlangte zuerst als Freibeuter im Grenzkriege mit Suffex Ansehen, warf dann allmählich verschiedene Nebenbuhler nieder, wurde 685 zum Könige erhoben und bewährte seinen Beruf zur Herrschaft durch Verwüstungszüge bis nach Kent und durch die Eroberung von Suffex und des noch ganz heidnischen Wight. Die Gräuel, welche namentlich die Eroberung dieser Insel begleiteten, waren der Art, daß man meinte, Ceadwalla habe es auf die förmliche Ausrottung der bisherigen Einwohner abgesehen, um die Insel mit seinen Leuten neu zu bevölkern. Trotzdem trug Wilfrid kein Bedenken, sich dem Sieger anzuschließen: auf der Wagschale kirchlichen Eifers wog auch das Entsetzlichste nicht schwer, weil es ja nur Heiden traf. Obendrein hatte Ceadwalla gelobt, wenn ihm die Eroberung der Insel gelänge, den vierten Theil der Beute und des Landes dem Herrn, das heißt, kirchlichen Zwecken zu widmen und er hielt sein Versprechen. Er war, obwohl selbst noch nicht einmal getauft, so gut kirchlich, daß er die jungen Brüder des Inselkönigs, welche auf der Flucht in seine Hand fielen, noch durch den Abt von Redford im Christenthume unterweisen und dann erst zum Tode führen ließ.

Kein Zweifel, daß man in Rom diese Katholisirung Britanniens mit der größten Aufmerksamkeit verfolgte. Häufig genug kamen angelsächsische Geistliche dorthin, welche Auskunft zu geben vermochten, und umgekehrt entsendeten die Päpste gelegentlich Vertrauenspersonen nach England, um die junge Kirche auf ihre Rechtgläubigkeit zu prüfen. Als zum Beispiel unter dem Papste Agathon (679 bis 682) ein anglischer Abt Bishop mit dem Zunamen Benedict in Angelegenheiten des von ihm gestifteten Klosters (Bishops-) Wearmouth bei Sunderland nach Rom kam, mußte ihn auf der Rückreise der Erzsänger von Sanct Peter, Meister Johannes, begleiten, um sich zu überzeugen, ob der Glaube der anglischen Kirche in Bezug auf den göttlichen Willen in Christo mit den Beschlüssen der römischen Synode in Uebereinstimmung sei. Auf Veranlassung dieses Johannes, welcher übrigens in England auch für die Verbreitung der bei Sanct Peter gebrauchten Gesangsweisen und der in Rom üblichen Ostertabellen thätig war, hat dann Erzbischof Theodor im September 680 eine Synode[1]) zu Hatfield gehalten

---

1) Wir haben keine Spur, daß wirklich alljährlich, wie es 673 verabredet worden war, eine Synode gehalten worden sei, aber immerhin mögen mehr Synoden stattgefunden haben, als von denen wir zufällig wissen. Aus 684 ist eine Synode zu Alnwick (Northumberland) überliefert und die Weihe des h. Cuthbert zum Bischofe

und hier ausdrücklich die Satzungen der früheren ökumenischen Concilien und jener römischen Synode von den anglischen Bischöfen annehmen lassen. Diese waren stolz darauf rechtgläubig wie Rom zu sein und als Beweis ihrer Rechtgläubigkeit gaben sie dem päpstlichen Abgesandten eine Abschrift ihrer Synodalbeschlüsse nach Hause mit, wo dieselben höchlichst befriedigten.

Die römische Kirchenordnung verdankte ihren Sieg auf englischem Boden der freien Unterstützung des Königthums, aber der Geist, der sie erfüllte, wurde bald so mächtig, daß er nicht blos die gesammte Geistlichkeit durch= drang, sondern auch bei den Königen selbst wirksam wurde. Während die Bischöfe bisher wohl ausnahmslos durch die Könige bestellt worden waren, wagte schon der Erzbischof Theodor hier und da von sich aus Bischöfe ein= und unter Umständen auch wieder abzusetzen. Wenn er einen so eifrig rö= mischen Bischof wie Wilfrid nicht gegen den König Ecfrid schützte, so mag er dazu allerdings zum Theil durch die Besorgniß, daß der König, welcher in jenem seinen persönlichen Feind sah, sich sonst wieder auf die britische Seite schlagen möchte, bestimmt worden sein, vielleicht aber auch, weil Wil= frid als Bischof von ganz Northumberland einer Zerlegung dieses umfäng= lichen Sprengels widerstrebte und als Nachfolger des Paulinus in York dem Primate Canterburys Schwierigkeiten bereiten konnte. Als Ecfrid ge= storben war und Wilfrid in die Verkleinerung seines Sprengels willigte, da hat er ihn nach den päpstlichen Weisungen restituirt und nun wieder die anderen Bischöfe, welche inzwischen Wilfrids Stelle eingenommen hatten, beseitigt. Theodor handelte in diesem Falle unverkennbar mit einer gewissen Vorsicht, wie sie sowohl durch die Beziehung zu Rom als auch durch die Rücksicht auf den König geboten war. König und Volk gewöhnten sich in= dessen allmählich, in dem Geistlichen ein überlegenes Wesen und in dem geistlichen Leben das wahre Leben zu sehen, welches am sichersten dem Himmel zuführte. Die Könige begannen dem Tode auf dem Schlachtfelde, welcher ihr gewöhnliches Loos war, wenn sie nicht etwa von Mörderhänden fielen, den Tod in der Klosterzelle vorzuziehen. Sigebert von Ostangeln (s. o. S. 52) ist, wie es scheint, der erste König, der Mönch ward; dann hat Oswiu von Northumberland in seiner letzten Krankheit das Gelübbe gethan, wenn er genesen sollte, nach Rom zu ziehen und dort an den heiligen Stätten sein Leben zu beschließen. Die gründliche Umwandlung, welcher das ganze Den= ken des Volkes unterlag, wird jedoch am besten durch das Beispiel jenes blutigen Ceadwalla von Wessex bezeugt. Wenige Jahre erst hatte er die Herrschaft gehabt, doch schon weit und breit sich gefürchtet gemacht und nach den bisherigen Volksbegriffen eine überaus ruhmvolle Zukunft vor sich. Da wurde im Jahre 687 sein ebenso kriegerischer Bruder Mul auf einem Streif= zuge von den Kentern überfallen und verbrannt. Das mag ihn erschüttert

---

von Lindisfarne zu Ostern 685 in York wird, da sieben Bischöfe ihr anwohnten, wohl ebenfalls bei Gelegenheit einer Synode erfolgt sein.

haben; genug er verzichtete im nächsten Jahre auf Alles, was ihm vorher begehrenswerth gewesen war, auf Heimath, Glauben und Königthum, um in Rom selbst sich zu Christus zu bekennen und ihm als Mönch zu leben. Dort auf den Namen Petrus getauft, ist er wenige Wochen später am 20. April 689 gestorben. Der Segen des Papstes und ein Grab womöglich in der Peterskirche, wie es Ceadwalla zu Theil ward, lockten später noch viele Könige der Angeln und Sachsen, seinem Beispiele zu folgen.

Aethelbert von Kent hatte einst nicht Unrecht gehabt, als er im Verkehre mit den Boten des Papstes fremder Zauberkraft zu unterliegen fürchtete. Als am 19. September 690 der Erzbischof Theodorus von Canterbury starb, da war das Christenthum und die römische Kirche, in deren Form es nun endgültig bei den Angeln und Sachsen Eingang gefunden hatte, das stärkste Band, welches die sämmtlichen kleinen Staaten dieser Völker umschlang und ihren zahllosen Fehden zum Trotz immer fester sich knüpfte. England gelangte so viel früher zu seiner kirchlichen als zu seiner politischen Einheit.

VI. **Kirche und Kultur vornehmlich im achten Jahrhunderte.**

Wie der Sieg der römischen Kirche von nicht zu unterschätzender Be=
deutung für die Zukunft der Angelsachsen gewesen ist, welche durch sie end=
gültig in die Gemeinschaft der abendländischen Kultur verflochten wurden,
so war es nicht minder die Beseitigung der kirchlichen Trennung zwischen
den jetzt römischen Angelsachsen und den Briten, welche ihre Berechnung des
Osterfestes und einige besondere gottesdienstliche Gebräuche bisher zäh fest=
gehalten hatten. Die Versöhnung wurde durch den Abt Abamnan von Hy
angebahnt, welcher als Gesandter seines Volkes bei dem Könige Aldfrid[1])
von Northumberland (685—705) sich für die römische Weise gewinnen ließ
und sie zwar noch nicht in seinem Kloster und dessen Oboedienz, wohl aber
bei demjenigen Theile der Iren einzuführen vermochte, welcher auch sonst
sich von Hy in kirchlicher Beziehung unabhängig hielt. Bald darnach wandte
sich aber auch der Pictenkönig Naithan, um Belehrung über die Streitpunkte
zu erhalten, an den anglischen Abt Ceolfrid von Wearmouth und Jarrow
und die ausführliche Auseinandersetzung, welche dieser ihm zuschickte — Beda
hat dies Werk seines Lehrers uns in seiner Kirchengeschichte Buch V. Kap. 21
aufbewahrt — war für den König in dem Maße überzeugend, daß er so=
gleich die bisher zur Berechnung des Osterfestes verwendeten Tafeln des
84 jährigen Cyklus außer Gebrauch setzen und dafür Abschriften von den
Tafeln des 19 jährigen Cyklus vertheilen ließ, dessen sich die römische Kirche
für jenen Zweck bediente. Hy kam also bei seiner hartnäckigen Vertheidigung
der alten Weise unleugbar in Gefahr, seine Geltung innerhalb der nationalen
Kirchengemeinschaft in demselben Maße einzubüßen, in welchem diese ihre
Vereinzelung zu empfinden begann und, um aus ihr herauszukommen, sich
mehr und mehr für die römische Weise erklärte, und die Erkenntniß dieser
Sachlage dürfte vielleicht noch mehr als der Einfluß des auch bei den Kelten
hochangesehenen Angeln Egbert, welcher seit langen Jahren in Irland lebte,
aber im Jahre 716 nach Hy übersiedelte, dazu beigetragen haben, daß auch

---

1) Oswius ältester S. 56 erwähnter Sohn Alchfrid war ein rechtmäßiges Kind
desselben, und es ist dieser Alchfrid, welcher schon 653 mit einer Tochter Pendas ver=
mählt war, übrigens vor dem Vater gestorben sein muß, durchaus von seinem jünge=
ren unechten Bruder Albfrid, dem späteren Könige, zu scheiden, wie schon Lappen=
berg I, 180 überzeugend dargethan hat.

dieses endlich in die Preisgabe der früher so eifrig vertheidigten Besonder=
heiten willigte. Iren, Picten und Scoten erkannten so auch äußerlich die
kirchliche Gemeinschaft mit den Angeln an und es mag mit diesem Wechsel
zusammenhängen, daß nun die Errichtung eines römischen Bisthums bei den
südlichen Scoten in Candida Casa (Whithorn) auf keine der Schwierigkeiten
stieß, welche vor zwei Jahrzehnten dem Bisthum Abercurnig bei den Picten
(s. u.) ein frühes Ende bereitet hatten, und daß ein Angle Pecthelm der
erste Bischof von Candida Casa ward. Nur die Kelten von Wales, welche
ihre politische Freiheit immer wieder gegen Angriffe der Westsachsen und
Mercier vertheidigen mußten, konnten sich noch nicht entschließen, Ostern mit
den verhaßten Feinden gleichzeitig zu feiern, und bei ihren Geistlichen dieselbe
Tonsur zu sehen, welche deren Geistliche trugen.

Hatte die Polemik gegen die keltischen Irrthümer dem anglischen Klerus,
welcher die römische Weise verfocht, als eine seiner Hauptaufgaben gegolten,
seitdem es sich nicht mehr um die Bekämpfung des Heidenthums handelte,
so gewann er nun, als jene Polemik in der Hauptsache gegenstandslos wurde,
mehr Muße für die Verhältnisse seiner unmittelbaren Umgebung. Es ist
aber unverkennbar, daß der Sieg des römischen Klerus über die Kelten in
seiner Rückwirkung auf die Angeln und Sachsen selbst bei diesen das Ansehen
der Geistlichen bedeutend gesteigert hat. Die Bischöfe erscheinen jetzt regel=
mäßig als Mitglieder des königlichen Rathes und zwar als die vornehmsten;
sie und die Aebte der größeren Klöster sitzen mit dem Ealdorman und dem
Grafen in der Versammlung der Shire; die Pfarrer der seit dem Anfange
des achten Jahrhunderts zahlreicher werdenden Kirchspielskirchen nehmen auch
an der Beschlußfassung über die weltlichen Angelegenheiten ihrer Gemeinden
Theil. Ohne Zweifel, die Gefahr einer Ueberwucherung des weltlichen Ele=
ments durch das geistliche war hier wie überall im Mittelalter vorhanden;
aber das Ansehen der Geistlichkeit, so groß es auch sein mochte, hatte doch
von Anfang an seine Grenzen und die Devotion, welche Könige und Völker
gegen die Kirche als solche zur Schau trugen, bedeutete keineswegs ein blindes
Gewährenlassen ihrer Vertreter. Wie die Gemeinde offenbar stets das Recht
der Mitverwaltung des Pfarrgutes festgehalten hat, welches aus dem Ge=
meinbegute nur zu einem bestimmten Zwecke ausgeschieden worden war, so
blieb auch das Kirchengut überhaupt grundsätzlich den allgemeinen staatlichen
Leistungen unterworfen. Die kirchliche Gesetzgebung, wie sie auf Synoden
geübt und weitergebildet wurde, erhielt ihre Rechtskraft für die Laien doch
erst durch ihre Annahme und Billigung seitens der staatlichen Autoritäten,
und die Geistlichen selbst blieben in allen nicht rein=kirchlichen Angelegen=
heiten den weltlichen Gerichten unterworfen. Endlich ein großer Theil der
Bischöfe verdankte seine Stellung einfach dem Willen der Könige. Unter sich
vielfach uneins und für ihre ganze Wirksamkeit der Unterstützung durch die
Könige bedürftig, wäre es für sie ein mißliches Geschäft gewesen, sich ihnen ent=
gegenzusetzen oder ihrer Gewaltthätigkeit gar zu enge Schranken setzen zu wollen.

Der schon oft genannte Bischof Wilfrid von Northumberland[1]) ist, ob=
wohl das hervorragendste, doch keineswegs das einzige Beispiel eines Bischofs,
welcher bei Zerwürfnissen mit dem Königthume den Kürzeren zog: obwohl
sogar eine Synode zu Rom im Oktober 679 die Anklagen seiner vom Könige
Ecfrid begünstigten Feinde als nichtig anerkannte (s. o. S. 62), hat Ecfrid
ihm nicht nur den Rücktritt in sein Bisthum verweigert, sondern ihn be=
schimpft, gefangen gesetzt, schließlich aus dem Lande gejagt und dafür gesorgt,
daß auch seine Schwäger Aethelred von Mercia und Centwin von Wessex
dem Verbannten bei sich keine Zuflucht gewährten. Sogar der große Erz=
bischof Theodor wagte nicht sich des Vertriebenen anzunehmen. Erst nach
Ecfrids Tode erlangte Wilfrid durch Theodors Vermittlung wenigstens einen
kleinen Theil seines früheren Bisthums zurück; seine Bemühungen rück=
sichtlich des übrigen blieben jedoch vergeblich. Denn inzwischen waren in
Northumberland Andere als Bischöfe eingesetzt worden und weder wollten
diese weichen, noch war der neue König Aldfrid mit der von Wilfrid ange=
strebten Wiederherstellung des Gesammtbisthums einverstanden, welche aller=
dings mit der von Theodor selbst früher befolgten, auf Zerlegung der über=
großen Sprengel gerichteten Kirchenpolitik im Widerspruche stand. Vor der
Vereinigung dieser Gegner mußte Wilfrid im Jahre 692 zum zweiten Male
weichen und nach Mercia flüchten, wo jetzt König Aethelred ihm vorläufig das
Bisthum bei den Mittelangeln zur Verwaltung überwies. Die wiederholten
Verwendungen der Päpste Benedikt II. und Sergius I. vermögen die Lage
Wilfrids nicht zu bessern, verschlimmern sie eher, weil er mit seiner Berufung
auf sie nun als Wortführer einer fremden Autorität und eines fremden
Rechtes erscheint. Auf der Synode zu Estrefield (bei Ripon) im Jahre 703
stimmen die an seine Stelle getretenen Bischöfe, der König und auch Theodors
Nachfolger der Erzbischof Berctwald darin überein, daß Wilfrid überhaupt
auf seine bischöfliche Würde verzichten und sich mit der Abtei Ripon be=
gnügen müsse, und als er gegen diese ganz einseitige Entscheidung nach Rom
appellirt, da bricht ein förmlicher Sturm der Entrüstung darüber los, daß
er Auswärtige zu Richtern über eine heimische Sache machen wolle. Er
selbst wird zwar durch den ihm Freund bleibenden König von Mercia ge=
schützt, aber seine Anhänger in Northumberland haben harte Verfolgungen
zu erleiden.

Eine unbedingte Aufrechthaltung der päpstlichen Entscheidungen zu Gunsten
Wilfrids hätte bei so leidenschaftlicher Erregung wohl zu einer Spaltung der
jungen anglorömischen Kirche, zur Losreißung Northumberlands von dem,
wie man sieht, noch keineswegs festgewurzelten römischen Primate führen
können: Wilfrid, welcher für die Begründung desselben in seiner Heimath in
erster Linie thätig gewesen war, mochte dazu nicht helfen. Er begab sich,

---

1) Es freut mich, für diesen bedeutenden Mann schon hier auf eine demnächst
erscheinende Abhandlung eines meiner Schüler, des H. Karl Obser, hinweisen zu können.

von Eddi, seinem späteren Biographen, begleitet, zum dritten Male nach Rom und veranlaßte allerdings die Vorladung seiner Gegner, aber er trat dann in den sehr umständlichen Verhandlungen von vornherein mit der größten Versöhnlichkeit auf, indem er der Kurie empfahl, den störrigen König mit Milde zu behandeln, und um des Friedens willen sich bereit erklärte, auf einen Theil seines alten Sprengels, nämlich auf York, zu verzichten. Die Kurie ihrerseits hütete sich nicht minder, durch einen förmlichen Richterspruch das schon gereizte Nationalgefühl der Angeln noch mehr zu erregen: sie sprach zwar Wilfrid von allen gegen ihn persönlich erhobenen Anklagen frei, aber sie verfügte darum doch nicht seine Restitution, sondern begnügte sich mit einer nachdrücklichen Empfehlung an den Erzbischof Berctwald, daß er einen Vergleich zwischen Wilfrid, den anderen Bischöfen, welche ihm den Platz nicht räumen wollten, und dem northumbrischen Könige erwirken möge. Es ist nun für die Devotion der angelsächsischen Könige gegen Rom im höchsten Grade bezeichnend, daß selbst Aldfrid, der doch ausdrücklich als gut kirchlich gerühmt wird, trotz alledem auf seinem Wilfrid feindlichen Standpunkt verharrte und bis an seinen Tod demselben die Rückkehr unmöglich machte, so daß Berctwald erst unter der Regierung des minderjährigen Osred auf der Synode am Nidd im Jahre 706 den ihm von Rom aus empfohlenen Vergleich zu Stande zu bringen vermochte und auch das nur dadurch, daß Wilfrid des Streites müde in seiner Nachgiebigkeit noch über sein römisches Angebot hinausging. Er begnügte sich jetzt mit dem Bisthum Hexham und der Abtei Ripon und verzichtete dagegen auf die übrigen Theile des alten northumbrischen Gesammtsprengels, welche also als besondere Bisthümer nach der Anordnung Theodors fortbestanden. Wenige Jahre später, während er 709 auf Einladung des Königs Ceolred von Mercia, dessen Achtung vor Wilfrid der seines verstorbenen Vaters Aethelred gleichkam, eine Visitation der dortigen Kirchen vornahm, ist er in dem Lande gestorben, welches ihm so lange Zeit hindurch ein freundliches Asyl gewährt hatte, 75 Jahre alt — unzweifelhaft einer der wichtigsten Vorkämpfer für den römischen Primat bei den Angelsachsen, deren kirchliche Ordnung er durch kluges Einlenken vor einer gefährlichen Krisis bewahrt hat. Arg angefeindet im Leben, wurde er nach seinem Tode in demselben Maße gefeiert, in welchem die von ihm verfochtenen Grundsätze fester wurzelten. Als seine Ruhestätte, die von ihm erbaute Kirche zu Ripon, in welcher eine pompöse Grabschrift seinen Ruhm verkündigte, im Jahre 948 durch Brand zerstört worden war, wurden seine Gebeine einer Uebertragung sogar nach Canterbury gewürdigt.

Nur wenige Jahre ungestörter Wirksamkeit auf dem ihm eigentlich zugewiesenen Arbeitsfelde Northumberland waren Wilfrid beschieden gewesen: es ist dessen schon gedacht worden (S. 60. 61), was er in diesem kurzen Zeitraume dort für die Einführung höherer Bildung und Kunst gethan hat. Der größte Theil seines Lebens ward durch Verbannung und Herumirren in der Fremde ausgefüllt, aber wohin er auch seinen Fuß setzte, da mußte

der sein ganzes Wesen beherrschende Grundgedanke der Ausbreitung und
Befestigung des Christenthums und der römischen Kirchenordnung auch sogleich Gelegenheit zur Bethätigung zu finden. In Mercia und Essex ist er
der Reformator gewesen, in Sussex der Bekehrer und bei den Friesen der
erste Angelsachse, welcher ihnen, Deutschen des Festlandes, geprebigt hat.

Als Wilfrid nach seiner ersten Vertreibung im Jahre 678 nach Rom
eilte, wählte er nicht den kürzesten Weg, welcher ihn durch das neustrische
Franken geführt haben würde, sondern um den Nachstellungen des von seinen
northumbrischen Gegnern aufgehetzten Majordomus Ebruin zu entgehen,[1])
den weiteren über Friesland. Vom Könige Aldgils freundlich aufgenommen,
soll er dort viele Tausende getauft haben, und mag sein Erfolg während
eines doch nur kurzen Aufenthalts auch etwas zu hoch angeschlagen worden
sein, für ganz gering darf er schon deshalb nicht gelten, weil Wilfrid sich
offenbar stets ein großes Interesse an dem Fortgange der friesischen und
der mit ihr im engsten Zusammenhange stehenden sächsischen Mission bewahrt hat.

Es ist nun ebenso begreiflich, daß die Angelsachsen, als auch bei ihnen
der Trieb zur Mission erwachte, sich zuerst den ihnen durch Abstammung
und Sprache am nächsten stehenden Niederdeutschen zuwandten, wie daß die
britischen Geistlichen in sehr natürlicher Abneigung gegen diese Verwandten
ihrer nationalen Feinde gerade diese vermieden und mehr die Bekehrung
der Binnendeutschen ins Auge faßten. So sind denn auch diejenigen, welche
das von Wilfrid angefangene Werk bei den Friesen fortsetzten, Angeln gewesen, allerdings Männer, welche ihre Bildung bei den Briten empfangen
hatten, bei diesen lebten und bis zu einem gewissen Grade für die Vermittlung des etwa noch bestehenden Gegensatzes thätig waren, vor Allem der
schon genannte Egbert, welcher lange vor seiner Uebersiedelung nach Hy, als
er noch rüstiger war, ernstlich die Absicht gehegt hatte, selbst nach Deutschland zu gehen und, als sein eigenes Vorhaben auf Hindernisse stieß, eine
ganze Reihe von Schülern zur Mission dorthin entsandte — den Wihtberht,
welcher in Friesland zwei Jahre lang predigte, aber dann unverrichteter
Dinge heimkehrte, weil er bei dem neuen Könige Ratbod kein Gehör fand,
und den Wilbrord, welcher sich und seinen zwölf Gefährten um 689 von
dem Majordomus Pippin den südlichen Theil Frieslands zur Bekehrung
überweisen ließ, der eben Ratbod entrissen worden war. Echt anglisch aber
war es, daß Wilbrord, bevor er noch ans Werk ging, dieses sogleich au Rom
knüpfte und sich vom Papste Sergius die bischöfliche Weihe verschaffte. Zwei
andere anglische Priester des Namens Ewald, nach der Farbe ihrer Haare
als der Schwarze und der Weiße unterschieden, versuchten sich bei den Altsachsen selbst. Aber sie fanden bald den Tod, und Suidberht, ein Genosse
Wilbrords, welchen Wilfrid 692/3 zum Missionsbischofe weihte und in das

---

1) So nach Eddius; Beda, welcher sonst dessen Werk benutzt hat, läßt dagegen
Wilfrid „flante Favonio pulsus“ nach Friesland gelangen, also zufällig.

Land der Brukterer schickte, wurde von dort durch Einfälle der Sachsen ver-
scheucht und begnügte sich, auf dem ihm von Pippin überlassenen Kaisers-
werth ein Kloster zu gründen, vielleicht damit dessen Insassen in günstigeren
Zeiten das unterbrochene Werk wieder aufnehmen möchten. Wilfrid selbst hat die
Stätte seiner einstigen Wirksamkeit nochmals im Jahre 703 aufgesucht und
dort eine Zeit lang bei Wilbrord verweilt, als er seine letzte Romreise machte.

Der richtige Maßstab zur Würdigung derartiger Bemühungen, welche
hier nicht weiter verfolgt werden dürfen, ist nicht leicht zu finden und es
mag immerhin sein, daß die allerdings unter verhältnißmäßig günstigen
Umständen schaffende Mission Wilbrords die einzige war, welche für den
Augenblick nennenswerthe Ergebnisse aufzuweisen vermochte. Aber jene Missionäre brachten nicht allein die Saat des Christenthums den Deutschen mit,
sondern auch ihre eigene Bildung, welche zwar eine überwiegend kirchliche
war, jedoch auch aus dem ewigen Jungbrunnen der antiken Welt zu schöpfen
nicht verschmähte. Sie kamen nicht blos mit der Bibel als dem Rüstzeuge
ihrer Tagesarbeit, sondern auch mit Handschriften der Klassiker für die
Stunden stillen Studiums und der Erholung. Man bewahrt noch in Wien
die kostbare Handschrift des Livius, welche Suidberht nach Deutschland mit-
brachte,[1]) und man mag, da er sich von Wilfrid die Weihe holte, gern vermuthen, daß er das Buch von Wilfrid selbst zum Geschenke erhalten habe,
welcher bei seinem Hin- und Herreisen zwischen England und Italien reichliche Gelegenheit hatte, sich derartige Handschriften zu verschaffen, und für
ihre Vervielfältigung Sorge trug.

Es ist merkwürdig, daß es an dem angelsächsischen Leben kaum eine
Seite giebt, bei welcher die Forschung nicht Wilfrids Spuren begegnet. Aber
es wäre Unrecht, über ihn andere kaum minder Begabte zu vergessen oder
überhaupt des regen geistigen Lebens nicht zu gedenken, welches sich an den
Kultusstätten der Angelsachsen entfaltete und um so mehr Bewunderung verdient, je wüster, ja barbarischer es außerhalb derselben zuging. Der germanische Genius bemächtigte sich mit unglaublicher Leichtigkeit des ihm von
seinen britischen und römischen Lehrmeistern zugeführten volksfremden Stoffes.

Da war in Deira ein Mann niederen Standes Caedmon, welcher bis
in sein Alter hinein beim fröhlichen Gelage der Genossen eine traurige Rolle
gespielt hatte, weil er, wenn die Zither herumging, nichts zu singen und zu
sagen wußte. Plötzlich, wie durch Offenbarung, kommt die Gabe der Dichtung
über ihn; im Traume besingt er die Schöpfung, und das Lied bleibt ihm
beim Erwachen. Jeder biblische Stoff, der ihm vorgesagt wird — denn er
selbst konnte weder lesen noch schreiben — aber auch nur solcher, setzt sich
ihm von da an in Lieder um: er hat, wie Beda berichtet, auf Veranlassung
der Aebtissin Hilda von Streaneshealch, einer Enkelin König Edwins, welche
den seltenen Mann für ihr Kloster gewann, so nach und nach die ganze

---

1) S. Wattenbach, Geschichtsquellen I, 104.

Genesis, Israel in Aegypten und auf der Wanderung, das Leben Jesu, das große Pfingstfest und die Thaten der Apostel, das jüngste Gericht und die Qualen der Hölle in seiner deutschen Sprache besungen. Jedoch ist von dem Vielen, was Andere aus seinem Munde aufzeichneten, anscheinend gerade nur der Hymnus erhalten, von welchem Beda eine lateinische Uebersetzung in sein Werk aufgenommen hat. Er bezieht sich auf die Schöpfung und lautet hochdeutsch etwa so:

> „Nun soll man hochpreisen des Himmelreiches Wart,
> des Schöpfers Macht und Weisheit,
> die Werke des Glorienvaters, wie er jeglichem Wunder,
> der ewige Herr, Urheber ward.
> Er schuf zunächst den Kindern der Menschen
> den Himmel zum Dache, der heilige Schöpfer;
> die Mittelwohnung des Menschenvolkes Wart,
> der ewige Herr, bildete dann
> den Menschen die Erde, der allmächtige Fürst.“

Ein ausführlicheres erzählendes Gedicht über die Schöpfung wird indessen neuerdings auch wieder Caedmon zugeschrieben und falls er wirklich der Verfasser sein sollte, darf seine poetische Begabung nach Stellen wie den folgenden nicht gering angeschlagen werden:

> „Die Gefilde waren noch,
> das Gras ungrün: der Ocean deckte
> alles weit und breit, die Wogen die dunkeln,
> schwarz in Allmacht. Da ward strahlend in Glorie
> hin übern Holm getragen in hoher Segensfülle
> des Himmelsvaters Geist. Es hieß der Herr der Engel,
> des Lebens Spender Licht vorkommen
> über diese breiten Gründe; alsbald ward erfüllet
> des Hochkönigs Geheiß: ihm ward ein heilig Licht
> über die wüste Schöpfung, wie der Wirker es gebot.“

Und wie lebendig ist aus Anlaß von 1. Mos. 14 eine Schlacht geschildert, mit den einem Angelsachsen dieser kriegerischen Jahrhunderte ganz geläufigen Zügen:

> „Da waren laut die Lanzen; es liefen zusammen
> die Schlachtheere wüthend; der schwarze Rabe,
> der federbethaute Vogel, sang unter Pfeilgeschossen,
> auf Heerleichen hoffend. Die Helden eilten,
> die muthstarken, in mächtig großen Schaaren,
> bis daß die Völkermassen gefahren waren
> zusammen breit von Süden und von Norden,
> die helmbedeckten. Da war hartes Kampfspiel,
> Wechsel der Todesgere, gewaltig Kriegsgeschrei,
> hallenblaues Heerkampftosen. Mit den Händen schwangen
> die Recken aus den Scheiden die ringbunten Schwerter.“[1]

---

1) Da mir Greins „Dichtungen der Angelsachsen“ nicht zugänglich waren, entnehme ich diese Proben aus seinen Uebersetzungen ten Brinks „Geschichte der englischen Literatur“. Bd. I. Berlin 1877.

Caedmon, welcher um 680 gestorben sein mag, ist der erste Vertreter
derjenigen volksmäßigen Dichtung, welche jetzt auch den an sich ihr fremden
geistlichen Stoff nicht mehr verschmähte und — um mancherlei namenlose
Schöpfungen zu übergehen, welche ebensowenig der Kraft des Volksliedes als
der Innigkeit des Gefühls und zum Theil wirklicher poetischer Schönheit
entbehren — im folgenden Jahrhunderte den großen Liedercyklus vom „Christ"
zeitigte, welchen ein fahrender Sänger aus Northumbrien Namens Cynewulf
verfaßte. Zeitlich in der Mitte zwischen Caedmon und Cynewulf steht der
Westsachse Albhelm, welchem als dem Meister anglischer Dichtung König Aelfred
Niemand an die Seite zu stellen wagt, aber er wird denselben Stoff mehr
kunstmäßig behandelt haben. Denn er war ein Schüler des mit dem Erzbischofe Theodor ins Land gekommenen Abtes Hadrian (S. 59), selbst Abt von
Malmesbury, dann Bischof von Shereborne in Wessex, in welcher Würde er
im Jahre 709 starb, — ein sehr gelehrter Herr, welcher das Wissen der
Zeit vollständig beherrschte, wie seine lateinischen Werke beweisen. Sie sind
theils in Prosa abgefaßt, wie das sehr gefeierte Buch über den Ruhm der
Jungfräulichkeit zur Verherrlichung und Vertiefung des klösterlichen Lebens,
theils metrisch, wie das Buch über den Ruhm der Jungfrauen, in welchem
der Verfasser die frühere Darstellung ergänzt und durch die Schilderung der
acht Hauptlaster erweitert, theils aber prosaisch und metrisch zugleich, wie
sein Brief an Acircius, das heißt, an König Albfrid von Northumberland,
welchem er darin die antike Metrik vorträgt und mitten in der gelehrten
Erörterung, gleichsam zur Abwechslung und Erholung, hundert hübsche
Räthsel in Hexametern auftischt. Schwere Gelehrsamkeit, welche mit Namen,
Citaten und Reminiscenzen aus der griechischen und römischen Literatur zu
prunken liebt, hängt allen diesen Werken an und sie wird sich wohl in
noch höherem Grade in den von Beda erwähnten Streitschriften Albhelms
gegen die Briten geltend gemacht haben. Sie war jedoch nicht im Stande
Albhelms ungewöhnliche Formungsgabe zu erdrücken, welcher mit gutem
Grunde von sich sagen durfte, daß er sich sowohl mit dem Helme des
Metrums, als auch mit dem Panzer der Prosa zu decken verstehe. Leider
vermögen wir nicht zu beurtheilen, wie dieser Beherrscher der antiken
Form die Volkssprache gehandhabt hat, in welcher er ja nicht minder
Meister gewesen sein soll. Ihr Einfluß auf ihn ist jedoch darin zu erkennen, daß Albhelm auch in seinen lateinischen Schriften, in seiner Prosa
und noch mehr in seiner Poesie der Alliteration ausgedehnte Verwendung
gewährte und daß er in einem halbhumoristischen rhythmischen Gedichte
über eine stürmische Nachtfahrt, in welchem die Alliteration besonders
stark hervortritt, auch noch je zwei der achtsilbigen Verse durch den Reim
verband.

Das Hauptgewicht ist bei Albhelms literarischer Thätigkeit, so groß auch
sein Wissen sein mag, auf die Form, bei Beda auf den Inhalt zu legen.
Bedas Leben ist ausschließlich das eines Gelehrten. Er selbst erzählt in dem

Schlußworte seines Hauptwerks, der Kirchengeschichte der Angeln,[1] daß er aus dem Küstenlande zwischen den northumbrischen Flüssen Wear und Tyne herstamme und schon mit sieben Jahren von seinen Verwandten dem ersten Abte von Wearmouth Bishop-Benedict zur Erziehung übergeben worden sei, welcher in Italien fast ebenso heimisch war als in England und von jeder seiner zahlreichen Reisen in den Süden eine Fülle von Handschriften und Bildern, aber auch Lehrer und geschickte Handwerker mitzubringen pflegte. Beda selbst scheint später in das Filialkloster Jarrow, südlich von der Tyne-mündung, versetzt worden zu sein. Mit 19 Jahren empfing er die Weihe zum Diakon, mit 30 Jahren die Priesterweihe. Alle Zeit, welche die klöster-liche Tagesordnung übrig ließ, hatte er von jeher dem Lernen, Lehren und Schreiben, das heißt dem Abschreiben gewidmet, aber seit seiner Priesterweihe begann er seine selbständige schriftstellerische Thätigkeit, aus welcher eine fast unübersehbare Fülle von Werken hervorging, welche in ihrer Gesammtheit eine Art Encyclopädie des damaligen Wissens darstellen und zum großen Theile die Lehrbücher der folgenden Jahrhunderte geworden sind. Er selbst stellt in der Aufzählung seiner Schriften die theologischen an die Spitze, wie sie denn auch bei Weitem die zahlreichsten sind; diesen folgen Episteln ge-lehrten Inhalts, die geschichtlichen Werke, dann Dichtungen — nämlich Hymnen in verschiedenem Metrum und Epigramme in Distichen — endlich Lehrbücher über Geographie, Zeitrechnung, Weltgeschichte, Rechtschreibung, Metrik und Stilistik. Bedas poetische Begabung ist, wenn nach dem allein erhaltenen Hymnus (Kirchengeschichte IV, 20) auf die Königin Aethelthryd geurtheilt werden darf, nicht gerade hoch anzuschlagen und er steht darin ebenso weit hinter Aldhelm zurück, wie er diesen in der Klarheit des Ausdrucks über-trifft. Gerade diese befähigte in hohem Maße seine prosaischen Schriften zu dauernder Wirkung und giebt in Verbindung mit seiner verständigen Auf-fassung und seinem Streben nach wahrheitsgetreuer Darstellung namentlich seinen Werken zur Geschichte der Angelsachsen einen unvergänglichen Werth. Hierher gehört die Lebensbeschreibung des Bischofs Cuthbert von Lindisfarne, für welche Beda ein älteres Werk, aber auch noch Erzählungen der Genossen desselben verwerthen konnte; die Lebensbeschreibung Benedicts und seiner Nachfolger in der Abtei von Wearmouth und Jarrow, welche wohl Niemand liebevoller und richtiger schildern konnte als eben Beda, dessen Leben im Verkehre mit ihnen dahingeflossen war, und endlich die für uns kostbarste Frucht seiner Studien, die Kirchengeschichte der Angeln, ohne welche die ganze ältere Vergangenheit Englands fast ein leeres Blatt wäre. Wie sorgsam er bei der Abfassung derselben zu Werke ging, lehrt das Widmungsschreiben an den König Ceolwulf von Northumberland, in welchem er seine Hülfsmittel angiebt. Er hatte zwar sein Kloster kaum je auf längere Zeit verlassen, aber dort Gelegenheit mit kenntnißreichen Leuten zusammenzutreffen, welche ihm

---

1) Vgl. oben S. 17, Anm. 3.

bereitwilligst Alles zugänglich machten, was seinem Zwecke dienlich sein konnte. So besonders der Abt Albinus von Canterbury, ein Schüler Theodors und Hadrians, welcher Beda den Antrieb zu seinem Werke gab und theils Abschriften dortiger Urkunden besorgte, theils durch den Londoner Priester Nothelm, seit 735 Erzbischof von Canterbury, mündliche Auskunft über die Ereignisse jener Landesgegend schickte. Ein anderes Mal brachte dieser Nothelm aus dem päpstlichem Archive Abschriften der auf England bezüglichen Briefe Gregors des Großen mit. Für Wessex konnte Beda die Aufzeichnungen des dortigen Bischofs Daniel, für Mercien die im Kloster Lestingham gesammelten Nachrichten, für Ostangeln schriftliche und mündliche Mittheilungen eines Abtes Esi, für Lincoln die des Bischofs Cynibert benützen. Andere werden als Gewährsmänner im Verlaufe der Erzählung selbst genannt, reichlicher Gebrauch namentlich auch von Eddis Leben des Bischofs Wilfrid und von den Streitschriften gegen die Briten und ihre Osterberechnung gemacht. Eine gleichmäßige Behandlung der verschiedenen Landestheile und der einzelnen Zeitabschnitte darf man trotzdem nicht erwarten: dazu war weder das Beda zur Verfügung stehende Material ausreichend, noch der ganze Plan des Werkes angelegt, welches eben eine Geschichte der Christianisirung der Deutschen in Britannien sein sollte, und es ist natürlich, daß auch in dieser Beschränkung die Darstellung mit Vorliebe bei Northumbrien, dem Heimathlande Bedas, verweilt, über welches sowohl klösterliche Aufzeichnungen als auch mündliche Mittheilungen, wie Beda sagt, „unzähliger Zeugen" und endlich seine eigene Erfahrung reichlichere Auskunft gaben. Beda schließt seine Arbeit mit einer Uebersicht über die im Jahre 731 vorhandenen Bischöfe des Landes. Damals war er 59 Jahre alt: vier Jahre später ist er gestorben, wahrscheinlich in Jarrow, wo er begraben wurde.

Die Beziehungen Bedas lehren, wie sehr die Freude an literarischer Thätigkeit im ganzen Bereiche der Angelsachsen Wurzel gefaßt hatte. Die von ihnen ausgehenden Missionäre nahmen sie in die Fremde mit und ein Mann wie Wynfreth-Bonifatius, welcher in Ausdehnung und Erfolg seiner Missionsarbeit bei den Deutschen des Festlandes alle Vorgänger übertraf, fand doch die Muße, für seine in der Heimath gebliebene Schwester die Tugenden und die Laster in poetischen Räthseln darzustellen oder seine Fertigkeit in den verzwicktesten Verskünsteleien zu beweisen, wie jenes Jahrhundert sie liebte.[1]) Man kann sich aber den brieflichen Verkehr, welcher schon um

---

1) Die Gedichte des Bonifatius sind jetzt mit einigen kleineren angelsächsischen Stücken mustergültig von E. Dümmler herausgegeben in den Poetae latini aevi Carolini I. (Mon. Germ. hist. Poetae lat. medii aevi I.) Berolini 1881. 4°. Dieser Ausgabe ist das auf Seite 76 abgedruckte Gedicht des Bonifatius entnommen, in welchem Akrostichon, Telestichon und die Raute von fetten Buchstaben zwei Mal die Verse ergeben:

Vynfreth priscorum Duddo congesserat artem;
viribus ille iugis iuvavit in arte magistrum.

Uersibus en iuuenis durant et carmina cantu
Ymnos namque dei ymnica dicta uiri
Nisibus eximiis r e nouantis carmina lector
Fulmina namque pius   frangere iudicii
Regmina temporibus   to rquebit torribus et sub
Excelsi fatu omnia saecla   diu
Tuta tenent iusti pariter tum taenia sanctis
Hic dabitur regni   aurea   hacque pii
Per   caeli campos stipabunt pace tribunal
Regnantes laudant limpida regna simul
Inpia perpetuae ut dominentur gaudia uitae
Sordida in terris spernere gesta uiri
Cautum est ut numquam defleant supplicia c a s u
Omnes gentiles   impia   orig o magog
Regmina ut perdant parit er sub tartara t r u s i
Unus nempe deus saecula cuncta s u i s
M irifico absolvens uitalia tradidit amni
Diues in arte sua omnia sancta gradu
Uictor nam Jesus Xristus sicque ordinat actu
Dapsilis in pastis ver nis tua fata dicanda
Deuotis concede tibi cum laudibus id tu
Omni potens genitor fac nos tro in pectore p o n i
Casta suum resonans rec torem ut lingua cantet
O deus in solio iu dex regnator olimpi
N u m i na namque tuum mon s trant per saecula n o m e n
Gentib; inuastis caelebrant et gaudia mira
Edite in terris saluasti secla redemptor
Spiritus aethralem tibi laudem splendidus aptet
Subiciens hominem et perlustrans lumina terrae
Egregium regem gnatum praeconia faustum
Ruricolae iugiter dicant cum carmina clara
Almoque feruens gremio signabat abisag
Totum quo radians constat sapientia iusti
Architenens altor qui sidera clara gubernas
Rurigenae praesta ut certus solamina possit
Tradere per sacras scripturas grammate doctor
Excerptus prisco puerorum indaginis usu
Magna patri et proli cum flamine gratia dicam

•

die Mitte des achten Jahrhunderts zwischen den Angelsachsen auf dem Festlande und denen in England hin= und herging, kaum lebhaft genug vorstellen,
obwohl er hauptsächlich nur durch den Briefwechsel des Bonifatius und seines
Nachfolgers in Mainz, des Lullus, bezeugt wird.¹) Die Freunde hüben und
drüben tauschen fortwährend Nachrichten über ihr körperliches Befinden, Mah=
nungen zu strengerer Kirchenzucht daheim und Freude über den Fortgang der
Missionsarbeit braußen; sie werden nicht müde, sich gegenseitig der Fürbitte
im Gebet zu empfehlen. Die in der Fremde schicken den heimischen Königen
Falken und Waffen, Bischöfen und Aebten wollene und seidene Stoffe und
Bücher, und sie erbitten und empfangen als Gegengeschenke Messer, Glocken,
Paramente, vor Allem aber wieder Bücher, öfters Abschriften von Werken
Bedas. Seinen Höhepunkt erreichte jedoch dieser liebenswürdige und fördernde
Verkehr erst gegen Ende des Jahrhunderts, als aus der Schule von York
Alkuin, der Lehrer der Franken, hervorging.

Die Nachfolger Wilfrids im Bisthume York, aus welchem jener im
Jahre 678 hatte weichen müssen, Bosa, Johannes und Wilfrid II., waren
an sich treffliche und durch kirchliche Eigenschaften ausgezeichnete Männer ge=
wesen, ohne sonst irgendwie eine hervorragende Rolle zu spielen. Anders
wurde es, als Wilfrid II. am 29. April 732 starb. Sein Nachfolger Egbert,
ein Vetter des 729 nach dem Ausgange des alten Herrschergeschlechts von den
Northumbriern zum Könige erhobenen Ceolwulf, verschaffte sich schon 735
von Rom die erzbischöfliche Würde, welche nur Paulinus der Gründer des
Bisthums (S. 47) vorübergehend inne gehabt hatte. Eine weitere Steigerung
seines Ansehens erwuchs ihm im Jahre 737 daraus, daß das Königthum
nach der Abbankung Ceolwulfs seinem eigenen Bruder Eadbert zufiel. Im
besten Einvernehmen haben Erzbischof und König zu einander gehalten, bis
Eadbert 758 gleichfalls ins Kloster ging. 'Dann aber kamen im Gefolge
zahlreicher Thronrevolutionen überaus stürmische Zeiten über Northumbrien.
Wie Erzbischof Egbert, welcher am 24. November 766 starb, sich zu diesen
Umwälzungen verhalten hat, ist nicht ersichtlich: es war schon viel, daß die
Blüthe der von ihm in York begründeten Schule nicht gestört wurde. Er
hatte an ihre Spitze einen Verwandten gestellt, Aelbert, welcher nach der
Schilderung seines begeisterten Schülers Alkuin gleich dem verstorbenen Beda
alle Zweige des damaligen Wissens umfaßte, bearbeitete und lehrte, aber
nicht wie dieser sich mit den Hülfsmitteln begnügte, welche er vorfand oder
welche ihm von Anderen zugetragen wurden, sondern wiederholt hinaus reiste,
um selbst zuzuschauen, was die Fremde an neuen Büchern und Studien zu
bieten vermöchte. Aelbert wurde Egberts Nachfolger im Erzbisthume, voll=
endete den von Wilfrid begonnenen stattlichen Kirchenbau und übertrug, be=

---

1) Bei Jaffé „Bibliotheca rerum Germanicorum" III, 8—315. Die chrono=
logische Anordnung der Briefe des Bonifatius ist sehr bestritten. — Zu spät, um
noch davon Gebrauch machen zu können, geht mir das Buch von H. Hahn zu: „Bonifaz
und Lul. Ihre angelsächsischen Korrespondenten" (Leipzig 1883).

vor er 778 ins Kloster ging, eben an Alkuin die Leitung der Schule und die Aufsicht über seine „lieben Bücherschätze", welche nach der Aufzählung desselben Alles enthielten, „was Rom hervorgebracht, Griechenland den Latinern hinterlassen und das Hebräervolk durch göttliche Offenbarung empfangen hatte". Alkuin blieb jedoch nicht lange an dieser Stelle. Als er im Jahre 781 von Rom, wo er für den Erzbischof Eanbald das Pallium erwirkt hatte, auf der Heimreise begriffen war, machte er die Bekanntschaft des großen Karl, welcher in ihm den rechten Mann erkannte, um Klerus und Große des Frankenreichs aus ihrer geistigen Verkommenheit herauszureißen. Alkuin folgte der Berufung, vielleicht weil die zerrütteten Zustände der Heimath wenig Hoffnung auf eine ruhige und gesegnete Wirksamkeit ließen, und man weiß, wie er die Erwartungen Karls erfüllte und wie seine Stellung am Hofe desselben als sein Berather in Allem, was sich auf Kirche und Schule bezog, und ebenso später nach einem vorübergehenden Besuche der alten Heimath als Abt in Tours der Markstein in der allgemeinen Entwicklung geworden ist, von welchem an die Bildung des Festlands sich wieder in aufsteigender Linie bewegt.[1])

Inbrünstiger Glauben und großes Wissen war also gewiß innerhalb der angelsächsischen Kirche zu Hause und das letztere hatte zur Zeit Alkuins sich schon längst aus den Schulen und Klosterzellen in die Kreise der Weltlichen verbreitet, so daß die dort entstandenen geistlichen und gelehrten Werke auch unter diesen aufmerksame Leser fanden. Nicht ganz selten sind sie Königen gewidmet. Aber diese Ausdehnung der gelehrten römisch=kirchlichen Bildung war keineswegs mit einer Erdrückung des nationalen Geistes und Charakters gleichbedeutend, und wie die Verfassung und das Recht des Volkes sich nicht nur gegen die durch den Klerus vermittelten fremden Einflüsse behauptete, sondern umgekehrt sich den Klerus unterwarf, so sah sich dieser auch in die Nothwendigkeit versetzt, der Volkssprache einen Platz im Gottesdienste einzuräumen. Daß die hauptsächlichsten Gebete, namentlich das Vaterunser, sehr früh ins Angelsächsische übersetzt wurden, ist ebenso selbstverständlich als bezeugt. Doch auch die biblischen Schriften wurden theils durch Uebersetzungen dem Volke zugänglich gemacht, wie es denn schon im Jahre 680 eine Uebersetzung der Evangelien gegeben hat, theils in freier Umdichtung durch Caedmon, Aldhelm, Cynewulf und gewiß viele Andere dem Verständnisse der Laien näher

----

1) Die beste Würdigung der literarischen Leistungen Alkuins findet sich bei Adolf Ebert „Allg. Gesch. der Literatur des Mittelalters im Abendlande" II, 12—36 mit reichen bibliographischen Nachweisen. Alkuins Werke wurden von Froben gesammelt (Ratisponae 1766. 4 fol.) und wieder von Migne „Patrologia" Bd. 100. 101 abgedruckt. Eine gute Ausgabe seiner Briefe enthält Jaffé „Bibliotheca rerum Germanicorum. Vol. VI. Monumenta Alcuiniana" (Berolini 1873. 8°). Seine Gedichte sind seitdem noch von Dümmler a. a. O. S. 160—350 herausgegeben worden. Für uns kommt hier besonders das epische Gedicht de sanctis Euboricensis ecclesiae (d. h. Yorks) in Betracht, im Allgemeinen ein versificirter Beda, aber vom Schlusse Bedas an von selbständigem Werthe.

gebracht und dieser Zweck ward um so leichter erreicht, wenn für solche Um=
dichtungen die Formen des nationalen Epos und der nationalen Lyrik ge=
wählt wurden. Man mag sich wohl denken, daß derartige Hymnen wirklich
in den Kirchen gesungen worden seien, hier und da auch wohl schon von
einer Orgel begleitet, welche bei Aldhelm zuerst erwähnt wird. Auch die
Zahl der uns erhaltenen angelsächsischen Homilien ist sehr groß und viel=
leicht ist nicht einmal die Messe überall in der Sprache der Kirche gehalten
worden.

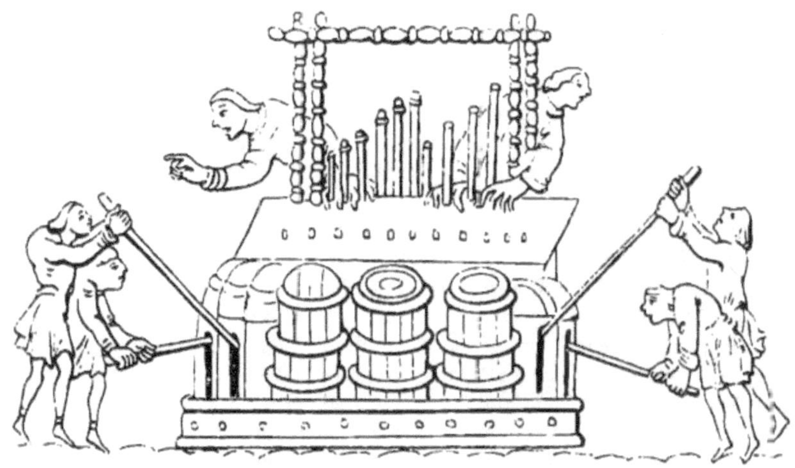

Angelsächsische Orgel.
Miniatur in einer Psalter-Handschrift.
(Cambridge, Trinity-College.)

Daß die Kirche von Amtswegen Entsagung predigte und daß selbst die
volksmäßige geistliche Dichtung die Meister der Entbehrung als verehrungs=
würdige Muster hinstellte, that der germanischen Lebenslust wenig Abbruch
und sogar die Geistlichen, seit dem Anfange des achten Jahrhunderts wohl
fast ausnahmslos aus dem Volke hervorgegangen, konnten und mochten sich
ihr nicht entziehen. Heiterem Genusse ist auch ein Mann wie Bonifatius
nicht feind — er sendet einmal dem Erzbischofe Egbert von York ein Fäßchen
Wein, damit er sich mit seinen Stiftsbrüdern einen guten Tag mache; was
er tadelt, ist die Trunksucht, durch welche seine Landsleute, und zwar die
Geistlichen ebenso sehr als die Laien, sich vor Franken, Langobarden, Römern
und Griechen unvortheilhaft auszeichneten. Als Bischof Wilfrid seinen stolzen
Kirchenbau in Ripon vollendet hatte, wurde zur Feier der Einweihung ein
Gelage gehalten, bei welchem beide Stände drei Tage und drei Nächte lang
im Zechen wetteiferten. Das Concil zu Clovesho im Jahre 747 unterließ
daher mit gutem Grunde, dem Klerus die Theilnahme an Gelagen ganz zu

verbieten, und beschränkte sich auf das Verlangen, daß wenigstens Ueppigkeit und Scurrilitäten vermieden würden. Unter letzteren mögen wohl zunächst die Trink=, Scherz= und Liebeslieder verstanden sein. Denn zum Trinken des Germanen gehört nun einmal auch das Singen, welches Caedmon vor seiner Dichtertaufe so schwer ward, das Hinausschmettern eines vom Augenblicke geborenen Spruches oder Liedes zum Klange der herumgereichten Zither oder das wuchtige Dahinwogen der alten Heldengesänge, in welchen auch noch der alte Mythos, die heidnische Götter= und Heroenwelt sich lange über die Be= kehrung hinaus, unbeschadet aller sonstigen Kirchlichkeit, lebendig erhielt. Die Ahnenreihen der Könige werden nach wie vor mit Götternamen eröffnet. Das Epos vom Beowulf gelangte jetzt erst, um das Jahr 700, zu seinem Ab= schlusse und zu der Gestalt, in welcher es uns überliefert ist, und wenn das, wie sehr wahrscheinlich, durch einen Geistlichen geschah, so war dieser doch durchaus nicht bemüht, den volksthümlich=heidnischen Grundcharakter des Ganzen zu verwischen.¹) Die Sprache aber der bekehrten Angelsachsen hat treuer als die der festländischen Teutschen die Namen der gestürzten Götter in den Namen der Wochentage bewahrt und auf christliche Feste die Bezeichnungen heidnischer Feste übertragen. Die Stätten der alten Götter mochten nach der Vorschrift Gregors des Großen vielfach in den Dienst des neuen Gottes ge= stellt worden sein; an anderen blieb der alte Glaube haften, und obwohl schon König Earconbert von Kent (s. o. S. 54) die Zerstörung der Götzen= bilder bei Strafe befohlen hatte, mußte König Wihträd und der große Rath von Kent ein halbes Jahrhundert später aufs Neue den heidnischen Kultus in Strafe nehmen. „Wenn ein Ehemann ohne Wissen der Frau Teufeln opfert, so habe er alle seine Güter und den Halsfang (einen gewissen Theil seines Wehrgeldes) verwirkt. Wenn beide Teufeln opfern, so sollen sie beide den Halsfang verwirkt haben und alle Güter. Wenn ein Höriger Teufeln opfert, büße er es mit 6 Schillingen oder mit seiner Haut," d. h. mit Geißelung. Die Gesetzgebung hatte bis ins 11. Jahrhundert mit der Ver= ehrung zu kämpfen, welche heiligen Bäumen, Quellen und Steinen oder den Gestirnen erwiesen wurde. Man hatte Zaubersprüche für alle möglichen Zwecke, gegen Hexenstich, Geschwulst und schwere Geburten, den Acker fruchtbar, eine Kräutermedizin wirksam, die Reise glücklich zu machen, und verlaufenes oder gestohlenes Vieh wieder zur Stelle zu bringen. In den meisten suchte man durch Beschwörung Christi, der Jungfrau und der Heiligen zu seinem Zwecke zu gelangen, aber es fehlt auch Wodan nicht. Und so ist denn überhaupt das ganze angelsächsische Leben der ersten christlichen Jahrhunderte noch mit einer beträchtlichen Beimischung von Resten des Heidenthums behaftet. Die

---

1) ten Brink „Gesch. der englischen Literatur" (Berlin 1877) I, 34 ff. Daselbst S. 39 über die Fragmente der Schlacht zu Finnsburg und des Waldere. Beowulf und die Schlacht zu Finnsburg weisen auf den Zusammenhang der anglischen Sage mit der nordischen, der Waldere (Walther von Aquitanien) auf den mit den epischen Stoffen der übrigen deutschen Stämme.

Angelsächsische Urnen von graubraunem Töpferwerk.

1. bei Shropham in Norfolk. 2. bei Frilford, Oxon., gefunden (London, British Museum). 3. Aus einer Gräberstätte im alten Mercia; 16 Centim. hoch.

heidnische Leichenbestattung kam allerdings nicht mehr vor: man hatte sich gewöhnt, die Todten an geweihter Stätte beizusetzen, aber sah darin kein Arg, ihnen wie früher allerlei Geräthe des täglichen Lebens für das Jenseits in das Grab mitzugeben.[1]

Die beste Quelle für das Volksleben der Angelsachsen in der hier behandelten Periode und für die von der Masse des Volkes erreichte Kultur würden die damals geltenden Gesetze sein, wenn diese sämmtlich niedergeschrieben und diese Aufzeichnungen sämmtlich auf uns gekommen wären. Aber weder das Eine noch das Andere ist der Fall.[2] Wir haben aus den Jahrhunderten vor Aelfred nicht mehr als vier derartige Aufzeichnungen, von welchen die älteste, welche nach Bedas Zeugniß bis auf seine eigene Zeit Gültigkeit hatte, den Namen Aethelberts, des ersten christlichen Königs von Kent, trägt und nach ihrer Ueberschrift bei Lebzeiten Augustins, also zwischen 596 und 607, entstanden sein will. Sie ist, ebenso wie die anderen, von von denen hier noch zu reden sein wird, abweichend von den Volksrechten der festländischen Deutschen, nicht in lateinischer, sondern in angelsächsischer Sprache abgefaßt und sie hat, obwohl die sprachlichen Formen durch die Ueberlieferung in einer verhältnißmäßig jungen Handschrift beeinträchtigt worden sein mögen, ihrem Inhalte nach einen entschieden alterthümlichen Charakter, wie denn der Einfluß des Christenthums und der Geistlichkeit sich allein in der erhöhten Buße zeigt, mit welcher Kirchengut geschützt wird.

Schon der geringe Umfang der Gesetze Aethelberts — es sind nur 90 ganz kurze Sätze — verbietet die Annahme, daß hier das gesammte Recht Kents erschöpft worden wäre. Sie wollen in der That nichts Anderes als nur das volksthümliche System der Bußen für Diebstahl, Unzucht, Ehebruch und Körperverletzung, welches durch die doppelte Abstufung nach dem Stande des Schädigers und des Geschädigten äußerst verwickelt geworden war, durch die Schrift für das Gedächtniß der Richter fixiren, und wie diese ältesten uns aus Kent erhaltenen Gesetze sich auf einzelne, allerdings die wohl am meisten vorkommenden Rechtsfragen beschränken, so begnügen sich auch die Gesetze der kentischen Könige Hlother (673—685) und Eadric (685—686) damit, Ergänzungen zu den Satzungen ihrer Vorgänger zu sein, namentlich durch Feststellung der Buße für wörtliche und thätliche Beschimpfungen, und von den zeitlich sich ihnen unmittelbar anschließenden Gesetzen des Königs Wihträd von Kent gilt ganz dasselbe. Auf einem Witenagemote, im Beisein des Erzbischofs von Canterbury und des Bischofs von Rochester, „fanden die Großen mit Aller Zustimmung diese Satzungen und mehrten mit ihnen das Recht der Kenter". Es sind in der Hauptsache wiederum Bußen für einzelne Vergehen, besonders aber, und das ist das Neue, für Vergehen gegen die Gebote und

---

1) Aus Gräbern theils der heidnischen theils der christlichen Zeit stammt der größte Theil der auf den beigegebenen Tafeln abgebildeten Gefäße.   2) Vgl. Reinhold Schmid „Die Gesetze der Angelsachsen. In der Ursprache mit Uebersetzung, Erläuterungen und einem antiquarischen Glossar" (2. Aufl.) Leipzig 1868.

die Rechte der Kirche. Endlich die ungefähr gleichzeitigen Gesetze des Königs Ine von Wessex (688—726) sind zwar viel umfangreicher als jene anderen Aufzeichnungen und sie streifen in bunter Reihenfolge sehr verschiedene Rechtsfragen, gehen ausführlicher aber doch nur auf kirchliche Gebote und Feldpolizei ein.

Das ist nun Alles, was von Rechtsaufzeichnungen aus dem angegebenen Zeitraume auf uns gekommen ist, während doch nicht bezweifelt werden kann, daß auch die übrigen angelsächsischen Königreiche solche gehabt haben werden, und für Mercia es ausdrücklich und gerade durch Aelfred bezeugt ist, welcher sich in seiner Gesetzgebung auf seine Vorgänger in derselben und zwar außer auf Aethelbert und Ine auch auf den großen König Offa von Mercia beruft, von dessen Gesetzen jedoch keine Spur übrig geblieben ist. Die Rechtsverhältnisse der anderen angelsächsischen Staaten außer Kent und Wessex bleiben daher, sofern nicht die Urkunden oder gelegentliche Erwähnungen der Schriftsteller über einzelne Punkte Auskunft geben, in vollständiger Dunkelheit und wir sind rücksichtlich ihrer auf die bloße Muthmaßung beschränkt, daß in ihnen wesentlich dieselben Grundsätze gewaltet haben werden, weil die Wurzeln des Volkslebens überall ziemlich die gleichen waren.

Aber auch das in Kent und Wessex während des siebenten und am Anfange des achten Jahrhunderts geltende Recht ist durch jene Aufzeichnungen keineswegs erschöpft worden, welche ja das gemeinsam haben, daß sie nicht ein geschlossenes System zu überliefern, sondern nur über einzelne Fragen Auskunft zu geben beabsichtigen, über welche entweder Unsicherheit herrschen oder genauere Bestimmung erwünscht sein mochte. Wir erfahren aus ihnen also auch nicht, was in jenen Ländern ohne Weiteres als herkömmlich und nach allgemeiner Uebereinstimmung als Recht galt und im Gerichte gehandhabt wurde, eben deshalb aber auch nicht der Aufzeichnung bedurfte.

Trotz dieser doppelten Beschränkung, rücksichtlich ihres Geltungsbereichs und rücksichtlich ihres Inhalts, bieten die Gesetze der Könige Aethelbert, Hlother, Eadrik und Wihträd von Kent und Ine von Wessex genug des Interessanten. Die Bußen für Körperverletzung — bei Todschlag ist das Wehrgeld des Erschlagenen nach seinem Stande und außerdem eine Buße an den König zu entrichten — sind z. B. in den Gesetzen Aethelberts in folgender Weise normirt (Kap. 32—72. 86. 87.):

„Wenn Jemand den Brustkasten (?) durchsticht, vergelte er es nach seinem
    Werthe.
Wenn das Haupthaar ergriffen wird, 50 Skät[1]) zur Buße.
Wenn ein Knochen blosgelegt wird, 3 Schillinge.
Wenn ein Knochen versehrt wird, 4 Sch.
Wenn die äußere (Schädelplatte) gebrochen wird, 10 Sch.
Wenn es beide sind, 20 Sch.

---

1) In Kent wurden 20 Skät auf 1 Schilling gerechnet, 20 Schillinge auf 1 Pfund.

Wenn die Achsel gelähmt wird, 30 Sch.

Wenn das eine Ohr taub wird, 25 Sch.

Wenn ein Ohr abgeschlagen wird, 12 Sch.

Wenn ein Ohr durchbohrt wird, 3 Sch.

Wenn ein Ohr schartig (?) wird, 6 Sch.

Wenn ein Auge verloren geht, 50 Sch.

Wenn der Mund oder ein Auge verletzt wird, 12 Sch.

Wenn die Nase durchbohrt wird, 9 Sch.

Wenn die Wange durchstochen wird, 3 Sch.

Wenn beide durch sind, 6 Sch.

Wer den Kinnbacken zerschlägt, gelte es mit 20 Sch.

Bei den 4 ersten Zähnen, bei jedem 6 Sch.; der Zahn, der dann zunächst steht, 4 Sch.; der dann bei diesem steht, 3 Sch. und dann weiter jeder Zahn 1 Sch.

Wenn die Sprache leidet, 12 Sch.

Wenn das Schlüsselbein zerbrochen wird, 6 Sch.

Wer den Arm durchsticht, büße es mit 6 Sch. Wenn der Arm zerbrochen wird, mit 6 Sch.

Wenn man den Daumen abschlägt, 20 Sch. Wenn der Nagel des Daumens abgeht, 3 Sch. Wenn man den Zeigefinger abschlägt, 8 Sch. Wenn man den Mittelfinger abschlägt, 4 Sch. Wenn man den Goldfinger abschlägt, 6 Sch. Wenn man den kleinen Finger abschlägt, 11 Sch.

Bei jedem Nagel 1 Sch.

Bei der geringsten Verunstaltung des Gesichts, 3 Sch., und bei einer größeren, 6 Sch.

Wenn man einen Anderen mit der Faust auf die Nase schlägt, 3 Sch.

Wenn es ein Streich ist, 1 Sch. Wenn er durch die rechte Hand einen Streich empfängt, vergelte ihn (der Schlagende) mit 1 Sch.

Wenn der Streich schwarz ist (einen dunkeln Fleck hinterläßt) außerhalb der Kleider, büße man es mit 30 Skät.

Wenn es unter den Kleidern ist, jeden mit 20 Skät.

Wenn der Bauch verwundet wird, 12 Sch. Wenn er durchstochen wird, 20 Sch.

Wenn Jemand in ärztliche Behandlung kommt, 30 Sch.

Wenn Jemand bettwund ist, 3 (? 30) Sch.

Wenn Jemand das Zeugungsglied zerstört, vergelte er es mit 3 Leutgelden; wenn er es durchsticht, 6 Sch. Wenn man hineinsticht, 6 Sch.

Wenn ein Schenkel gebrochen wird, 12 Sch. Wenn er lahm wird, da müssen die Freunde gutachtlich entscheiden.

Wenn eine Rippe zerbrochen wird, 3 Sch.

Wenn man einen Schenkel durchsticht, jeder Stich 6 Sch.; wenn er mehr als einen Zoll beträgt, 1 Sch.; bei zwei Zoll, 2; über drei, 3 Sch.

Wenn die Sehne wund wird, 3 Sch.

Wenn ein Fuß abgeht, 50 Sch.

Wenn die große Zehe abgeht, 10 Sch.

Bei den andern Zehen ein halb mal so viel, als bei den Fingern festgesetzt ist.

Wenn der Nagel von der großen Zehe abgeht, 30 Skät zur Buße; bei jeder andern 10 Skät.

Wenn ein Esne (Knecht) den andern, der ohne Schuld ist, erschlägt, gelte er den ganzen Werth.

Wenn eines Esne Auge oder Fuß aus- oder abgeschlagen wird, gelte man ihn zu seinen ganzem Werthe."

Aus Hlothers und Eadriks Gesetzen mögen hier die auf Ehrenkränkungen gesetzten Strafen Platz finden (11—14):

„Wenn Jemand einen Mann in eines Andern Haus einen Meineibigen nennt oder ihn schimpflich mit Schmähreden belegt, so gelte er 1 Schilling dem, welchem das Haus gehört, und 6 Sch. dem, zu welchem er das Wort sprach, und dem Könige gelte er 12 Sch.

Wenn Jemand einem Andern den Becher wegsetzt, wo Leute schuldlos trinken, gelte er nach altem Brauche dem, welchem das Haus gehört, 1 Sch., und 6 Sch. dem, welchem man den Becher wegsetzte, und dem König 12 Sch.

Wenn Jemand die Waffen zieht, wo Leute trinken und man da nichts Uebles thut, 1 Sch. dem, welchem das Haus gehört und 12 Sch. dem Könige.

Wenn das Haus mit Blut befleckt wird, vergelte man dem Manne seine Mundbyrd[1]) und dem Könige 50 Sch."

Lassen alle diese Einzelbestimmungen an sich es ganz ungewiß, auf welche äußere Lebensverhältnisse sie vornehmlich berechnet waren, so geben doch andere, wie Aethlb. 27. 29: „Wenn ein Freier den Zaun überschreitet, 4 Sch.; wenn er einen Zaunbruch begeht, 6 Sch.," und ebenso die Bußen für den geschlechtlichen Verkehr mit Mägden eines Anderen und Aehnliches einen deutlichen Fingerzeig, daß die Bedürfnisse der ländlichen Bevölkerung die für jene Gesetzgebung maßgebenden waren. Die bäuerliche Wittwe ist in Jn. 38 gemeint, wo es von dem mit einem Kinde hinterbliebenen Weibe eines Ceorls oder Freien heißt: „Die Mutter habe das Kind und nähre es und man gebe ihr 6 Sch. zur Verköstigung, eine Kuh im Sommer und einen Ochsen im Winter. Die Magen (Verwandten des Vaters) sollen den Hof haben, bis das Kind gejähret ist." Das Landvolk allein konnte auch ein Interesse an der Bestimmung Wihtr. 28 haben: „Wenn ein aus der Ferne gekommener Mann oder ein Fremder außer dem Wege — oder wie es bei Jn. 20 genauer heißt: „außer Wegs durch den Wald" — geht und weder ruft noch das Horn blast, so soll er als ein Dieb angesehen und getödtet oder ausgelöst werden;" es sind Vorkehrungen gegen die überaus häufigen Viehdiebstähle. Sehr merkwürdig sind auch die Bußen für Beschädigung des Viehs, Jn. 55. 58. 59:

---

1) Die nach dem Stande verschiedene Buße für die Verletzung des dem Hausbesitzer zustehenden Schutzrechtes.

„Ein Schaf mit seinem Lamm ist ein Schilling werth bis zum 14. Tage
nach Ostern.

Eines Ochsen Horn ist 10 Pfennige werth.[1]

Ein Kuhhorn 2 Pf.

Eines Ochsen Schwanz 1 Sch., einer Kuh 5 Pf.

Eines Ochsen Auge 5 Pf., einer Kuh 1 Sch."

Andere Bestimmungen sind feldpolizeilicher Art (Jn. 40. 42. 49); sie
geben dem Grundeigenthümer das Recht, fremdes Vieh, welches er auf seiner
Weide trifft, zu festen Sätzen zu pfänden, und sie sprechen ihm dieses Recht
ab, wenn er die Einzäunung versäumt hat, und machen ihn gar, wenn er
das Land mit Anderen gemeinsam besitzt, im Falle solcher Versäumniß für
den durch fremdes Vieh angerichteten Schaden selbst haftbar. Endlich mag
hier noch der Bestimmungen zum Schutze des Waldes gegen Holzfrevel und
unerlaubtes Kohlenbrennen gedacht werden (Jn. 43. 44):

„Wenn Jemand einen Baum im Walde verbrennt und es wird offenkundig
von dem, der es that, so gelte er die volle Wette und zahle 60 Schillinge,
weil das Feuer ein Dieb ist."

„Wenn Jemand im Walde mehrere Bäume fällt und es später bekannt wird,
so vergelte er drei Bäume, jeden mit 30 Sch. Er braucht ihrer nicht
mehr zu gelten, es mögen ihrer so viel sein als es wollen, denn die
Axt ist der Anzeiger, nicht der Dieb."[2]

Gegenüber dieser durchgehenden Bezugnahme auf bäuerliche Verhältnisse
ist es kaum auffällig, daß die Bedürfnisse des städtischen Lebens und des
Verkehrs, der nach Allem doch nicht unbedeutend gewesen sein kann, in jenen
Aufzeichnungen so gut wie gar keine Berücksichtigung gefunden haben. Der
letzte Absatz in den Gesetzen Hlothers lautet allerdings:

„Wenn ein Kenter in London Vieh (Gut) kauft, so habe er dann für sich
zwei oder drei redliche Männer zum Zeugniß oder des Königs Wikt-
gerefen. Wenn man es nachher bei dem Manne in Kent in Beschlag
nimmt (als gestohlen), so ziehe er die Gewähr in die Stadt in des
Königs Saal auf den Mann, der es ihm verkaufte, wenn er ihn weiß
und zur Gewähr bringen kann. Wenn er das nicht kann, so erkläre er
am Altar mit einem seiner Zeugen oder mit des Königs Wikgerefen, daß
er das Vieh (Gut) um sein eigen Geld in der Stadt kaufte, und man
gebe ihm dann seinen Preis zurück. Wenn er aber das nicht mit gesetz-
lichem Erweis erklären kann, gebe er es auf und der Eigenthümer greife zu."

---

1) In Wessex wurden 5 Pf. auf 1 Schilling gerechnet. 2) Der Sinn ist wohl:
Der Axtschlag mache so viel Lärm, daß es nur Schuld der Eigenthümer ist, wenn
mehr als 3 Bäume geschlagen werden konnten, ohne daß sie es merkten.

Aber es ist klar, daß auch diese Satzung wiederum dem bäuerlichen Interesse dient und eben nur bezweckt, den bäuerlichen Einkäufer aus Kent dagegen zu sichern, daß ihm die Londoner Händler nicht etwa unrechtmäßig erworbenes Gut aufhängen. Nicht Fürsorge für den kaufmännischen Verkehr, sondern Mißtrauen gegen denselben hat sowohl jene Satzung als auch die Ine's 25 eingegeben:

„Wenn ein Kaufmann draußen unterm Volk handelt, thue er das vor Zeugen" und „Wenn man Diebesgut bei einem Kaufmann mit Beschlag belegt und er es nicht vor Zeugen gekauft hat, so erhärte er, daß er weder Mitwisser noch Stehler war oder er zahle 36 Schillinge zur Wette."

Also überaus ursprüngliche Verhältnisse sind es, welchen jene Gesetze dienen sollen, und Manches muthet uns wohl recht alterthümlich an, wie daß die Verlobung sich noch in der Form eines Brautkaufs vollzieht. Aethelbert verfügt (77), daß die gekaufte Jungfrau zurückzugeben ist, falls bei dem für sie gegebenen Gute sich ein Trug zeigt, und Ine bestimmt (31), daß der Bräutigam, der den Kauf abschließt, aber den bedungenen Kaufpreis nicht zahlt, nicht nur verpflichtet bleiben solle dies zu thun, sondern auch ein Ersatzgeld zahlen und dem Bürgen für den Bruch der Bürgschaft eine Buße entrichten müsse. Aeußerst roh klingt es, wenn nach Aethlb. 82. 83 die gewaltsame Entführung einer Jungfrau damit gut gemacht werden kann, daß der Entführer dem, welchem sie angehörte, außer ihrem Kaufpreise noch 50 Schillinge und ihrem etwaigen Verlobten außerdem 20 Sch. zahlt, oder wenn daselbst 31 als ausreichende Sühne des Ehebruchs angesehen wird, daß der Ehebrecher dem beschimpften Gatten das Wehrgeld der Frau entrichtet und überdies aus seinem eigenen Vermögen ihm „eine andere Frau kauft und heimbringt".

Aber ein Jahrhundert liegt zwischen der Gesetzgebung Aethelberts und der Ine's, das Jahrhundert, in welchem das Christenthum nicht nur in weitere Kreise, sondern auch in tiefere Schichten des angelsächsischen Volks eingedrungen ist, und so ist denn in den Gesetzen des Westsachsen ein Fortschritt einerseits zu feinerer Ausarbeitung der einzelnen Strafbestimmungen und andrerseits zu menschlicheren Anschauungen unverkennbar. Man begnügt sich in ersterer Beziehung nicht mehr damit, einfach die Tödtung des auf der That ertappten Diebes zu gestatten und für den erst nachträglich der That Ueberführten Strafen festzusetzen, sondern man fragt jetzt auch nach seinen Mitwissern, In. 7:

„Wenn einer stiehlt, so daß es seine Frau und seine Kinder nicht wissen, gebe er 60 Sch. zur Wette. Wenn er aber mit Wissen seiner ganzen Familie stiehlt, so sollen sie Alle in die Knechtschaft gehen" —

und es ist dem die feine und zugleich menschliche Bemerkung beigefügt: „Ein Knabe von zehn Wintern kann Mitwisser eines Diebstahls sein," so daß wenigstens die jüngeren Kinder vor dem Schicksale der schuldigen Familie bewahrt bleiben.

Die Selbsthülfe wird auch jetzt nicht geradezu ausgeschlossen, aber in ziemlich enge Grenzen gebannt. Wer sich Genugthuung verschafft, ehe er um sein Recht gebeten, hat nicht nur zu erstatten oder zu ersetzen, was er nahm, sondern auch eine Buße von 50 Schillingen zu zahlen (Jn. 9). Dabei ist vorausgesetzt, daß die Selbsthülfe so zu sagen friedlich verlief. Hat sich aber Jemand dazu mit Anderen zusammengethan, so macht es einen großen Unterschied, ob es mit 7, 35 oder mehr Leuten geschehen ist. Sieben werden noch als Diebe, 35 noch als Räuber angesehen, mehr aber als ein „Heer" und jeder Theilnehmer an solchem kleinen Kriege hat sich mit seinem vollen Wehrgelde auszulösen (Jn. 13. 14. 15), woneben natürlich auch da die Forderung des Ersatzes für den durch die Selbsthülfe Geschädigten bestehen bleibt. Andere Satzungen wollen bei Ehrenkränkungen der vorschnellen Selbsthülfe mit Waffen nachdrücklicher entgegentreten als es in den oben angeführten Bestimmungen Hlothers und Eadriks geschehen ist, und es heißt in diesem Sinne bei Jne 6:

„Wenn Jemand in des Königs Hause ficht, habe er sein ganzes Erbe verwirkt und es stehe in des Königs Belieben, ob er das Leben haben soll oder nicht.
Wenn Jemand in einem mynstre (Kloster) ficht, büße er es mit 120 Schillingen.
Wenn Jemand in dem Hause eines Ealdormans oder eines andern erlauchten Witan ficht, büße er es mit 60 Schillingen und zahle andere 60 Schillinge zur Wette.
Wenn er aber in dem Hause eines Zinsmannes oder eines Bauern ficht, gebe er 30 Schillinge zur Wette und dem Bauern 6 Schillinge. Und wenn auch mitten auf dem Felde gefochten wird, so sollen doch 30 Schillinge zur Wette gezahlt werden.
Wenn sie sich aber beim Biergelage zanken und Einer von ihnen es mit Geduld erträgt, gebe der Andere 30 Schillinge zur Wette."

Der feineren Unterscheidung der Vergehen tritt aber in den Gesetzen Jne's auch ein Zug menschlicheren Empfindens zur Seite. Der Ausländer ist nicht mehr rechtlos, er wird Jn. 23 vielmehr unter den Schutz des Königs gestellt, indem letzterem ein gewisser Theil vom Wehrgelde desselben zugesprochen wird:

„Wenn Jemand einen Ausländer erschlägt, so erhalte der König zwei Theile der Were, den dritten Theil der Sohn oder die Magen. Wenn er aber magenlos ist, halb der König und halb der Gesith (Begleiter des Fremden). Wenn es aber ein Abt ist oder eine Aebtissin, so theilen sie auf dieselbe Weise mit dem Könige."

Auch der „Wealh" oder Brite erhält jetzt bei den Westsachsen — bei den Kentern gab es wohl überhaupt keine angesessenen Briten und es wird deshalb in den dortigen Gesetzen ihrer nicht besonders gedacht — einen Wehrgeldsansatz, welcher allerdings niedriger ist als der für einen Engländer der

gleichen gesellschaftlichen Stufe, ihm aber immerhin einen ausreichenden Rechts=
schutz verbürgt. Bedeutsam endlich für die allmählich milder werdende Sitte
ist der Satz Jn. 11:

„Wenn Jemand seinen eigenen Landsmann, einen Hörigen oder Freien, wenn
    er auch schuldig ist, über See verkauft, vergelte er ihn mit seiner Were,"[1])

und der Zusatz, welcher sich wenigstens in einer der älteren Handschriften
findet, „und er büße es tief vor Gott," er thue Kirchenbuße, berechtigt zu
dem Schlusse, daß gerade die jetzt an der Gesetzgebung betheiligten kirchlichen
Organe ebenso ihren Einfluß zu jener und mancher anderen Milderung ge=
braucht haben, wie sie andrerseits bemüht gewesen sind, diesen Einfluß
durch die weltliche Gesetzgebung zu steigern und die Kirchenzucht durch die
letztere zu stützen.

    Nach den Gesetzen Wihträbs 16 ist nicht nur das Wort des Königs,
sondern auch das des Bischofs unwiderlegbar: der eine bedarf zur Bekräftigung
seiner Aussage so wenig des Eides als der andere. Auch der Vorgesetzte
eines Klosters, der Priester und der Diakonus (Wihtr. 17. 18) kann jede
Anschuldigung widerlegen, wenn er im Ornate am Altar stehend die Worte
spricht: „Ich sage die Wahrheit in Christo, ich lüge nicht." Der einfache
Kleriker braucht freilich Eideshelfer zu seiner Reinigung. — Die Kirchen
haben jetzt Asylrecht (Jn. 5): wer dorthin flüchtet, rettet, falls er sonst todes=
würdig wäre, sein Leben und wer „seine Haut verwirkt hat", dem wird die
Geißelung erlassen.

    Während also die weltlichen Strafen durch den Einfluß der Kirche ab=
geschwächt werden, nimmt diese jene in ziemlichem Umfange in Anspruch,
um ihre besonderen Forderungen durchzusetzen. Wihträb mußte nicht nur die
heidnischen Opfer verbieten (s. o. S. 80), sondern auch, und zwar wahrschein=
lich in Erneuerung des älteren Gesetzes des Königs Earconbert, den Bruch
der Fasten mit Strafe bedrohen, Wihtr. 14. 15:

„Wenn man seinen Hausleuten in den Fasten Fleisch giebt, löse man sie, den
    Freien wie den Hörigen, mit dem Halsfange (einem bestimmten Theil
    ihres Wehrgeldes) aus. Wenn ein Höriger aus eigenem Antriebe ißt,
    büße er es mit 6 Schillingen oder mit seiner Haut."

    Derselbe König, oder vielmehr die Witenagemote seines Landes mit
Einschluß der Bischöfe, ergänzte (3. 4.) die Bestrafung der Unzucht durch die
angedrohte Ausschließung von der Kirchengemeinschaft. König Ine von Wessex
macht die Taufe, deren Versäumen schon das Pönitentiale des Erzbischofs
Theodor für ein schweres kirchliches Vergehen erklärt hatte, auch landrecht=
rechtlich erzwingbar, Jn. 2:

---

1) Das etwa gleichzeitige kentische Gesetz Wihtr. 26 läßt noch bei ertappten Dieben
als Ersatz der Tödtung den Verkauf über See zu.

„Ein Kind werde binnen dreißig Nächten getauft. Wenn es nicht geschieht,
büße man es mit 30 Schillingen. Wenn es aber ohne Taufe stirbt, büße
er (der Vater) es mit Allem, was er hat," —

und er kommt ebenso der Kirche bei der Eintreibung des Kirchenschosses
(ciric-sceat) zu Hülfe, welcher im westsächsischen Reiche zu Martini von „Halm
und Herd" entrichtet werden mußte (Jn. 4). „Wenn das Jemand nicht thut,
sei er 60 Schillinge schuldig und er zahle den Kirchenzins zwölffach," — eine
in der That ganz ungewöhnlich hohe Strafe.

Die Geistlichkeit sorgte also für ihre Standesinteressen, aber sie bewahrte
sich auch, und dies darf nicht übersehen werden, ein menschliches Mitgefühl,
wie im Allgemeinen mit dem Unglücklichen, dessen Strafe sie zu mildern
suchte, so auch mit den an der Gesetzgebung nicht selbst betheiligten Klassen, und
es kann nicht bezweifelt werden, daß auf ihren Einfluß das Gesetz Jne's
zurückgeht, welches zwar in allgemeiner Uebereinstimmung mit Wihträd 9—11
Jedermann die Sonntagsruhe als eine durch Strafen erzwingbare Pflicht
auferlegt, aber darüber noch hinaus dem unfreien Manne auch ein Recht auf
Sonntagsruhe zuspricht. Es heißt Jn. 3:

„Wenn ein Höriger am Sonntage auf seines Herrn Geheiß arbeitet, sei er
frei und der Herr zahle 30 Schillinge zur Wette."

Das war ein goldenes Wort und man möchte nur wünschen, etwas von
seiner Wirksamkeit zu hören, besonders da von einem sittlichenden Einflusse
der Kirche und der von ihr gepflegten Kultur sonst sehr wenig im Leben des
Volks zu spüren ist. Schon Gregor der Große hatte es für zweckmäßig erachtet, nicht auf strenger Durchführung des kanonischen Eherechts und seiner
Beschränkungen zu bestehen und diese sind in der That keineswegs immer beobachtet worden. Krieg ist nach wie vor der Hauptinhalt im Leben der
Völker und die Kriegführung kümmert sich wenig um die Stätten ihrer Verehrung und bleibt durchweg eine barbarische. Kriegsgefangene werden zwar
wohl nicht mehr getödtet; man pflegt sogar ihre Wunden, aber doch nur,
um sie nachher mit größerem Vortheile verkaufen zu können.

Könige und Völker sind stolz auf ihre Rechtgläubigkeit und Kirchlichkeit:
nicht mehr blos die Königssitze und größeren Plätze, sondern auch Dorfgemeinden haben Kirchen, statten sie mit Land aus und unterhalten sie mit
dem Zehnten und dem Kirchenschoß. Die Zahl der Klöster mehrt sich in
unglaublicher Weise. Sie werden reichlichst mit Schenkungen bedacht und
füllen sich mit Söhnen und Töchtern der Vornehmsten, aber sie werden auch
ohne sonderliche Bedenken wieder von Königen und Mächtigen beraubt und
in jeder Weise, durch Einlager, Einmischung in die Abtswahlen und sonst
bedrückt. Man wetteifert dort in übertriebener Ascetik und sucht wo möglich
schon bei Lebzeiten in den Ruf der Heiligkeit zu kommen. Aber es werden
auch schon bittere Klagen über den Verfall der Kirchenzucht laut und wenn
Eifrige aller Zeiten und Völker stets zu solchen allgemeinen Klagen geneigt

sein und Manches schwärzer ansehen mögen, als es verdient ist, so sind doch namentlich in dem Briefwechsel des Bonifatius sehr bestimmte Dinge herbem Tadel unterworfen.

Es wird da gerügt, daß die männlichen und weiblichen Insassen gewisser Klöster sich der Beobachtung strenger Disciplin entschlagen, daß jene schmausen, trinken und schwatzen, diese aber in gefälliger und leichter Kleidung die Blicke der Männer auf sich ziehen. Die Pilgerfahrten nach Rom, im Grunde nur eine kirchliche Einkleidung des alten germanischen Wandertriebes, werden häufig nur deshalb unternommen, um sich für längere Zeit aller Zucht zu entschlagen; sie üben jetzt auch auf Nonnen und Laienschwestern eine mächtige Anziehungskraft aus. Doch klagt Bonifatius, daß nur wenige derselben reinen Herzens zurückkehrten, die meisten unterwegs in den Städten Galliens und Oberitaliens hängen blieben, zur Schmach der ganzen anglischen Kirche. Das Unwesen muß arg genug gewesen sein, da er keine andere Abhülfe weiß, als überhaupt den Frauen die Reise nach Rom zu untersagen.

Licht und Schatten wird der Natur der Ueberlieferung entsprechend bei den Königen am schärfsten hervortreten. Bei den Königen wird es in dieser Zeit geradezu Mode, das Beispiel Ceadwalla's nachzuahmen und als Mönche zu enden, womöglich in Rom. Sebbi von Essex schied sich, den Tod im Herzen, 694 von seiner Gattin, um noch Mönch zu werden, und die ost=anglische Fürstin Aethelthryd trennte sich schon in jungen Jahren von ihrem Manne Ecfrid von Northumbrien, um als Nonne im Kloster Ely zu sterben. Aethelred von Mercia wurde 704 Mönch, sein Nachfolger Coenred zog schon 709 auf die Zeit seines Lebens nach Rom und mit ihm Offa, der König der Ostsachsen. Im Jahre 725 oder 726 folgte ihnen dorthin auch Ine von Wessex. Von den Königen Northumbriens im achten Jahrhunderte sind die wenigen, welche nicht einen gewaltsamen Tod fanden, im Kloster gestorben. Nichts wäre jedoch irriger, als die Meinung, daß solchem devoten Ende immer auch das vorhergegangene Leben entsprochen haben müßte. Obwohl man von den einzelnen Fürsten viel zu wenig weiß, um Charakterbilder der=selben auch nur in den allgemeinsten Zügen entwerfen zu können, das steht fest, daß ihr Lebenslauf, einige wenige vielleicht ausgenommen, durchweg ein stürmischer war, und wir sind im Großen und Ganzen zu der Annahme be=rechtigt, daß die Gewaltthätigkeit der Meisten nicht weit hinter der des Königs Osred von Northumbrien zurückgeblieben sein mag, welche vielleicht nur deshalb greller hervortritt, weil sie namentlich auch den Klerus traf, das heißt diejenigen, welche ja allein Geschichte schrieben.

VII. Die Verfassung der Angelsachsen.[1]

Ueber die Einrichtungen, unter welchen die Sachsen und die mit ihren
bei der Eroberung Britanniens betheiligten Völkerschaften in der deutschen
Heimath gelebt hatten und welche sie demgemäß nach Britannien mitbringen
konnten, haben wir keine direkten Nachrichten. Aber dasjenige, was Beda wahrscheinlich aus Berichten angelsächsischer Missionäre von der politischen Verfassung der Sachsen in Deutschland noch zu seiner Zeit mittheilt, von dem
Mangel eines Königs, von dem Dasein vieler kleiner Fürsten und der Erhebung eines aus ihrer Mitte zum Herzoge bei drohender Kriegsgefahr und
für die Dauer des Krieges, Alles dieses weist doch darauf hin, daß im
Wesentlichen noch diejenigen Zustände fortbestanden, welche Tacitus so zu
sagen als die gemeingermanischen seiner eigenen Zeit hingestellt hatte. Auch
die socialen Verhältnisse des kontinentalen Sachsenvolkes waren trotz der dazwischen liegenden sechs Jahrhunderte so genau dieselben geblieben, daß ein
Schriftsteller des neunten Jahrhunderts, Rudolf von Fulda, in der Translation
des heiligen Alexander, sich zu ihrer Schilderung sogar der Worte des Tacitus
bedienen konnte. Es gab noch immer Adlige, Freie und Liten oder Lazzen —
unter welchem Worte offenbar die verschiedenen Abstufungen der Halbfreien,
Freigelassenen und Hörigen zusammengefaßt wurden —, endlich Knechte, und
die Scheidung dieser Stände wurde aufs Strengste, namentlich durch das
Eheverbot, aufrecht gehalten.

Die Zähigkeit, mit welcher also der sächsische Stamm Jahrhunderte lang
seine ursprünglichen Einrichtungen bewahrt hat, berechtigt zu der Annahme,

---

1) Vgl. namentlich William Stubbs „The constitutional history of England
in its origin and development", von welchem Werke schon drei gewöhnliche Ausgaben und eine library edition (Vol. I. Oxford 1880) erschienen sind und eine
autorisirte deutsche Uebersetzung vorbereitet wird; außerdem: Kemble „The Saxons
in England" 1849, 2 Bde.) — übersetzt von H. B. Chr. Brandes (Leipzig 1853, 2 Bde.);
Freeman „The history of the Norman conquest. Vol. I The preliminary to the
election of Edward the Confessor" (Oxford 1867); Max Büdinger, „Vorlesungen
über englische Verfassungsgeschichte" (Wien 1880), besonders S. 64—94; die verschiedenen Arbeiten Gneist's über englische Verfassung und Verwaltung und zuletzt seine
„Englische Verfassungsgeschichte" (Berlin 1882). Geffcken „Die angelsächsische Herrschaft in England" (Heidelberg 1881) ist nur ein knapper Auszug aus den bezüglichen
Abschnitten des Werkes von Stubbs

daß die Sachsen und ebenso wohl auch die Angeln und Jüten bei ihrer Auswanderung noch wesentlich in denselben Verhältnissen lebten, unter welchen Tacitus die Germanen seiner Zeit darstellen konnte. Der Umstand ferner, daß sie bei dem Uebergange von Raubfahrten zur allmählichen Niederlassung in Britannien Gebiete vor sich hatten, welche schon längst verwüstet und gewiß zum größten Theile stark entvölkert waren und in denen sie zu dem Reste der Bevölkerung in den denkbar feindseligsten Gegensatz traten, gab den Eroberern die Möglichkeit, dorthin die heimischen Einrichtungen, sobald sich ihnen die Nothwendigkeit bürgerlicher und politischer Ordnung aufdrängte, mit einer Treue zu übertragen, welche nur in einzelnen Beziehungen durch den fortdauernden Kriegszustand und die sich aus demselben ergebenden Folgerungen beeinträchtigt wurde. Die angelsächsischen Einrichtungen haben deshalb ihren Werth nicht blos darin, daß sie das Fundament geworden sind, auf welchem das englische Staatswesen sich aufbaute, sondern noch einen besonderen für uns Deutsche, weil sie die Zustände unserer eigenen Heimath für mehrere Jahrhunderte beleuchten, über welche sonst wenig genug überliefert ist. Nur daß die Entwicklung dort schneller vor sich ging als hier. Im achten Jahrhunderte, als es sich im inneren Deutschland noch um die Einführung der abendländischen Kultur und des Christenthums und um die Begründung einer wirklichen Staatsordnung handelte, war auf der Insel Beides schon seit langer Zeit gesichert. Ein festes bürgerliches und politisches System hatte sich dort eingelebt, aber ein System, dessen germanischer Charakter sogar kaum von der römischen Kirchenordnung berührt worden war.

Wegen der ausführlichen Erörterung, welche die heimathlichen Rechtsanschauungen und Einrichtungen der Sachsen und Angeln in der Urgeschichte der germanischen Völker gefunden haben, braucht hier nicht weiter bei dem verweilt zu werden, was Alles die Ansiedler in ihre neue Heimath übertragen haben könnten. Die Thatsache der Ansiedlung einerseits und andrerseits die beglaubigte Abneigung der Sachsen gegen die Vermischung mit fremdem Blute würden schon von selbst zu dem Schlusse führen, daß nicht blos Krieger, sondern auch Frauen und ganze Familien über das Meer kamen. Rücksichtlich der Jüten wird dies durch die Legende von Hengist's Tochter, rücksichtlich der Angeln durch die Nachricht von ihrem fast vollständigen Auszuge unterstützt, und wenn die Sachsen sich bekanntlich nicht in solcher Ausdehnung auf die Wanderung machten, so erfolgte letztere doch auch bei ihnen nach ganzen Familien und Sippen. Denn es gilt ebenso für sie wie für die anderen Elemente der Wanderung, daß die Namen der neugegründeten Ansiedelungen die Namen der gründenden Geschlechter selbst tragen. Das Band der Verwandtschaft löste sich also nicht durch die Wanderung, und die Pflichten, welche sie nach allgemein germanischer Anschauung auflegte, werden durch die unter sehr schwierigen Verhältnissen erfolgende Niederlassung eher verstärkt als abgeschwächt worden sein, wie sie denn auch in den späteren angelsächsischen Gesetzen durchaus zu Rechte bestehen.

Die Verwandtschaft (maegth) hat die Pflicht ihren Gliedern Schutz und Rechtshülfe zu gewähren, aber auch sie zum Rechte gegenüber Anderen anzuhalten; sie schirmt das Erbgut des Einzelnen, aber sie legt ihm auch in der Verfügung über dasselbe gewisse Schranken auf. Erst ein Gesetz des Königs Athelstan (924—940), durch welches jedem Landlosen befohlen wird, sich einen Herrn zu wählen, der sein Erscheinen vor Gericht verbürgt, scheint ein Zeugniß zu sein, daß in Folge der Verschiebung der Besitzverhältnisse die Bande der Verwandtschaft sich gelockert hatten und eines künstlichen Ersatzes beburften, welcher im Laufe desselben Jahrhunderts von den Landlosen sogar auf die besitzlichen Freien ausgedehnt wurde.[1]

Alle Stände waren an der Wanderung betheiligt. Der uralte Volksadel, welcher seinen Ursprung von den Göttern herleitete, lieferte den einzelnen Zügen die Anführer und nach dem Gelingen der Ansiedlung die Fürsten; die Freien bildeten natürlich die Masse; Hörige und Knechte sind selbstverständlich ebensowenig zu Hause gelassen worden wie die übrige Habe. So wiederholte sich die ständische Gliederung der Heimath auf dem Boden der Kolonie: der Eorl, Ceorl und Laete, welche in den ältesten uns erhaltenen Gesetzen, in denen Aethelberts von Kent, vorkommen, entsprechen genau der auch im Sachsenlande des neunten Jahrhunderts noch gebräuchlichen Abstufung der Geburtsstände in Ethelinge, Frilinge und Lazzen.

Manches wird allerdings unter den neuen Verhältnissen auch eine neue Färbung bekommen haben. Wenn zum Beispiele die erste Besitznahme des Bodens wirklich noch nach altgermanischer Art zum Gemeinbesitze erfolgt sein sollte, so ist dieser jedenfalls rasch durch das Privateigenthum am Grund und Boden verdrängt worden. Ebensowenig ist in geschichtlicher Zeit eine Gleichheit des Grundeigenthums vorhanden und schon bei der ursprünglichen Zumessung des Landes scheinen namentlich die Standesunterschiede Berücksichtigung gefunden zu haben. Wenn die Einzelnen innerhalb ihres Standes ein gleich großes Loos vom Acker und gleiches Nutzungsrecht an Weide und Wald erhielten, so empfing der Laete doch nur einen Theil, der Edle aber ein Vielfaches vom Antheil oder der Hufe (hide) des gewöhnlichen Freien. Diese wie gesagt sehr früh zu freiem Eigenthum, zu ethel oder Allot des Einzelnen gewordenen Loose haben obendrein im Laufe der Zeit und auf ganz natürlichem Wege mannichfaltige Veränderungen erfahren; sie wurden kleiner durch Theilungen oder Veräußerungen oder sie erweiterten sich durch

---

1) Durch Edgar (957—975), welcher verordnete, daß überhaupt Jeder einen Rechtsbürgen zu stellen habe. Knut bestimmte die Vertheilung aller Freien in Hundertschaften und Zehentschaften, wohl um sie für das Gericht und den öffentlichen Dienst desto leichter faßbar zu machen, und nach den sogenannten Gesetzen Edwards, welche aber wohl erst im 12. Jahrhundert redigirt sind, sollen Alle sich zu Gesellschaften von je Zehn (frithborh im Süden, tenmentale im Norden) vereinigen, welche unter ihrem Vorsteher (borhseuldor oder frithborghead) das Erscheinen des Einzelnen vor Gericht oder den Ersatz des von ihm angerichteten Schadens verbürgen.

Erbschaft und Zutheilung aus dem noch übrigen Gemeinlande und sie wurden so zu dem sehr ungleich vertheilten bocland, auf welches der Eigenthümer sein Recht durch ein bestimmtes Zeugniß, Urkunde oder boc erweisen konnte.

Diese Ungleichheit des Besitzes beeinflußte nun auch das Verhältniß der Geburtsstände zu einander. Freilich nicht das des Freien zum Unfreien. Alle Klassen der Sklaven (theow) — die einen waren schon als ein Stück der Habe vom Hause mitgebracht, die anderen waren in Schuldknechtschaft verfallene Volksgenossen und wieder andere unterjochte Briten (wealas) — entbehrten aller gesetzlichen Rechte außer dem auf ausreichende Nahrung und in christlicher Zeit auch auf Sonntagsruhe, und sie vererbten ihre Unfreiheit in alle Ewigkeit auf ihre Nachkommenschaft, wenn nicht die Gnade des Herrn sie freiließ oder die mildere Sitte späterer Jahrhunderte ihnen den Freikauf gestattete. Aber unter den Freien selbst, welche Fülle von Abstufung in der gesellschaftlichen Geltung! Der Freie, welcher aus irgend einem Grunde kein Land mehr hat, wird sich in der älteren Zeit aus praktischen Rücksichten von selbst und muß sich später gesetzlich einen Patron (hlaford = Lord) wählen, welcher für ihn gegenüber der Gemeinde und Anderen verantwortlich ist, aber er findet vielleicht neben sich in demselben persönlichen Abhängigkeitsverhältnisse einen besitzlichen Freien oder gar einen Edlen, der ebenso aus irgend einem Grunde des Schutzes bedarf. Freie und Edle haben als solche ein Wehrgeld, welches durch ihre Geburt bestimmt ist, und wenn auch nicht in allen, so doch in den meisten der angelsächsischen Königreiche nach einem festen Verhältnisse bemessen wird, in welchem das Wehrgeld des einfachen Freien mit 200 Schilling die Einheit und das des Erzbischofs oder Königs mit 7200 Schilling die höchste Stufe bildet. Aber auch der ceorl kann durch den Erwerb von fünf Hufen, in späteren Zeiten auch der städtische Kaufmann durch drei überseeische Reisen zur Geltung des durch Königsdienst Geadelten, des thegn oder than mit 1200 Schilling, der thegn als Besitzer von mindestens 40 Hufen zur Geltung des eorl mit 2400 Schilling emporsteigen. Der Unterschied im Landbesitze einerseits und der königliche Dienst andrerseits kreuzt sich mit dem Unterschiede des Geburtsstandes und vermag diesen selbst bis zu einem gewissen Grade auszugleichen. Grundlage für das Recht in Gemeinde und Staat ist jedoch offenbar, so lange die ursprüngliche Volksfreiheit bestand und vor dem Aufkommen des Königthums, nichts anderes gewesen als die mit Landbesitz verbundene Vollfreiheit.

Es ist streitig, ob die Markgenossenschaft, jene eigenthümliche wohl durch die ursprünglich verwandtschaftliche Niederlassung bedingte Association der festländischen Germanen zu gemeinsamer geregelter Nutzung des gemeinsam occupirten Bodens, auch in England bestanden hat. Einzelne Spuren, wie die bis in die späteste Zeit fortdauernde Befugniß der Gemeindeglieder über die Benutzung des Gemeindelandes selbständig zu beschließen, weisen auch hier auf sie hin, aber sie reichen nicht aus, um die Mark zur Grundlage der ganzen angelsächsischen Verfassung zu machen,[1]) und dies wird um so weniger statthaft sein, weil sie auch in Deutschland niemals die unterste Einheit der politischen Verfassung gewesen ist.

Als solche erscheint vielmehr die Dorfgemeinde: tunscipe, township oder in den nördlichen Grafschaften by, welche als eine Unterabtheilung der Hundertschaft, ohne darum gerade immer den zehnten Theil derselben auszumachen, in den westsächsischen Gebieten auch die Zehent heißt. Sie ist die Gesammtheit der ursprünglich wohl durch Verwandtschaft zusammengehaltenen Freien einer örtlichen Niederlassung und sie stellt die unterste Stufe staatlicher Ordnung dar, indem jene in ihrer Versammlung (gemot) sich einerseits selbst Satzungen (bylaws) geben und durch polizeilichen Zwang aufrechthalten, andererseits die Verfügungen der höheren Stufen ausführen, Leistungen auf sich umlegen und Verbrechern nachspüren. Und nicht anders geht es in den Dorfschaften zu, welche bei Steigerung der Ungleichheit im Grundbesitze auf dem Lande eines größeren Grundherren entstehen oder von ihm sonst in Abhängigkeit gebracht werden, nur mit dem Unterschiede, daß hier der Vorsteher (tun-gerefa) vom Herrn ernannt wird, während er dort ohne Zweifel von der Dorfgemeinde selbst erwählt wurde.

Von der Dorfschaft ist wenigstens in verfassungsrechtlicher Hinsicht die Stadt oder burh nicht zu trennen. Solche befestigte Plätze werden schon in sehr früher Zeit genannt und waren sehr verschiedenen Ursprungs. Während die einen als Fortsetzung der alten mehr oder minder veröbeten römischen und britischen Städte (s. o. S. 37) erscheinen, in welche die deutschen Eroberer zunächst wohl nur zur Vertheidigung hineinzogen, mögen die anderen aus befestigten Lagern hervorgegangen und wieder andere später an den gewöhnlichen Sitzen der Fürsten und Könige und, als das Christenthum Eingang fand, bei besonders angesehenen Klöstern entstanden sein, während allerdings die Bischöfe, vor Allem die der römischen Kirche, ihren Sitz umgekehrt in schon bestehenden Städten zu nehmen pflegten. Der verschiedene Ursprung aber bedingte insofern auch die Verfassung der burh, als sie, je nachdem diese auf freiem oder abhängigem Lande lag oder entstanden war, der der freien oder abhängigen Dorfschaft entsprach. Die burh hatte übrigens wie solche ihr Gemeindeland und ihre Gemeindeversammlung und ohne Zweifel auch ein gewähltes Gemeindehaupt, obwohl wir in historischer Zeit an ihrer Spitze nur einen, je nachdem vom Könige oder Grundherrn eingesetzten Gerefa finden, der auch hier schlechtweg tungerefa heißt, in anderen Fällen wicgerefa oder in wichtigen Hafenplätzen, wie zum Beispiel in London, der portgerefa. Größere Städte umfaßten auch wohl mehrere Gemeinden, freie und herrschaftliche neben einander, wie es bei London, Chester und York der Fall war, oder gar so viele, daß sie in ihrer Gesammtheit, wie

---

1) Wie es bei Kemble geschehen ist.

z. B. Canterbury und Cambridge, geradezu als Hundertschaft behandelt wurden.

Die Hundertschaft ist nämlich die nächste Stufe der Volksorganisation, eine gewisse Summe von Dorfgemeinden oder townships, welche im Süden Englands eben den altgermanischen Namen Hundertschaft (hundred) trug, in den mittleren Grafschaften wapentake und im Norden ward hieß. Obwohl nun diese Bezeichnungen erst etwa seit der Mitte des 10. Jahrhunderts wirklich nachweisbar sind und die Verbreitung des anscheinend aus Skandinavien stammenden wapentake vielleicht erst mit den dänischen Ansiedlungen in den genannten Grafschaften zusammenhängt — wofür der Umstand spricht, daß es in Lincoln, Derby und Rutland neben wapentakes auch Hundertschaften gab —, haben wir alle Ursache, die Sache selbst, den Ursprung der Hundertschaft in die früheste Zeit der Ansiedlung zu verlegen, eben weil sie durchaus allgemein germanischen Charakters ist, hervorgegangen aus dem Bedürfnisse, für Wehrzwecke zu annähernd gleichen Contingenten im Volksheere zu gelangen, wie es der Fall sein mußte, wenn jede Hufe einen Mann zu stellen hatte und 100 Hufen oder annähernd soviel eine hundred ausmachten. Eine andere Frage aber ist die, ob die Gemeinde älter sei als die Hundertschaft oder diese älter als jene, mit anderen Worten, ob etwa die Hundertschaft erst in Gemeinden getheilt oder umgekehrt ursprünglich autonome Gemeinden zu solchen größeren Einheiten sich vereinigt haben. Nur Vermuthungen sind hier möglich und die meiste Wahrscheinlichkeit dürfte die für sich haben, daß je nach den Umständen bald der eine bald der andere Vorgang sich vollzog. Wo von Vornherein größere Massen der Eroberer gleichzeitig zur Ansiedlung gelangten, wird eben auch sogleich die höhere Einheit ins Leben getreten sein, während bei vereinzelten kleineren Ansiedlungen die äußere Zweckmäßigkeit gewiß sehr bald ihren Zusammenschluß unter einer Form empfahl, welche ja von der Heimath her bekannt war. Wenn aber dort die Hundertschaft wirklich je gerade eine Summe von 100 oder 120 Hufen dargestellt haben sollte, auf dem neuen Boden hat man sich schwerlich ängstlich an dieses Maß gehalten, vielleicht nicht einmal halten können, obwohl es immerhin annähernd beobachtet worden sein dürfte. Für eine ungefähre Berücksichtigung des im Namen gegebenen Maßes von Hufen spricht namentlich die große Ungleichheit in der räumlichen Ausdehnung der einzelnen Hundertschaften, welche an der Küste durchschnittlich sehr klein sind, gegen das Innere hin jedoch unverhältnißmäßig größer werden und im schwach bevölkerten Norden ganze große Landstriche umfassen. Gemeinschaftliche Landung und das Bedürfniß gegenseitigen Beistandes führten dort die Ankömmlinge von selbst zu engerem Beisammenwohnen und das ungefähre Maß einer Hundertschaft wurde so bei den ersten Ansiedlungen an der Küste schon auf kleinerem Raume erreicht, während bei den späteren Eroberungen, als größere Striche gewonnen worden waren, der Nachschub sich weiter vertheilte, also erst auf einem größeren Raume so viele Hufenbesitzer saßen, daß sie als Hundertschaft gelten konnten.[1]) Uebrigens mag dieser Unterschied auch damit zusammenhängen, daß die Küsten, besonders im Süden und Südosten, ja schon im Alterthume dichter bewohnt waren; die Ankömmlinge aber werden ohne Zweifel, wo sie irgend konnten, in erster Linie die Höfe und das Kulturland der früheren Bewohner für sich genommen haben.

Was zur Hundertschaft gehörte, versammelte sich zu gewissen Zeiten, später alle Monate, an fest bestimmten Plätzen, von welchen vielfach die Hundertschaft selbst ihren Namen bekam, unter hochragenden Bäumen, an heiligen Quellen oder auf Hügeln, später auch wohl in dem bedeutendsten oder bequemsten Orte, und zwar wird es ursprünglich wie das Recht so die Pflicht aller Freien gewesen sein, sich hier einzustellen und im hundredesgemot zum gemeinen Besten mitzuwirken. Wie indessen auf dem Kontinente das Bedürfniß, auf die Anwesenheit einer gewissen Zahl schon um des Gerichts willen stets mit Sicherheit rechnen zu können, zur Bestellung der Schöffen als eines die Gesammtheit vertretenden Ausschusses führte, so geht auch in der angelsächsischen Hundertschaft die Rechtspflege schließlich auf zwölf Männer über, welche an die Stelle des alten Volksgerichts treten. Diese Wandlung gehört jedoch erst viel jüngeren Jahrhunderten an und wenn sie im fränkischen Reiche auf eine Anordnung Karls des Großen zurückzuführen ist, liegt die Annahme nahe, daß sie auf englischem Boden nicht weit hinter die Zeit Aethelreds zurückreicht, in welcher sie zuerst nachweisbar ist. Die größere Versammlung mochte neben jenem Ausschusse zur Erledigung der übrigen Angelegenheiten der Hundertschaft ganz wohl fortbestehen. In normännischer Zeit waren der gerefa oder reeve und je vier gute Männer jeder Gemeinde verpflichtet, die Grundherren oder ihre Verwalter und die Pfarrer jedenfalls berechtigt, an der Versammlung theilzunehmen.

Diese handelt ursprünglich ganz autonom. Sie entscheidet alle Streitfälle ohne Ausnahme und zwar endgültig, so daß selbst noch unter ganz anderen Verhältnissen kein Kläger an eine höhere Instanz gehen durfte, außer wenn ihm etwa dort Recht verweigert worden war. Sie verkündet für sich den zu ihrem eigenen Schutze bestimmten Frieden und zieht sowohl die Strafe für die Uebertretung desselben als auch die übrigen Gerichtsgefälle ein. Sie wählt ihre Beamten, den hundreds-ealdor, welcher den Vorsitz in der Versammlung und wahrscheinlich auch in jenen Gerichtsausschüssen führt, und den hundredsman, welcher von den Dorfvorstehern unterstützt die Ausführung der Urtheile besorgt und polizeiliche Vorkehrungen trifft. Uebrigens gab es Nichts, was die Hundertschaft nicht in den Kreis ihrer

----

Berathung hätte ziehen können, wenigstens zur Vorbereitung für die Be=
schlußfassung an anderer Stelle.

Die Geschichte späterer Jahrhunderte kennt als die nächst höhere Einheit
über den Hundertschaften die scire ober shire. Der Namen kommt nicht vor der
Zeit Aelfreds vor, aber in sehr vielen Fällen scheinen die Shires den kleinen
nationalen Staatenbildungen entsprochen zu haben, zu welcher die ursprüng=
lichen Ansieblungen und ihre Vereinigungen in den Hundertschaften sich zu=
sammengeschlossen hatten, freilich in einer Zeit und in einer Weise, welche
jetzt nicht mehr nachweisbar ist. Die Shires Norfolk und Suffolk sind die
beiden kleinen bald getrennten bald vereinigten Königreiche der Ostangeln,
Essex war für sich allein ein sächsisches Königreich und Middlesex wenigstens
zeitweise. Lincolnshire, Mittelangeln, Südangeln und das Land der Hwycca
waren besondere Staaten gewesen, bevor die Könige von Mercia sie sich
unterwarfen, und ebenso werden auch die Dorsaeten, Somersaeten und Wilt=
saeten politische Körper gewesen sein, ehe Cerdic und seine Nachfolger sie
zum westsächsischen Königreiche zusammenschweißten und Hampshire, Devonshire
u. a. hinzufügten. Andere und wohl die meisten der heutigen Shires sind
jedoch viel jüngeren Datums, das Werk künstlicher Eintheilung, bei welcher
indessen jene urwüchsigen Bildungen einigermaßen leitend gewesen zu sein
scheinen.

Wenn nun die Aufgabe der Gemeinde hauptsächlich eine social=wirth=
schaftliche und die der Hundertschaft hauptsächlich eine richterliche war, so
war die der Shire — um diesen jüngeren Namen für etwas beizubehalten,
was seinem Wesen nach nicht weit von den Anfängen der Ansiedlung ent=
fernt gewesen sein kann — in der Hauptsache eine politische.

Ihre Versammlung ist schlechtweg die Volksversammlung, das folkesmot,
also die Gesammtheit der Freien aller Hundertschaften, welche an dieser
embryonalen Staatenbildung betheiligt waren. Wie aber die Hundertschaft
sich im Laufe der Zeit mit einer Vertretung durch den Gerichtsausschuß
begnügte, so bekam auch das folkmot allmählich einen repräsentativen
Charakter, indem es sich seinerseits ebenfalls zu einer Versammlung dieser
Ausschüsse der Hundertschaften verengte. Die gerichtlichen Funktionen des
folkmot sind unbedeutend; es tritt, wie gesagt, nur in den gewiß seltenen
Fällen ein, in welchen die ordentliche Gerichtsstelle, nämlich die Hundert=
schaft, Recht zu schaffen verweigert hatte. Dagegen muß es als politische
Körperschaft vor Allem die Befugniß gehabt haben, Beschlüsse von allge=
mein bindender Kraft zu fassen, über Aenderungen des Volksrechts, über
Krieg und Frieden und über die Dienste, welche jeder Eingesessene der Ge=
sammtheit, dem „folk", zu leisten hatte und welche hauptsächlich in der
„trinoda necessitas", nämlich dem Heerbienste, in der Ausbesserung der
Brücken und in der Erhaltung der Landwehren bestanden. Hier muß ferner
die Entscheidung über das „folkland", das heißt den noch nicht in Gemeinde=
besitz und Privateigenthum übergegangenen Grund und Boden des eroberten

Landes, gelegen haben und hier muß endlich der Volksbeamte oder Fürst, der „ealdorman", gewählt worden sein, welcher die Versammlungen berief und leitete, die Ausführung ihrer Beschlüsse überwachte und ihre Mann= schaften im Kriege befehligte.

Die Schwierigkeiten der angelsächsischen Verfassungsgeschichte, welche viel= fach nur durch Schlüsse aus späteren Zuständen auf frühere aufgehellt werden kann, werden noch ganz beträchtlich dadurch vermehrt, daß gewisse Worte von allgemeiner Bedeutung für mehrere Verhältnisse verwendet worden sind. Wie gerefa den Beamten auf den verschiedensten Stufen bezeichnet, so daß aus dem Worte selbst noch nichts Bestimmteres über die Stellung entnommen werden kann; wie scire überhaupt nur eine Abtheilung und daher zur Be= nennung von Räumlichkeiten des verschiedensten Umfangs und des verschie= densten Zweckes, auch der bischöflichen Sprengel, dienen kann, so ist ealdor oder ealdorman an sich ein Vorsteher beliebiger Lebenskreise. Dazu kommt, daß das Institut des Shire=Ealdormans unter wechselnden Verhältnissen fortbestand und demgemäß nothwendig selbst manche Wandlung durchgemacht hat. Ursprünglich der Führer eines einzigen Gaues oder Shire konnte er durch kriegerische Erfolge seine Stellung auch über die Nachbargaue aus= dehnen und schließlich König eines mehr oder minder großen Reiches werden — ein Vorgang, welcher besonders bei Wessex und Mercia deutlich genug ist (S. 34). Oder umgekehrt. Ursprünglich das gewählte Oberhaupt eines zwar kleinen, aber selbständigen Staatskörpers und als solcher sehr wohl dem altgermanischen princeps zu vergleichen,[1]) ist er vielfach, wenn sein kleiner Staat von einem mächtigeren Nachbar überwältigt wurde, als dessen Unterkönig (subregulus) an seiner Stelle geblieben und er scheint bei solchem Wechsel nicht selten für die Unabhängigkeit die Erblichkeit seiner Würde eingetauscht zu haben. Dreißig derartige Unterkönige (duces regii) leisteten z. B. Penda von Mercia im Jahre 655 Heeresfolge gegen Oswiu von Bernicia (S. 52), ohne Zweifel eben die Fürsten der früher unabhängigen Gaue oder schon kleine Könige, welche ihre Selbständigkeit nicht gegen Penda zu behaupten vermocht hatten.

Die Frage nach der ursprünglichen Bedeutung des Ealdorman hängt mit der anderen nach dem Aufkommen des Königthums zusammen, welches ja der sächsischen Heimath vollkommen fremd war und blieb. Freilich, wie sich in jedem einzelnen Falle die Erhebung zum Könige gemacht hat — denn darauf werden wir keinen Werth legen dürfen, daß die Ueberlieferung schon die Führer bei der ersten Ansiedlung Könige nennt —, das wissen wir durchaus nicht. Aber hoher Adel, die Abstammung von den Göttern, ist auch hier wie bei anderen deutschen Stämmen das eine Erforderniß zum Königthume, kriegerische Tüchtigkeit und kriegerischer Erfolg muß das andere

---

1) Wo bei Beda princeps steht, setzt Aelfred ealdorman und umgekehrt wird in lateinischen Urkunden ealdorman oft durch princeps wiedergegeben.

gewesen sein, und die Veranlassung abgegeben haben, dem gewählten Fürsten einen Anspruch auf die gleiche Stellung auch für seine Nachkommen oder sein ganzes Geschlecht zu verleihen. Die Erhebung Ida's zum Könige von Nor= thumbrien (s. o. S. 35), zu welcher die Häuptlinge der bisher dort gesondert bestehenden anglischen Niederlassungen sich vereinigten, giebt einen deutlichen Fingerzeig auch wohl für andere Fälle, in welchen verwandte Gaue um ihrer Selbsterhaltung willen auf ihre Unabhängigkeit verzichteten und die einzelnen Ealdormen sich freiwillig einem aus ihrer Mitte untergeordnet haben mögen. Der regelmäßige Weg zum Königthum scheint aber aller= dings die Gewalt, das Recht des Stärkeren gewesen zu sein.

Das Königthum der Angelsachsen ist jedoch nicht nur in räumlicher Beziehung der Ealdormanschaft überlegen, sondern auch in der Ausdehnung seiner Befugnisse zu einer sämmtliche Seiten des staatlichen Lebens um= fassenden obersten Gewalt, obwohl diese weniger durch förmliche Uebertragung als durch die Praxis und vor Allem durch die Vererbung der Stellung in einer und derselben Familie herbeigeführt worden sein mag. Den Königen der Gründungszeit sind in der Ueberlieferung gleich ihre Söhne als Ge= nossen der Würde beigegeben. Das einmal zum Königthum gelangte Ge= schlecht bekam ein Recht auf dasselbe und man ist in der That nur selten und nur vorübergehend in Folge von Usurpationen und Aufständen von demselben abgewichen. Innerhalb des königlichen Geschlechts gelangte aber der Einzelne zur Würde nicht nach Erbrecht sondern durch Wahl und zwar durch die Wahl der Großen, der „witan“ (s. u.), welche allenfalls durch den Zuruf des etwa anwesenden Volks vervollständigt werden mochte. Sie war wohl kaum mehr als eine Förmlichkeit, wenn der verstorbene König einen Sohn hinterließ, welchen Alter und Tüchtigkeit zur Nachfolge be= fähigten, und man hat sich bis ans Ende des siebenten Jahrhunderts in Kent, in Mercia und auch in den beiden northumbrischen Königreichen, sofern hier nicht ihre Rivalität und äußere Einmischungen den natürlichen Gang störten, so regelmäßig an den nächstberechtigten Sohn oder Erben ge= halten, daß das Wahlkönigthum sich äußerlich von einem Erbkönigthum durch nichts unterscheidet. In Wessex dagegen wurde wohl das Geschlecht Cerdics als das zum Königthume berechtigte angesehen, aber in der Wahl der einzelnen Könige aus demselben scheint fast grundsätzlich gar keine Regel beobachtet worden sein, so daß hier die Wahlfreiheit einen viel größeren Spielraum behauptete, als in den anderen Königreichen.

Gewisse Ceremonien werden der Erhebung zum Könige nicht gefehlt haben, so wenig als besondere Ehren und äußerliche Auszeichnungen dem Gewählten. Sicheres ist indessen darüber für die ältere Zeit nicht bekannt. Wenn von König Edwin bei Beda II, 16 (s. o. S. 47) berichtet wird, daß er sich der Tufa, der Standarte römischer Imperatoren bedient habe, so zeigt die Erzählung selbst, daß das etwas ganz Außerordentliches war und keineswegs ein den angelsächsischen Königen eigenthümlicher Gebrauch.

Angelsächsische Gefässe 10.

1. Glasgefäß aus einem angelsächsischen Grabe in Kent (Brit. Muſ.). 2. Glasgefäß aus einem angelſächſiſchen Grabe bei Bungay, Suffolk (Brit. Muſ.). 3. Helm mit dem Eber: das Skelett aus eiſernen Bändern; iſt mit Horn belegt geweſen. 4. Trinkglas mit Handgriffen. 5. Eimer, in Northamptonſhire gefunden; Griff, Reifen und Beſchläge von Bronze. 6. Eimer, bei Fairford in Gloucesterſhire gefunden, ebenfalls Bronze; 76 Millim. hoch, 102 Millim. Durchmeſſer.

Die Annahme des Christenthums und die dadurch vermittelte Annäherung
an die Weise der übrigen abendländischen Welt mag in dieser Beziehung
mancherlei Neuerungen den Weg gebahnt haben, namentlich auch der Sitte,
der Wahl eine kirchliche Feierlichkeit folgen zu lassen. Jedoch erst in dem
Pontificale des Erzbischofs Egbert von York (gest. 766) wird berichtet, daß
die Könige gesalbt und mit einem Helme[1]) gekrönt zu werden pflegten und
daß sie bei dieser Gelegenheit ein dreifaches Versprechen zu leisten hatten,
nämlich der Kirche und allem christlichen Volke Frieden zu schaffen, Gewalt
zu hindern und gerechte und barmherzige Richter zu sein, — ein Versprechen, welches sich mit geringen Veränderungen Jahrhunderte lang im
Gebrauche erhielt und andererseits, da es nur die kirchliche Einkleidung der
dem Volkskönige obliegenden vornehmsten Pflichten ist, in gewiß viel ältere
Zeiten zurückreicht. Und das Gleiche gilt von dem Treueide des Volkes,
welcher ebenfalls erst sehr spät urkundlich nachweisbar ist, aber nothwendig
von Anfang an geleistet worden sein muß, als Grundlage des Königthums
und als Gegenleistung für das königliche Versprechen. Denn wie der König
den Frieden des Volks, so schützt auch das Volk den Frieden des Königs,
indem es ihm die höchste Stufe des Wehrgeldes einräumt: bei den Merciern
das Sechsunddreißigfache vom Wehrgelde des gewöhnlichen Freien. Das ist
allerdings nur dieselbe Stufe, auf welcher auch der Erzbischof und der
Ealdorman aus königlichem Geschlechte steht. Neben diesem Wehrgelde,
welches dem königlichen Geschlechte zufällt, fordert jedoch das Volk für die
Tödtung des Königs noch die gleich hohe „Königsbuße" (cynebot) ein und
zwar für sich, denn der König ist das Haupt der Volksfamilie und im
Haupte wird auch die Gesammtheit geschädigt. Die Summe von Wehrgeld
und Buße ist aber eine so hohe, daß an ihre wirkliche Bezahlung nie gedacht worden sein kann; sie ist daher nur ein den Formen des alten Volksrechts angepaßter Ausdruck dafür, daß allein der Tod des zahlungsunfähigen
Verbrechers oder seiner zahlungsunfähigen Sippe den Mord eines Königs
zu sühnen vermag. Wie so die Person des Königs selbst, so ist auch Alles,
was mit ihm in Verbindung steht oder tritt, eben wegen dieser Verbindung
in höherer Geltung, sein Haus und seine Habe, seine Angehörigen und sein
Gesinde herunter bis zur niedrigsten Magd, sogar der Mann, bei welchem
er einen Trunk genommen hat. Diebstahl an seinem Gute wird mit der
dreifachen Strafe des Diebstahls am Gute seiner Unterthanen bedroht. Die
Buße für die Verletzung seines Schutzes und Hausfriedens ist eine etwa
zehnmal höhere und sie wird im Laufe der Zeit noch gesteigert. Wer
aber im Hause des Königs zu den Waffen greift, der verliert sein ganzes
Erbe und sein Leben: „es steht in des Königs Belieben, ob er das Leben
haben soll oder nicht."

---

1) Etwa in der Art des auf beiliegender Tafel abgebildeten? Die früheste nach-
weisbare Krönung ist aber erst die Eardulfs von Northumbrien (s. u.) im Jahre 796.

Die Erörterung einiger weiteren Formen des angelsächsischen Lebens wird einen Einblick in die große Wandlung gewähren, welche mit dem Aufkommen des Königthums sich vollzog. Die Verfassung der Gemeinde und der Hundertschaft wurde allerdings verhältnißmäßig wenig von demselben berührt; aber es ist klar, daß die Shire oder der Gau, wenn er aufhörte die politische Einheit zu sein, auch seine politischen Befugnisse zu Gunsten des neuen Staatswesens aufgeben mußte, dessen Theil er geworden war. Das folkmot konnte wohl seine beschränkte gerichtliche Competenz, aber weder die Gesetzgebung noch die Entscheidung über Krieg und Frieden noch den Ansatz der zu öffentlichen Zwecken nothwendigen Leistungen behalten. Ja sogar das folkland der einzelnen Gaue ging in das Eigenthum des neuen Königreichs über und verschmolz mit demjenigen, welches dieses selbst bei der Fortsetzung der Eroberungen seinerseits noch hinzubrachte, zu einer großen Masse eigentlichen Staatsguts. Neue Organe mußten zur Handhabung aller dieser Gerechtsame erst geschaffen werden, für die höheren wie für die niederen Stufen des öffentlichen Lebens, welches seinen Mittelpunkt jetzt im Könige gefunden hatte.

Die Volksbeamten sind nicht beseitigt worden, aber neben ihnen fungiren jetzt vom Könige Ernannte als Vertreter seiner oder der staatlichen Autorität und diese drücken jene herunter, vermöge einer naturgemäßen Entwicklung, welche in den germanischen Staaten des Festlandes ganz ihres Gleichen hat. Der shirgerefa oder Sheriff wird nicht nur der Verwalter der königlichen Domänen und der staatlichen Einkünfte im Gaue, sondern auch der Vertreter der auf den Staat übergegangenen Gerichtshoheit: er übernimmt den Vorsitz in den Volksgerichten der Hundertschaften und wenn der Ealdorman nicht anwesend ist, auch der Shire, vollstreckt ihre Urtheile mit Hülfe der alten Volksbeamten, welche seine Untergebenen werden, und zieht einen Theil der Gerichtsgefälle für den König ein. Wahrscheinlich ging durch seine Hand auch das Kriegsaufgebot, obwohl die Führung der Aufgebotenen dem Ealdorman als dem dux oder heretoga verblieb. Der Ealdorman bleibt, mit dem Bischofe zusammen, der regelmäßige Vorsitzer der Shireversammlung; er kann nach wie vor in seinem Kreise Friedensgebote erlassen und ihre Beobachtung durch Bußen erzwingen; er behält ein Stück des Folklandes zu seiner Ausstattung, empfängt ebenfalls einen Theil der Gerichtsbußen und ist durch sein Wehrgeld, das dem des Bischofs gleichkommt, als der Vornehmste im Shire gekennzeichnet. Aber er ist durch seine Unterwerfung unter den König dessen Werkzeug und trotz der häufig vorkommenden Erblichkeit seiner Stellung jetzt staatlicher Beamter geworden, wie schon die Thatsachen zeigen, daß er wegen Pflichtverletzung z. B. bei Verfolgung eines Diebes abgesetzt werden konnte, daß ferner in denjenigen Fällen, in welchen die Einsetzung eines neuen Ealdorman nothwendig wurde, dieselbe nicht durch Wahl des folkmot erfolgte, sondern durch den König und den großen Rath des Staates, die witan, und endlich, daß dann besonders Angehörigen des Königshauses diese wichtigen Aemter zugetheilt wurden.

Eine Volksversammlung des Staates, welche der Shireversammlung oder folkmot entsprochen haben würde, scheint es entweder gar nicht gegeben zu haben — vielleicht mit Ausnahme derjenigen kleinen Königreiche, welche wie Kent auf den Umfang einer alten Shire beschränkt blieben —, oder sie hat früh ihre Bedeutung eingebüßt und sich, ähnlich der Reichsversammlung des fränkischen Staates, auf eine rein formale Zustimmung zu den Beschlüssen des Königs und seines engeren Rathes beschränken müssen. Nirgends in der Geschichte der einzelnen angelsächsischen Königreiche erscheint das Volk als solches ausschlaggebend oder auch nur mitbestimmend und die wichtigsten Entscheidungen, wie namentlich die über die Annahme des Christenthums, sind nicht durch Befragung des versammelten Volkes herbeigeführt worden. Der Uebertritt Aethelberts von Kent (S. 40) darf hier freilich nicht angezogen werden, denn er ist ein rein persönlicher und verpflichtete Niemand, dem Beispiele des Königs zu folgen. Die Annahme des Christenthums in Northumbrien unter König Edwin (S. 46) vollzog sich dagegen unter Billigung der geistlichen und weltlichen Großen und nur diese allein waren befragt worden. Als dann König Oswiu sich gegen die scotische und für die römische Kirche entschied (S. 57), gab wiederum das Handaufheben der um ihn sitzenden und stehenden Großen und Geringeren allein dem Akte die gesetzliche Weihe. Der König ist, wenn auch nicht gesetzlich, so doch durch den ganzen Geist der Verfassung und aus praktischen Rücksichten auf die Mitwirkung und Beistimmung des Volks angewiesen, aber diese erfolgt nicht mehr unmittelbar, auch nicht durch gewählte Vertreter, sondern durch bestimmte Klassen, welche ein für alle Male an die Stelle des Volkes getreten sind und, weil man ihnen zutraut, daß sie die Rechtsüberlieferung und das Rechtsbewußtsein der Allgemeinheit verkörpern, eben deshalb die „Weisen", die witan heißen. Es ist eine Entwicklung ganz analog jener späteren innerhalb der Hundertschaft, in welcher das Volksgericht allmählich gleichfalls zu einem Ausschusse unzweifelhaft der Angesehensten und Begütertsten zusammenschrumpfte.

Die Urkunden der angelsächsischen Könige, sämmtliche natürlich erst aus christlicher Zeit,[1] lehren, daß damals das witenagemot, die Versammlung der witan, sich regelmäßig aus drei Klassen zusammensetzte: aus den Bischöfen des Königsreichs, den geistlichen Berathern des Volkes, denen sich später auch noch Aebte der bedeutenderen Klöster zugesellen; aus den Ealdormen,

---

1) Kemble „Codex diplomaticus aevi Saxonici" (London 1839—1848), 6 Bde. Sehr schöne Abbildungen finden sich in „Facsimiles of ancient charters in the British Museum" (1873 Fol.); es sind Urkunden von 679 bis 838. Sehr beachtenswerth sind die „Diplomatische Studien über die älteren angelsächsischen Urkunden" von J. Aronius (Königsberg 1883), zugleich eine nicht unberechtigte Kritik der Ausgabe Kemble's.

den alten Volkshäuptern und Kriegsführern; endlich aus ſolchen, deren Geltung auf ihrer beſonderen Beziehung zum Könige beruht, auf dem Dienſte,
welchen ſie ihm leiſten und nach welchem ſie in jenen Urkunden ſchlechtweg
als ſeine Diener, ministri, angelſächſiſch thegns oder cyniges-thegns, auf-
gezählt werden.[1]) Mannigfach mochten dieſe Diener unter ſich abgeſtuft ſein:
von den Begleitern oder Gefolgsleuten des Königs (gesiths oder comites),
welche obwohl freie Leute ſich ihm durch einen beſonderen Eid zu beſonderen
Pflichten ergeben und verbunden haben, herab bis zu dem aus Hörigen und
Unfreien beſtehenden eigentlichen Geſinde. Aber wenn man ſich an die berühmten Worte des Tacitus (Germania Kap. 25) erinnert, daß bei denjenigen Völkern, welche von Königen regiert werden, Halbfreie über Freie
und ſogar Edle emporſteigen können, und wenn man damit den Gebrauch
der fränkiſchen Monarchie vergleicht, dürfte man ſich nicht wundern, wenn
auch vom angelſächſiſchen Könige Hörige nicht blos als Verwalter ſeines
Gutes und Beamte des königlichen Haushalts, ſondern auch in verſchiedenen
Stellungen als Gerefas verwendet worden ſein ſollten. Sein Dienſt hatte
eben eine die Vollfreien und Nichtfreien nähernde, ſo zu ſagen ausgleichende
Wirkung, indem er die letzteren hob, dagegen den an ſich freien Gefolgsleuten,
zwar nicht rechtlich, aber praktiſch etwas von ihrer Freiheit nahm, wofür von
Anderem abgeſehen die höhere Geltung der Königsdiener ein Erſatz ſein
mochte. Die vornehmſten ſeiner ministri ſind ſo auch ein Beſtandtheil des
Witenagemot geworden, obwohl irgendwie darauf Bedacht genommen worden
zu ſein ſcheint, daß ihre Zahl die Geſammtzahl der beiden anderen Klaſſen
der Witan nicht oder nicht allzuſehr überſtieg. In den Urkunden merciſcher
Könige des achten Jahrhunderts, welche bei Gelegenheit eines Witenagemot
gegeben worden ſind, ſtehen den 5 Biſchöfen und den 5 bis 7 Ealdormen des
Landes in der Regel 12 bis 14 ſolche Männer des beſonderen königlichen
Vertrauens gegenüber. Anders wurde es erſt in dem vereinigten Königreiche,
in welchem nicht nur die Zahl der Witan überhaupt ſich beträchtlich ver-
mehrte — die höchſte ſoll 160 ſein —, ſondern innerhalb dieſer Geſammtzahl die Zahl der ministri ganz unverhältnißmäßig wuchs. Das wird ſeinen
Grund aber weniger in politiſcher Berechnung, als vielmehr in dem Um-
ſtande haben, daß die Meiſten der letzteren eben durch ihren Dienſt an die
Nähe des Königs gefeſſelt waren, während die Mitglieder der beiden anderen
Klaſſen zum Theil erſt aus ziemlicher Entfernung herbeikommen mußten und
daher ſich leichter abhalten ließen.

Die Witenagemote pflegten nach den Urkunden an den hohen Kirchen-
feſten, zu Weihnachten, Oſtern und Pfingſten, und dann wohl noch ein Mal

---

1) Aelfred überſetzt allerdings in Beda III, 14 miles mit thegn und unzweifelhaft war die hauptſächlichſte Funktion eines ſolchen eine militäriſche. Aber die
Grundbedeutung von thegn als „Diener" geht nicht blos aus der gewöhnlichen Ueber-
ſetzung in den Urkunden mit minister hervor, ſondern auch daraus, daß es einen
horsthegn = marescalcus, burthegn = Kämmerer, discthegn = Truchſeß u. ſ. w. gab.

im Herbste abgehalten zu werden, also wiederum wie in den germanischen
Staaten des Festlandes, in welchen die kirchlichen Feste gleichfalls die Großen
in stärkerer Zahl dem königlichen Hofe zuführten und Geschäfte mancherlei
Art bei solchen Vereinigungen erledigt zu werden pflegten. Eine Beschränkung auf gewisse Arten von Geschäften scheint dabei weder hier noch dort
stattgefunden zu haben, obwohl immerhin einige mehr als andere durch das
Herkommen auf die Mitwirkung und die Zustimmung des Volkes durch Hand
und Mund seiner Witan angewiesen waren.

Vor Allem die Gesetzgebung und das gilt nicht nur von der gesetz-
geberischen Thätigkeit, welche dazu bestimmt war, das Volksrecht zu ergänzen
und weiterzubilden, sondern auch von der kirchlichen Gesetzgebung, welche ja
in ihren auf das Volk berechneten Anordnungen der weltlichen Unterstützung
zur Durchführung bedurfte. Beschlüsse der Synoden und Concilien erscheinen
so auch durch weltliche Witan bezeugt, wie umgekehrt die Bischöfe als der
vornehmste Bestandtheil der Rathsversammlung auch auf die Erledigung der
weltlichen Geschäfte und auf den Gang der weltlichen Gesetzgebung einen
weitreichenden Einfluß übten.

Unerläßlich war ferner — insofern diese Bezeichnung da anwendbar ist,
wo keine eigentliche verfassungsrechtliche Verpflichtung bestand — die Mitwirkung der Witan bei der Ausscheidung von folkland zum Privatbesitz oder
bokland, eben weil das Gesammteigenthum der einzelnen Shires auf den
Staatskörper übergegangen, Regal geworden war. Aber obwohl bei der
Ausfertigung derartiger Schenkungen und Verleihungen aus dem Staatsgute
(landbok = liber terrae) ziemlich regelmäßig hervorgehoben wird, daß der
König sie mit Rath und Willen seiner Großen mache, und der König diese
Zustimmung namentlich auch da nicht zu erwähnen vergißt, wo er sich selbst
einen Theil des Staatsgutes aneignet, in Wirklichkeit dürfte sie nicht allzuschwer gewogen haben und nicht allzuschwer zu erlangen gewesen sein, wie
denn anscheinend kein Beispiel dafür vorhanden ist, daß sie versagt worden
wäre. Denn nicht die Gesammtheit als solche büßte durch derartige Aus-
scheidungen aus dem folkland ein, sondern gerade der König, dem als Vertreter der Gesammtheit die Nutzung ihres Eigenthums zustand, und die
Witan hatten um so weniger Veranlassung, ihm die Verfügung in dieser
Beziehung zu erschweren, je mehr sie gerade selbst daraus Vortheil zogen.
Mag die erste Ausstattung der neugegründeten Klöster und Bisthümer auch
zumeist aus königlichem Privatgute erfolgt sein, wofür Beda mehrere Beispiele bietet, die stattliche Vermehrung des Kirchengutes wurde, abgesehen
von der Wohlthätigkeit der einzelnen Gläubigen, vornehmlich aus dem folkland genommen. Und da die weltlichen Großen dasselbe Interesse an der
Freigebigkeit des Königs hatten, versteht es sich eigentlich von selbst, daß
nicht leicht ein Widerspruch laut geworden sein wird, wenn er dann auch
sich selbst oder seine Getreuen in irgend einer Form mit folkland bedachte
oder dasselbe gelegentlich zur Entschädigung seiner Beamten und ihrer Dienste

verwandte. Die Mitwirkung des Witenagemot bei der Umwandlung von folkland in bokland mochte unerläßlich sein, aber doch hauptsächlich nur deshalb,
weil sie nun die Verfügung des Königs unanfechtbar machte, und diese wurde
durch jene nicht sowohl begründet als bezeugt und bekräftigt. Uebrigens wird die
Gefahr, daß der Vorrath an folkland durch das Einverständniß der Interessirten
bald erschöpft werden möchte, anfangs wenig beachtet worden sein, weil einerseits nach einer gewissen Zeit die Nachwanderung aufhörte und andrerseits
noch lange die Eroberung fortdauerte und den Vorrath ergänzte. Auch die
Güter verurtheilter Verbrecher und erblos Gestorbener wuchsen ihm wieder zu.

Die Witan sind des Königs Beisitzer und die Rechtsfinder, wenn er in
oberster Instanz selbst Gericht hält, und seine Räthe, wenn es sich um Krieg
und Frieden handelt. Er schließt mit Berufung auf sie seine Verträge und
legt, als die Dänennoth ihn zu Auflagen zwingt, diese mit Zustimmung der
Witan seinen Unterthanen auf. Es giebt überhaupt keine öffentliche Handlung, bei welcher sie nicht nach dem Herkommen wenigstens eine berathende
Stimme gehabt hätten. Wie weit der König jedoch auf diesen Rath hören
wollte, das hing, vielleicht außer auf dem Gebiete der Gesetzgebung, von
allgemeinen Umständen und persönlichen Verhältnissen ab, welche umgekehrt
auch wohl dazu führen konnten, daß der ihm ertheilte Rath die Bedeutung
einer Weisung bekam, welcher er sich nicht zu entziehen vermochte. Zeiten,
in welchen das Recht auf den Thron bestritten, die Thronfolge eine unregel-
mäßige war, steigerten natürlich die Macht der Witan, von welchen die Besetzung des Thrones abhing.

Das alte deutsche Königthum ist ein Wahlkönigthum, welches jedoch in
seiner Wirkung durch die möglichste Rücksichtnahme auf den Nächstberechtigten
gemildert wurde, und es ist schon früher berührt worden, daß die Angelsachsen im Allgemeinen anfänglich nicht anders verfuhren. Seit dem Ende
des siebenten Jahrhunderts tritt jedoch auch in denjenigen Königreichen, in
welchen man bisher fest nach der strengen Erbfolge gegangen war, ein be-
deutsamer Wechsel ein: die wählenden Witan nehmen sich einen größeren
Spielraum, wie sie ihn von Anfang an in Wessex gehabt zu haben scheinen;
sie wählen statt des Sohnes, oft allerdings nur wegen dessen zu großer
Jugend, den Bruder des Verstorbenen, um zuweilen nach dessen Tod auf
den früher Zurückgesetzten zurückzugreifen, zuweilen aber auch auf ganz entfernte Verwandte und Seitenlinien überzugehen, deren Zusammenhang mit
dem alten Königshause für uns oft schwer oder gar nicht nachweisbar ist.
Der Stetigkeit der Nachfolge im siebenten Jahrhunderte tritt eine ebenso
große Unsicherheit in derselben während des achten Jahrhunderts gegenüber,
welche wohl mit an den territorialen Umwälzungen die Schuld trägt, durch
welche die Geschichte dieses Zeitraums ebenso unerquicklich als schwierig wird.

Jene Unsicherheit wächst in demselben Maße, in welchem die Erledigung
des Thrones anders als auf natürlichem Wege erfolgte, nämlich zum Theil
durch freiwillige Abbankung, für welche der Zug des Herzens nach Rom oder

in den geistlichen Stand meistens den Anlaß gab, zum Theil aber auch und
zwar zum größeren Theile durch Gewalt. Dergleichen war stets vorgekommen
und manchmal aus recht sonderbaren Gründen, wie denn zum Beispiel König
Sigbert von Essex in der Mitte des siebenten Jahrhunderts wegen seiner
zu großen Sanftmuth erschlagen worden war.[1]) Aber die Ausnahme wurde
jetzt fast zur Regel. Es ist berechnet worden, daß von den fünfzehn Königen,
welche während des achten Jahrhunderts über Northumbrien regierten, nur ein
einziger friedlich im Besitze der königlichen Würde verstorben ist, zwei abdankten,
vier verjagt, sechs ermordet und zwei abgesetzt worden sind, die letzteren durch
förmlichen Beschluß der Witan, welche übrigens auch bei einigen der anderen
Beseitigungen betheiligt gewesen' zu sein scheinen. In einigen Fällen sind
es die Gefolgsleute, welche sich der noch im Beowulfsliede hochgefeierten
Mannestreue zum Trotz eines unbequem gewordenen Herrn entledigen, in
anderen die Verwandten oder ehrgeizige Ealdormen oder auch Alle zusammen.
In Northumbrien wurden offenbar mit den Königen weniger Umstände gemacht als in Wessex, dessen Witan zwar auch im Jahre 757 ihren König
Sigebriht absetzten, aber ihm wenigstens Hampshire, also doch noch die
Stellung eines Ealdorman, ließen. So häufig nun auch solche Vorgänge sein
mögen, sie berechtigen doch nicht davon zu reden, daß die Witan verfassungs-
mäßig befugt gewesen seien, den König zu richten, abzusetzen oder gar zu
beseitigen: es sind doch eben nur Ausbrüche einer wilden und sich wenig
um die gesetzlichen Schranken kümmernden Zeit und wie ihre Zahl allmählich
gewachsen ist, so nimmt sie auch wieder ab, je weiter man sich von dem
achten Jahrhunderte entfernt, freilich ohne je ganz zu verschwinden. Aber
ebensowenig ist von einer verfassungsmäßigen Unbeschränktheit des Königthums
zu reden, obwohl es durch keine bestimmten Gesetze gebunden war und genug
Machtmittel in seiner Hand vereinigte.

Der König war zunächst ohne Zweifel, so lange die alten Herrscher-
geschlechter fortdauerten, der größte Grundbesitzer und der reichste Mann
seines Staates. Er hatte außer seinem Eigengute einen Theil des folkland,
welcher ein für alle Male zur Ausstattung seiner Würde bestimmt war, und
andere Theile desselben, welche er mit Zustimmung der Witan entweder in
Selbstbewirthschaftung nahm oder mit seinen Leuten besetzte. Er hatte selbst
so viel Land, daß er sehr früh anfing, davon an Andere auszugeben, und im
Stande war, den Kreis der ihm persönlich Verpflichteten zu erweitern, während zu demselben nicht minder diejenigen hinzutraten, welche mit seiner und
der Witan Einwilligung vom Staatslande empfingen. Zu dem unmittelbaren
oder mittelbaren Ertrage seiner Güter kamen nun aber noch mancherlei mit
seiner Stellung verbundene Einnahmen: die Nutzung des noch nicht vertheilten
Staatslandes, in welcher wohl die Wurzel des späteren berüchtigten Forst-
rechts zu suchen ist; Geschenke der Unterthanen bei feierlichen Gelegenheiten,

---

1) Beda III, 22 — s. o. S. 53.

ein Theil der Gerichtsgefälle, der Genuß des Strandguts, ein Antheil an
den Bergwerken, Zölle, Hafengelder und sonstige Verkehrsabgaben — Dinge,
mit welchen die früheren Jahrhunderte zwar weniger wirthschaftlich umzu=
gehen pflegten, als die sorgsam rechnenden Normannen und Plantagenets,
welche indessen in ihrer Gesammtheit immerhin dem Könige ein materielles
Uebergewicht über jeden seiner Unterthanen gegeben haben müssen und zwar
ein um so größeres, weil auch für seine Bedürfnisse die Unterthanen zum Theil
aufzukommen hatten. Ihn und sein Gefolge aufzunehmen und zu beherbergen,
mochte ursprünglich als eine Ehre gesucht worden sein, aber es erwuchs aus
dieser Ehre allmählich eine Pflicht, welche für den königlichen Haushalt ebenso
vortheilhaft als für die in Anspruch Genommenen kostbar und lästig war.

Dieses materielle Uebergewicht wurde nun aber auch politisch wirksam,
indem es ihm nicht nur eine Gefolgschaft zu halten gestattete, wie auch
Andere neben dem Könige solche haben, sondern eine so starke, daß Andere
neben ihm nicht leicht aufzukommen vermochten. Es ist begreiflich, daß die
Ehre und der Vortheil, welche mit dem Königsdienste verbunden waren, an
sich ihm schon mehr Gefolgsleute oder gesiths zuführten als Anderen und
überhaupt so viele, als er irgend zu unterhalten im Stande war. Sie
leisteten ihm allerdings nur denselben Eid, welchen sie jedem Anderen als
Herrn geleistet haben würden: „Ich will meinem Herrn treu und verlässig
sein, lieben was er liebt, abweisen was er abweist, und niemals mit meinem
Willen und Können, mit Wort und Werk etwas thun, was ihm mißfallen
mag, auf daß er mich halte, wie ich es verdienen will, und Alles mir nach
der Verabredung erfülle, als ich sein Mann wurde und seinen Willen er=
wählte." Je größer indessen die Zahl derer wurde, welche ihren Willen in
den des Königs gefangen gaben, um so unabhängiger und nachdrücklicher konnte
er den seinigen im Staate zur Geltung bringen. Er hatte eine bewaffnete
Macht um sich, über welche er der ausschließliche Gebieter war und zu deren
Aufgebot und Verwendung er nicht der Zustimmung der Witan bedurfte.

Die Machtstellung des Königthums innerhalb der angelsächsischen Ver=
fassung wird vielleicht durch Nichts so deutlich als durch die Thatsache, daß
der durch seinen Dienst erworbene Adel den alten Volks= oder Geburtsadel
allmählich zurückdrängte und verschwinden machte und zwar bis zu dem
Grade, daß der Titel eines aetheling sich zuletzt auf die Mitglieder des
königlichen Hauses beschränkte. Der Weg, auf welchem dieses Ergebniß
erreicht wurde, ist freilich sehr dunkel; aber zwei Umstände dürften doch
hauptsächlich dasselbe befördert haben: einerseits die vielen Kriege, welche
mit ihren Wirkungen ganz besonders diejenigen Geschlechter betroffen haben
müssen, deren Geburt sie schon verpflichtete, Anderen es in Tapferkeit zuvor=
zuthun, und andrerseits die Vortheile, welche mit dem Königsdienste augen=
scheinlich verbunden waren. Da nämlich der Geburtsadel als solcher wohl
höheres Wehrgeld und gesellschaftliche Geltung verlieh, aber keine besondere
Geltung im Staate, ist die Annahme erlaubt, daß auch der Altadlige eine

persönliche Beziehung zum Könige gesucht haben wird, welcher ihm diese eröffnete, sei es durch Uebernahme eines Amtes, sei es durch Eintritt in die Gefolgschaft oder durch Beides zugleich. In dem verhältnißmäßig engen Rahmen der älteren angelsächsischen Reiche und bei der von Anfang an gewiß nicht beträchtlichen Zahl der altabligen Familien wird es so kaum langer Zeit bedurft haben, bis der größte Theil auch des alten Adels und, was im Allgemeinen damit in Parallele gestellt werden kann, des größeren Grundbesitzes in eine persönliche Beziehung zum Könige gekommen sein wird. Andrerseits war dieser sehr wohl im Stande, seinen verdienteren Thegns und Gesiths eine solche Ausstattung, nöthigenfalls aus dem Staatsgute, zu verschaffen, daß sie den Altabligen an Landbesitz sich näherten oder gleichkamen: ihre Nachkommen (gesithcund) scheinen in der dritten Generation selbst wieder das Recht des Geburtsadels gewonnen zu haben. Da übrigens ein gewöhnlicher Freier im Besitze von mindestens fünf Hufen den Werth eines Thegn erhielt, mag dies das übliche Landmaß gewesen sein, mit welchem ein bewährter Königs-Thegn belohnt wurde, und es wird damit zusammenhängen, daß zuletzt überhaupt jeder Eigenthümer von fünf Hufen auch den Titel eines Thegn oder Than führte, dessen Vieldeutigkeit gerade den Beweis liefert, daß man sich größeren Grundbesitz, königliche Dienstmannschaft und staatliches Amt nicht mehr anders als mit einander verknüpft zu denken vermochte.

Der Grundbesitz ist auch dann nicht die Ursache der Verpflichtung und insofern ist jenes Verhältniß, welches schon am Anfange des achten Jahrhunderts eine ziemliche Ausdehnung gewonnen hatte, grundsätzlich von dem Beneficialsystem des Festlandes verschieden, dessen Anfänge ungefähr in dieselbe Zeit fallen. Die beiderseitige Entwicklung trifft jedoch darin zusammen, daß die alte Gefolgschaft, welche sich überall überlebt hatte, auf dem Festlande durch die Vassallität, bei den Angelsachsen durch die Thegns- oder Thanschaft ersetzt wurde, welche mit ihren mannichfaltigen durch den Unterschied des Besitzes bestimmten Abstufungen sich praktisch durch den Eintritt der Söhne in die Verpflichtung des Vaters sehr bald zu einem erblichen Stande gestaltete, zu einem neuen Adel, in welchem der Sohn auch schon vor dem Tode des Vaters das Thanrecht desselben genoß.

Eine derartige Entwicklung der Gefolgschaft zu einem besitzlichen Dienstadel war gleichbedeutend mit dem Verluste ihres ursprünglichen Charakters als einer Lebensgemeinschaft der Gefolgsleute mit ihrem erwählten Herrn, welche örtliches Beisammensein voraussetzte. Letzteres hat sicher nicht ganz aufgehört, aber die nach alter Weise im Hause des Königs lebenden Gesiths scheinen allmählich in die Klasse des eigentlichen Gesindes und der Hausdienerschaft herabgesunken und von dieser so wenig mehr unterschieden worden zu sein, daß der Namen der Gesiths selbst sich nach und nach verliert und im zehnten Jahrhunderte völlig verschwindet. Der zum Gutsbesitzer gewordene Gesith wird dagegen nur noch vorübergehend im Hause seines Herrn, des Königs, gelebt haben, da sonst nicht abzusehen ist, weshalb man ihm mit

Land ausgestattet haben sollte, wenn er dort seinen regelmäßigen Unterhalt empfing. Seine besondere Verpflichtung hörte darum nicht auf: sie wurde im Gegentheil für den König noch wichtiger und werthvoller als früher, weil er jetzt nicht nur mit seiner körperlichen Leistung, sondern auch mit seiner Habe und seinen Leuten zum Dienste herangezogen werden konnte, und das traf nicht minder denjenigen Gesith, welcher schon im Besitze von Grund und Boden gewesen war, da er sich in den Willen und in den Schutz des Königs ergab, als den, welcher erst von ihm mit Land ausgestattet worden war. Es mußte auf diesem Wege allmählich dahin kommen, daß der König einen großen Theil des Bodens sich mittels der ihm persönlich verpflichteten Inhaber in besonderer Art dienstbar machte, indem diese außer zu den all= gemein staatlichen Leistungen sich zu jedem Dienste bereit zu halten hatten, welchen ein Herr von seinem geschwornen Manne zu fordern berechtigt war und welchen dieser bei der Zuweisung von Land noch durch besondere Auf= lagen und Bedingungen steigern mochte. Man versteht deshalb den Eifer, mit welchem der König die Ausstattung seiner Leute mit Land und besonders mit Folkland förderte, wie umgekehrt die Aussicht auf solche Ausstattung und ihre Wirkungen die Zahl derjenigen mehren mußte, welche gerade diese sich durch freiwillige Ergebung in seinen Willen und Eintritt in seinen Dienst zu verdienen trachteten. Die Anziehungskraft des letzteren wurde endlich nothwendiger·Weise durch das thatsächliche Verhältniß verstärkt, daß alle staatlichen Aemter aus dem Kreise der dem Könige Verpflichteten besetzt wurden und daß die bedeutendsten ministri desselben in dem großen Staats= rathe der Witan Sitz und Stimme bekamen.

Gerade dieser Umstand prägt den Witan, um nun zu denselben zurück= zukehren, mehr und mehr den Charakter königlicher Beiräthe anstatt des ur= sprünglichen als der „Weisen" und Vertreter des Volkes auf. Wenn ferner berücksichtigt wird, daß auch die zweite Klasse in dem Witenagemot, die Ealdormen der früher unabhängigen Shires, ihre Unterwerfung unter das Königthum kaum anders vollzogen und besiegelt haben werden, als dadurch, daß sie sich eidlich in den Willen ihres Oberherrn ergaben, so ist der Schluß unabweislich, daß unter normalen Verhältnissen eine Entscheidung seitens der Witan nicht leicht anders ausfallen konnte, als der König selbst wollte. Und dies um so mehr, weil auch die erste Klasse derselben, die hohe Geistlichkeit, zum großen Theile durch seinen Einfluß, oft geradezu durch seine Ernennung ins Amt kam und während desselben, wie besonders deutlich der Fall Wil= frids lehrt, auf sein Wohlwollen mindestens ebenso angewiesen war als er selbst auf ihre Unterstützung. Das ist sehr naiv im ersten Kapitel der Gesetze Wihträds ausgesprochen: „Die Kirche mehre man mit der Freiheit von Zinsen und man bitte für den König und verehre ihn ohne Befehl aus freiem Willen." Schärften die Bischöfe auf ihren Synoden immer wieder den Gläubigen Gehorsam gegen den König als „Gottes Statthalter" ein, so verschaffte er durch seine Beamten den landrechtlich gewordenen kirchlichen

Satzungen und Synodalbeschlüssen nöthigenfalls zwangsweise die Nachachtung seiner Unterthanen.

Das angelsächsische Königthum erscheint somit, von welcher Seite man es auch betrachten mag, nicht sowohl auf legislativem Wege als vielmehr durch die natürliche Entwicklung der Dinge mit sehr weit reichenden Machtmitteln ausgerüstet und der Mißbrauch solcher Ausrüstung, keine ganz seltene Erscheinung, wurde im letzten Grunde nur durch die Besorgniß eingeschränkt, daß die Unterthanen sich in gewaltsamer Erhebung nach einem anderen Könige aus dem heimischen Geschlechte umschauen oder die in der Regel feindlichen Nachbarn im Lande selbst Entgegenkommen finden möchten. Das angelsächsische Königthum war vor Allem militärisch stark, aber da es dies in jedem Staate war, vorausgesetzt daß dessen Kleinheit nicht einer Entfaltung der in den Institutionen ruhenden Kräfte im Wege stand, dauerte es sehr lange, bis es einem besonders mächtigen und besonders glücklichen Könige gelang, die zahlreichen Nebenexistenzen zu einer Herrschaft zusammenzufassen, welche dauernder war als die von Beda II, 5 aufgezählten vergänglichen Vorherrschaften des sechsten und siebenten Jahrhunderts. Beda nennt als solche, welche über die Grenzen ihres heimischen Königreichs hinaus ein imperium gehabt hätten: Aella von Sussex, Ceawlin von Wessex, Aethelbert von Kent, Redwald von Ostangeln und Edwin, Oswald und Oswiu von Northumbrien, indem er merkwürdig genug den mächtigen Penda von Mercien übergeht, obwohl sich dessen Uebergewicht stärker und länger geltend machte als das irgend eines der Anderen. Sogar Oswald, welchen nachträglich der um 700 schreibende Adamnan von Hy als totius Britanniae imperator bezeichnet und in Uebereinstimmung damit Beda (S. 50) alle Völker Britanniens beherrschen läßt, kann mit dem gewaltigen Mercier nicht verglichen werden. Mit einem Worte, es läßt sich nicht bestimmen, nach welchen Merkmalen jene Liste der sieben Vorherrscher zusammengestellt worden ist. Die Sachsenchronik des neunten Jahrhunderts, welche jene Liste aufgenommen hat, giebt ihnen den Titel bretwalda oder brytenwealda, welcher in einer zweisprachigen Urkunde König Aethelstans (924—940) mit rector totius Britanniae gleichgestellt wird,[1]) also fast mit demselben Ausdrucke, welcher schon Adamnan zur Bezeichnung der vorwaltenden Stellung Oswalds gedient hatte. Es kann deshalb nicht bezweifelt werden, daß bretwalda in der That ein Titel war, durch welchen einzelne besonders mächtige Herrscher ausgezeichnet wurden. Aber er drückte sicherlich nichts aus als das augenblickliche thatsächliche Machtverhältniß, welches bekanntlich ein sehr schwankendes war und sehr weit davon entfernt, die angelsächsischen Staaten zur politischen Einheit zu führen.

---

1) Ich bin auf diese wichtige Stelle bei Kemble, Cod. dipl. nr. 1110 durch Stubbs I, 190 not. aufmerksam geworden, wo die verschiedenen Ansichten über die Bretwaldaschaft zusammengestellt sind. Das Wort selbst wird jetzt gewöhnlich als der „Weitwaltende" oder ähnlich erklärt.

VIII. **Die politischen Wandlungen des achten Jahrhunderts.**

In der Einheit des Glaubens hatten die deutschen Völker auf der britischen Insel zum ersten Male sich zusammengefunden und die gemeinsame kirchliche Ordnung war das erste Band, welches sie umschlang. Die bei Allen im Wesentlichen auf der gleichen Stufe stehende Kultur und die überall aus denselben Grundbedingungen erwachsene und daher ziemlich gleichmäßige Verfassung waren ebenfalls geeignet eine engere politische Verbindung vorzubereiten, sei es daß man solche in einer Conföderation der selbständigen Einzelstaaten, sei es daß man sie in einer einheitlichen Monarchie suchte. Aber das achte Jahrhundert[1]) ist womöglich noch mehr als die früheren

---

1) Hauptquelle für alles Folgende ist außer Beda's Kirchengeschichte, welche aber schon mit dem Jahre 731 endigt (s. o.), und außer kurzen an sie sich anschließenden Annalen bis 766, die in angelsächsischer Sprache geschriebene Sachsenchronik, eine Zusammenarbeitung sehr verschiedenartiger Materialien, welche in der uns vorliegenden Gestalt erst in der Zeit Aelfreds vorgenommen wurde, so daß es, in Bezug auf ihre Glaubwürdigkeit, namentlich für die ältere Zeit auf die Beschaffenheit selbst der von ihr benutzten Quellen ankommt. Das sind nun Beda, dessen zusammenhängende Erzählung annalistisch zerlegt wurde, aber auch ältere annalistische Aufzeichnungen, wie solche in den Klöstern am Rande der zur Osterberechnung gebrauchten Tafeln zu den einzelnen Jahren in knappester Fassung angebracht zu werden pflegten, und welche einerseits auf Kent und andrerseits auf Northumbrien zurückweisen. Andere Nachrichten und besonders die verhältnißmäßig ausführlichen über Aelfred sind westsächsischen Ursprungs. Dazu kommen allerlei volksthümliche Bestandtheile, Genealogien der Könige, welche bis in die graueste Vorzeit zurückreichend so im Volksmunde sich fortpflanzten, der in Proja umgesetzte Inhalt von Volksliedern und Aehnliches. Uebrigens weichen die Handschriften der Sachsenchronik von einander sehr ab: in der bisher besten Ausgabe: „Two of the Saxon Chronicles, edited with introduction, notes and glossarial index by John Earle" (Oxford 1865. 8°) ist der älteste und der jüngste Text und aus den übrigen nur das ihnen Eigenthümliche gegeben. Vgl. auch Grubitz „Kritische Untersuchung über die angelsächsischen Annalen bis 893" (Göttingen 1868) und Theopold „Kritische Untersuchungen über die Quellen der angelsächsischen Geschichte des 8. Jahrhunderts" (Gött. 1872). Letzterer weist u. A. nach, daß die zeitlichen Ansätze in der Sachsenchronik für die Jahre 754 bis 860 einer Korrektur bedürfen: von 754 bis 828 sind die Ereignisse zwei und von 829 bis 839 drei Jahre später geschehen, als dort angegeben ist, und was zu 840 erzählt wird, ist vier und die Notiz bei 845 sogar fünf Jahre später anzusetzen. Mit Benutzung dieses Ergebnisses und überhaupt vielfach der Arbeit Theopolds sind die natürlich auch in den ausführlicheren Werken von Lappenberg,

Jahrhunderte und in dem Maße von Reibungen unter jenen Einzelstaaten und von Wechsel erfüllt, daß es auch nicht einmal einen Bretwalda aufzuweisen hat, und die Sachsenchronik weiß den sieben Königen des sechsten und siebenten Jahrhunderts, welche vorübergehend eine leitende Stellung gehabt haben sollen, erst zum Jahre 827 einen Nachfolger anzureihen, nämlich Egbert von Wessex, als den „eahteta cyning se the Bretwalda waes“.

Kent, welches trotz seiner Kleinheit unter dem Könige Egbert durch den Besitz des Erzbisthums eine gewisse Rolle in den Kirchenfragen gespielt hatte, gerieth unter Egberts 673 nachfolgendem Bruder Hlother bald in die übelste Verfassung. Es zog sich erst die Feindschaft des mächtigen Aethelred von Mercia zu, welcher Rochester zerstörte und bei seinen Verwüstungen weder Kirchen noch Klöster verschonte, und dann, als die Angriffe der Mercier aufhörten, brach Unheil anderer Art über das Ländchen herein. König Hlother starb am 6. Februar 685 an einer Wunde, welche er im Kampfe gegen die von Egberts Sohn Eadrik aufgestachelten Südsachsen empfangen hatte. Eadrik wurde König, aber nun begannen die seitdem Jahr für Jahr wiederholten Verwüstungszüge der Westsachsen unter Ceadwalla und seinem Bruder Mul, und obwohl Mul bei solcher Gelegenheit 687 einen gräßlichen Tod fand (S. 64) und Ceadwalla selbst im folgenden Jahre seiner kriegerischen Laufbahn entsagte, wurden die Kenter ihre Peiniger doch nicht eher los, als bis sie 694 an Ceadwalla’s Nachfolger Ine für die Tödtung Muls ein Sühngeld von 30,000 Pfund entrichtet hatten, welchem Ine wohl die Mittel entnahm, um zum Seelenheile des Getödteten die Abtei Glastonbury zu erneuern und auszustatten. Wie es inzwischen in Kent selbst ausgesehen haben mag, kann aus der Thatsache geschlossen werden, daß es dort, seitdem Eadrik schon im Jahre 686 gestorben war, ein anerkanntes Königthum gar nicht mehr gegeben hat und daß ebenso nach dem Tode des Erzbischofs Theodor sein Stuhl zwei Jahre unbesetzt blieb. Erst am 1. Juli 692 wurde in dem Abte Berctwald von Reculvers (westlich von Margate) wieder ein Erzbischof erwählt und erst am 31. August 693 nahm dieser, nachdem er sich in Gallien die Weihe verschafft hatte, von seinem Kirchenamte wirklich Besitz. Nach der Abfindung der Westsachsen und als Egberts zweiter Sohn Wihträd König wurde, mag dann die Ordnung leidlich hergestellt worden sein. Wenigstens hat Wihträd unverhältnißmäßig lange regiert und als er am 23. April 725 starb, konnten seine Söhne ihm folgen: Eadbert bis 748 und Aethelbert II. bis 762. Für die weitere Entwicklung der Angelsachsen ist Kent und sein Königthum, das sich 762 obendrein in die beiden Herrschaften von Canterbury und von Rochester spaltete, jedenfalls unwichtiger gewesen als sein Erzbisthum, welches auch auf die übrigen Staaten einen wichtigen Ein-

---

Freeman u. A. behandelten politischen Vorkommnisse des achten Jahrhunderts neuerdings untersucht und dargestellt von Joseph Heinsch „Die Reiche der Angelsachsen zur Zeit Karls des Großen“ (Breslau 1875).

fluß übte und dem durch die Erhebung Yorks zu gleicher Würde doch nur der Norden entzogen worden war.

Von den kleinen Nachbarn Kents ist nun vollends nicht zu reden. Sussex war durch Ceadwalla eine Provinz von Wessex geworden. Aus Essex kennt man nach der Abdankung Sebbi's i. J. 694 seine Söhne Sighard und Sueabräd[1]) als gemeinschaftlich regierende Könige und seitdem der ihnen folgende König Offa 709 nach Rom gezogen war, überhaupt nur noch zwei seiner Nachfolger: Selred, welcher 746 erschlagen wurde, und Suäthräd, aber sie Alle sind für uns kaum mehr als bloße Namen und sehr wahrscheinlich der Oberhoheit von Mercia unterworfen gewesen. Bei den Ostangeln scheint das alte Königshaus mit den Söhnen Anna's Aldulf (bis 713) und Alfwold (bis 749) erloschen zu sein. Die später noch genannten Könige lassen sich weder nach ihrer Herkunft noch nach ihrer Zeit genauer bestimmen, bis mit Aethelbert, welcher durch Offa von Mercia im Jahre 794 getödtet wurde, für Ostanglien das Ende der Selbständigkeit kam.

Auch Northumbrien trat allmählich etwas zurück; Ecfrid, der Sohn des am 15. Februar 670 gestorbenen großen Königs Oswiu, entriß bald nach der Synode zu Hertford dem Könige Wulfher von Mercia die Provinz Lincoln. Aber ein dauerndes Uebergewicht Northumbriens über den südlichen Nachbarn wurde dadurch nicht begründet. Denn Wulfher behauptete im Uebrigen so= wohl die Eroberungen, welche er in dem damals arg zerrütteten Wessex ge= macht hatte, als auch seine Oberherrlichkeit über Sussex und Essex und, als er 675 starb, warf sich sein Bruder Aethelred, wie erwähnt, sogar auf Kent. Im Jahre 679 gewann er den Northumbriern durch eine Schlacht am Trent, in welcher Ecfrids Bruder Alfwin fiel, auch Lincoln wiederum ab. Weiterem Blutvergießen that damals jedoch die Vermittlung des Erzbischofs Theodor Einhalt, welcher den Sieger zur Zahlung eines Sühngeldes für den er= schlagenen Fürsten bestimmte und zwischen den beiden Reichen auf längere Zeit Frieden stiftete. Aethelred wird damals zur Befestigung des Friedens Ecfrids Schwester Ostryth geheirathet haben.

Als Ecfrid sich so gegen Süden Schranken gesetzt sah, versuchte er seine Macht auf Kosten der keltischen Nachbarn zu erweitern. Sein Ealdorman Beord oder Briht mußte 684 nach Irland übersetzen und die Insel jammer= voll verheeren. Er selbst brach von dem südlichen Schottland aus, welches schon längst den Northumbriern unterworfen war und wo er 681 einen römischen Bischof eingesetzt hatte, in das Land der nördlichen Picten ein, obwohl dort sein Brudersohn Birdei herrschte. Die kirchliche Ueberlieferung weiß, daß er diesen Feldzug gegen den Rath seiner Bischöfe unternommen habe, welche also eine gewaltsame Ausbreitung des römischen Kirchenthums nicht wollten, und sie sieht in seinem Untergange nur eine Strafe seiner

---

1) Eine Urkunde desselben vom 13. Juni 704, auf der beigegebenen Tafel facsimi= lirt, mag auch als Probe des angelsächsischen Urkundenstils dienen.

Eigenwilligkeit und der von ihm gegen die Stätten der Gottesverehrung ver=
übten Frevel. Von den Picten durch verstellten Rückzug in unwegsame Berg=
gegenden gelockt, wie es heißt, bis Nechtansmere in Forfarshire, wurde er
am 20. Mai 685 mit dem größten Theile seines Heeres erschlagen. Die
Picten aber gewannen in Folge dieses Sieges auch ihr altes Land südlich
von Forth zurück und die von Northumbrien aus dort eingeführte römische
Kirche konnte sich nun nicht halten. Trumwin, der erste und einzige Bischof
von Abercurnig, zog sich vor ihnen in das Kloster Streaneshalch zurück.

Northumbrien war somit unter dem Nachfolger Ecfrids, seinem unechten
Bruder Aldfrid[1]), auf seine alten Grenzen beschränkt: weitere Kämpfe mit
den Picten im Jahre 698 scheinen daran nichts geändert zu haben und die
Picten hatten von ihren südlichen Nachbarn in der nächsten Zeit um so
weniger zu fürchten, je mehr diese mit ihren eigenen Angelegenheiten zu thun
bekamen.

Die Geschichte Northumbriens im achten Jahrhunderte ist nämlich eine
ununterbrochene Kette gewaltsamer Umwälzungen, welche damit begannen, daß
man bei Aldfrids Tode am 14. December 705 nicht einen seiner unmündigen
Söhne, sondern einen Mann unbekannter Herkunft Eadwulf zum Könige er=
wählte, diesen aber nach zwei Monaten wieder vertrieb, um zu dem ältesten
Sohne Aldfrids, dem achtjährigen Osred, zurückzukehren. Osred, während
dessen Minderjährigkeit der lange Streit um die northumbrischen Bisthümer
durch Wilfrids Nachgiebigkeit beendet wurde (S. 69) und der Ealdorman
Berhtfrid den Grenzschutz gegen die Picten besorgte, wuchs zu einem kräftigen
Jünglinge heran, welcher allen Grund hatte, auf seine kriegerische Tüchtigkeit
stolz zu sein. Aber Zucht hatte er nicht gelernt: er war hochfahrend gegen
seine Großen und stets bereit die Gebote der Sitte, des Rechts und der
Kirche zu mißachten. Seine tyrannische Gewaltsamkeit war die Ursache, daß
sogar Mächtige sich um der Sicherheit ihres Lebens willen hinter Kloster=
mauern bargen, während umgekehrt seine sinnliche Begierde oft Nonnen dem
Kloster entriß.[2]) Vielleicht wäre auch bei ihm jener jähe der Zeit eigen=
thümliche Umschlag zur Devotion noch eingetreten, wenn er nicht schon 716
in jungen Jahren von seinen eigenen Verwandten ermordet worden wäre.
Mit seinem Bruder Osric, welcher nach der kurzen Zwischenherrschaft eines
Königs anderer Herkunft, Coenreds, der auch gewaltsam endete, im Jahre 718
erhoben und am 9. Mai 729 gleichfalls erschlagen wurde, ist dann die un=
mittelbare Nachkommenschaft Iba's, das alte Königsgeschlecht der Northumbrier,
überhaupt erloschen.

Die Northumbrier gelangten seitdem nicht wieder zu einer festgewurzelten
Dynastie. Der zunächst erwählte Bruder des 718 ermordeten Coenred, Ceolwulf,

---

1) Vgl. über ihn und seinen Streit mit Bischof Wilfrid S. 68. 2) So charak=
terisirt ihn das in den Mon. Germ. hist. Poet. lat. I, 582 abgedruckte Gedicht eines
am Anfange des 9. Jahrhunderts schreibenden Aedilwulf, welcher die Gründungs= und
Abtsgeschichte seines in der Nähe von Lindisfarne gelegenen Klosters versificirte.

berselbe, welchem Beda als einem eifrigen Forscher nach den Ereignissen der Vorzeit seine Kirchengeschichte übersandte, wurde schon 731 gestürzt und zwangs- weise zum Mönche geschoren. Noch in demselben Jahre wiederum eingesetzt, vertauschte er 737 aufs Neue und dieses Mal freiwillig den Thron mit dem Kloster, in welchem er erst 760 friedlich gestorben ist. Er hatte wohl keine Nachkommenschaft und so wurde sein Vetter Eadbert König, ein Bruder Egberts des ersten Erzbischofs von York (s. o. S. 77). Damals schien es, als ob Northumbrien die Machtstellung früherer Zeiten zurückerobern könnte: schon 740 lag Eadbert im Felde gegen die Picten und wenn ihn damals ein Ein- fall der Mercier zurückrief, so fügte er 750 wirklich das Land Kyl (Airshire) seinem Reiche hinzu, welches also auch das rückwärts liegende Galloway, den ganzen Südwesten des heutigen Schottland, umfaßt haben muß und sich 756 durch die Eroberung von Alcluith bis an den unteren Clyde ausdehnte. Eine glückliche Zeit nennt Alkuin diese Jahre, weil König und Erzbischof Hand in Hand gingen und die kriegerischen Erfolge des Einen sich mit der Blüthe der von dem Andern gepflegten Studien verbanden. Das Glück dauerte jedoch nicht lange: dem Siege über die Picten folgte unmittelbar eine gewal- tige Niederlage und es kamen wieder sehr böse Tage über Northumbrien, als Eadbert 758 wie sein noch lebender Vorgänger geistlich wurde.

Sein Sohn Oswulf wurde schon am 24. Juli 759 von seinen eigenen Gefolgsleuten erschlagen. Der dann vom Volke erwählte Aethelwald Moll, welcher weder mit dem früheren noch mit dem letzten Königsgeschlechte zu- sammengehangen zu haben scheint, vermochte sich nur bis 765 zu halten. Seinem Nachfolger Alchred erging es nicht besser, obwohl er irgendwie der Nachkommenschaft Ida's angehört haben soll und durch Heirath mit einer Tochter Oswulfs doch wohl den Familienanhang desselben an sich knüpfte: er wurde trotzdem zu Ostern 774 aus dem Lande gejagt und zwar durch das allgemeine Einverständniß seiner Unterthanen, der Ealdormen und Gesiths. Aethelwalds Sohn Aethelred hatte 778 dasselbe Schicksal, als die ihm an- hangenden Ealdormen nach der Reihe von Aufständischen besiegt waren. Er mußte damals vor Oswulfs Sohn Alfwold den Thron räumen, welcher als fromm und gerecht gerühmt wird, aber vielleicht gerade deshalb nicht recht am Platze war. Unzufriedene überfielen schon am 24. December 779 seinen Großgrafen Beorn und verbrannten ihn. Alfwold selbst wurde nach zehnjähriger Re- gierung von seinem Großgrafen Sicgan ermordet. Sein Neffe Osred II., Alchreds Sohn, wurde von seinen Ealdormen 789 zum Mönche geschoren und flüchtete auf die Insel Man. Er ließ sich jedoch durch Andere, welche ihrerseits mit dem jetzt wieder aus dem Gefängnisse hervorgeholten Aethelred unzufrieden waren, zur Rückkehr bereden, gerieth aber in des letzteren Ge- walt und wurde am 14. September 792 getödtet. Die Söhne Alfwolds hatten schon 791 den Tod erlitten und sogar der Ealdorman Earbulf, welcher während der ersten Regierung Aethelreds seine Sache, allerdings unglücklich, gegen die Aufständischen geführt hatte, entging nur durch einen Zufall seinem Mißtrauen.

Kein Wunder, daß Alkuin, der zur Zeit dieses blutigen Königs sein verwildertes Vaterland wiedersah, kein Verlangen spürte, hier sein Leben zu beschließen, und gern in das Asyl heimkehrte, welches die Gunst des Frankenherrschers ihm offen hielt. Hier war kein Platz mehr für das friedliche Studium, durch welches Northumbrien noch vor wenigen Jahrzehnten eine Leuchte des Abenlandes geworden war. Hunger und Pest rafften im Gefolge der unaufhörlichen Bürgerkriege das Volk dahin und die Küsten wurden durch die Anfälle der heidnischen Skandinavier heimgesucht. Gleich bei ihrem Erscheinen in Northumbrien im Juni 793 hatten sie das gefeierte Lindisfarne verheert, die Kirchenschätze geraubt, die Altäre umgestürzt, Mönche und Nonnen niedergemacht. Beda's stille Arbeitsstätte, das Kloster Jarrow, verfiel im folgenden Jahre dem gleichen Verderben, welches Alkuin als ein verdientes Gottesgericht über die Sünden der Völker und der Könige erschien und ihn vom Frankenreiche her zu eindringlichen Ermahnungen an Aethelred, von dem er früher Besseres erwartet hatte, und an dessen Große veranlaßte.

Aethelred fand am 19. April 796 seinen Tod durch die Hand eines Ealdorman, welcher offenbar Viele hinter sich hatte, doch nicht genug, um dem aus der Mitte der Verschworenen zum Könige erhobenen Osbald einen festen Rückhalt zu gewähren. Man vertrieb ihn schon nach 27 Tagen und gab ihm den einst vor Aethelred geflüchteten Earbulf zum Nachfolger, um ihn vielleicht nach einiger Zeit wieder mit dem zu den Picten entronnenen Osbald zu vertauschen, und wenn Osbald dieser Versuchung sich entzog, indem er auf die Mahnung Alkuins zur Buße für seinen Antheil am Morde Aethelreds ins Kloster ging, die Vergangenheit lehrte, daß es an Prätendenten nicht leicht fehlte. Aber konnte man sich auf die Dauer gegen die Erkenntniß der großen Nachtheile verschließen, welche für Jedermann mit so rasch wechselnder Besetzung des Throns verbunden waren? Jene rücksichtslose Handhabung des Wahlrechts seitens der Großen, welche sich Könige beliebiger Herkunft setzten, meist ohne irgendwie auf die Verwandtschaft mit früheren Herrschern Rücksicht zu nehmen, öffnete jeder Leidenschaft die Bahn, welche sonst schon das Dasein eines anerkannten königlichen Geschlechtes versperrt, und stürzte wie die zeitweiligen Machthaber, so das ganze Land ins Verderben. Das Bewußtsein von der Gefährlichkeit der ein Jahrhundert lang geübten Praxis mag doch zusammen mit der Nachwirkung der Ermahnungen Alkuins die Ursache gewesen sein, daß Earbulfs Königthum nicht blos auf die Wahl der Witan gegründet, sondern durch eine feierliche Krönung zu York am 26. Mai 796 vervollständigt wurde, die erste bei den Angelsachsen, von welcher wirklich sichere Kunde vorliegt. Aber „das Ende des Unheils" vermochte der aus der Ferne die Dinge in der Heimath sorgfältig beobachtende Alkuin noch nicht in der Thronbesteigung Earbulfs zu erblicken, dessen Sittlichkeit auf sehr schwachen Füßen stand. Earbulfs Krönung hat ihn auch nicht vor Schilderhebungen der alten Königsmacher oder vor Umtrieben der Verwandten früherer Herrscher geschützt, obwohl er zunächst aus diesen Gefahren als

Sieger hervorging. Jene erlagen am 2. April 798 in offener Feldschlacht; diese wurden nach und nach aus dem Wege geräumt, wie im Jahre 800 Alchmund, ein Sohn Alchreds, oder zur Flucht genöthigt. Die Aufnahme der Flüchtlinge bei dem Könige Coenwulf von Mercia ward die Ursache eines Krieges, der aber auch insofern ein für Earbulf glückliches Ende nahm, als die Bischöfe einen Frieden vermittelten, in welchem die beiden Fürsten sich versprachen, gegenseitig nichts gegen ihr Königthum zu unternehmen. Indessen das gewöhnliche Schicksal northumbrischer Könige blieb Earbulf doch nicht ganz erspart: er wurde im Jahre 806 zu Gunsten eines Alfwold gestürzt und vertrieben. Aber durch die Vermittlung Karls des Großen, der ihn im Frühlinge 808 zu sich nach Nymwegen kommen ließ, und ebenso des Papstes Leo III., welchen der Vertriebene gleichfalls aufsuchte, in sein Land zurückgeführt, konnte Earbulf in der That, was seit einem Jahrhunderte in Northumbrien nicht mehr vorgekommen war, seine Würde auf Sohn und Enkel vererben.

Northumbrien wäre an sich wohl berufen gewesen, neben Mercia und Wessex in den Wettkampf um die Vorherrschaft einzutreten. Seine durch die innere Zerrüttung bedingte Zurückhaltung nach Außen beschränkte die Neben= buhlerschaft auf diese letztere allein. Nur noch von einem dieser beiden Staaten konnte die politische Einheit der Angelsachsen begründet werden und zwar eröffnete sich bald für Mercia die bessere Aussicht, obwohl es sich anfangs nicht auf jener Höhe der Macht erhalten zu können schien, welche es unter den Königen Wulfher und Aethelred schon erreicht hatte.

Aethelred von Mercia verlor zunächst durch das Emporkommen Cead= walla's in Wessex nicht nur die dort gemachten Eroberungen, sondern auch die Oberhoheit über Sussex (S. 63) und vielleicht zeitweilig auch die über Essex. Im Uebrigen fällt auf seine Regierung nur dürftiges Licht und es muß zum Beispiel völlig dahingestellt bleiben, ob sein Neffe Coenred, Wulfhers Sohn, welcher 702 im Landstriche südlich des Humber als König erscheint, dies durch Einsetzung seitens des Oheims oder etwa durch Auflehnung gegen denselben geworden war, und ebenso ob die Abdankung Aethelreds, welcher 704 Mönch wurde, zu Gunsten des Neffen, während er doch selbst einen Sohn hatte, ganz freiwillig geschah. Nach der Abdankung aber war ihr Ver= hältniß ein freundliches: Aethelreds Fürsprache verschaffte dem damals noch aus Northumbrien verbannten Wilfrid auch Coenreds Unterstützung. Dieser zog 709 als Mönch nach Rom; sein Nachfolger Ceolred, Aethelreds Sohn, übelberüchtigt durch seine Ausschweifungen und im Kampfe mit Ine von Wessex 715 wenigstens nicht Sieger, starb schon 716 und da Aethelred selbst eben= falls während dieses Jahres im Kloster Bardney starb, war die direkte Nach= kommenschaft des großen Penda, erst sechszig Jahre nach dessen Tod, schon völlig erloschen.

Hätten nun die Mercier, gleich den Northumbriern nach der in demselben Jahre erfolgten Ermordung Osreds I., in freier Wahl den erledigten Thron besetzt, so würden sie schwerlich vor dem Schicksale ihrer Nachbarn bewahrt geblieben sein. Aber an dem königlichen Blute festhaltend, erhoben sie den nächsten Seitenverwandten der letzten Könige, Aethelbald, einen Großneffen Penda's, welchem jener in seinen kriegerischen Unternehmungen nachahmte. Beda legt ihm die Herrschaft über alles Land südlich vom Humber bei und Aethelbald selbst nannte sich gelegentlich König von Britannien, wahrscheinlich weil die kleineren Könige des Ostens und die Häuptlinge der Walifer seinem Aufgebote folgen mußten. Seine Macht wird während seiner langen Regierung in demselben Maße gewachsen sein, in welchem die der nördlichen und südlichen Grenznachbarn, der Northumbrier und der Westsachsen, unter ihren rasch sich ablösenden Königen ins Wanken gerieth.

Ine von Wessex hatte seit 722 wiederholt Aufstände des unterjochten Sussex zu bekämpfen gehabt und als er nach einer 38jährigen Regierung, welche auch durch gesetzgeberische Thätigkeit ausgezeichnet ist, im Jahre 726 abdankte, um nach Rom zu ziehen, wurde seinem Nachfolger Aethelhard vier Jahre lang die Herrschaft von Oswald, einem anderen Cerdicssprossen, streitig gemacht: die Einnahme Somertons, der alten Hauptstadt von Somerset, durch Aethelbald von Mercia im Jahre 733 zeigt, wie ungünstig sich damals die Verhältnisse für Wessex gestalteten. Den nächsten König Cuthred (740—756) findet man gleich im ersten Jahre seiner Regierung wieder im Kriege mit Aethelbald und wenn er drei Jahre später mit ihm zusammen gegen die Briten im Felde lag, dürfte er es eher als dessen Gefolgsmann denn als freier Verbündeter gethan haben. Der zu 748 gemeldete Mord eines westsächsischen Aetheling, also eines Verwandten des Königs, und des letzteren Kampf mit Aethelhun, „dem stolzen Ealdorman", im Jahre 750, deuten darauf hin, daß Wessex zugleich auch von inneren Erschütterungen heimgesucht wurde und eben deshalb nicht mehr neben Mercia aufkommen konnte. Da trat nur im Jahre 752 die Möglichkeit eines durchgreifenden Wandels ein.

Aethelbald von Mercia wurde damals von den Westsachsen in der Schlacht bei Beorgford (Oxfordshire) vollkommen geschlagen. Die Sage schreibt dies Ergebniß nicht unwahrscheinlich dem Umstande zu, daß Cuthred sich mit Aethelhun seinem Ealdorman versöhnt hatte und daß Aethelbald, als er im Verlaufe der Schlacht mit diesem früheren Verbündeten zusammentraf, vor der furchtbaren Streitaxt des Westsachsen zitterte und floh. Damit war sein Ansehen dahin. Zügellos in seinen sinnlichen Begierden und zu Hause ebenso gewaltthätig wie gegen seine Nachbarn, ein böses Beispiel für die Großen des Landes, welche sich nun auch, wie Bonifatius in einem Briefe an ihn klagt, Bedrückungen aller Art und namentlich gegen die Kirchen erlaubten, wurde Aethelbald von den Seinigen 757 zu Seckington ermordet. Sein Nachfolger im Königthume, vielleicht auch der Urheber seines Todes, Beorred, behauptete sich jedoch nur ganz kurze Zeit: schon am Ende des Jahres, spätestens am Anfange des nächsten[1]), mußte er Offa weichen, der gleich Aethel-

---

1) Nach Theopold genauer zwischen 23. Sept. 757 und 12. April 758.

bald von Penda's Bruder Eawa abstammte, dessen Nachkommen Unterkönige bei den Hwyccas gewesen sein mögen. Doch konnte Beonred sich immerhin an der northumbrischen Grenze noch einige Jahre gegen Offa halten.

Diese Umwälzung in Mercia hätte dem noch vor Kurzem arg bedrängten Wessex zu Statten kommen können, wenn letzteres nicht zufällig gleichzeitig ähnliche Erlebnisse gehabt hätte. Dem 756 gestorbenen Cuthred folgte sein Verwandter Sigebriht, aber nur auf ein Jahr. Denn seine Ungerechtigkeiten veranlaßten die Witan des Landes, ihn förmlich abzusetzen und einen anderen Verwandten Cynewulf zum Könige zu machen, indem sie den Entthronten mit dem Besitze von Hampshire entschädigten. Eine ganz ungewöhnliche Rücksichtnahme in einem Jahrhunderte, in welchem sonst das Leben mißliebig gewordener Könige federleicht wog. Als aber Sigebriht auch dort seine Gewaltthätigkeit fortsetzte und zuletzt noch den Ealdorman umbrachte, welcher am längsten bei ihm ausgehalten hatte, da vertrieb Cynewulf ihn auch aus Hampshire und nöthigte ihn, in dem großen Anbredeswald eine Zuflucht zu suchen, welcher sich von Winchester östlich in der Richtung auf Dorking hinzog: hier ist Sigebriht von der Hand eines Schweinehirten gefallen, der den Mord seines Herrn an ihm rächte.

Die gleichzeitige Gefährdung Offa's von Mercia und Cynewulfs von Wessex durch die Fortexistenz ihrer beiderseitigen Vorgänger kann als Erklärung dafür gelten, daß von Kämpfen zwischen beiden Ländern aus den sechsziger Jahren nichts überliefert ist: sie mögen eben geruht haben, so lange die Könige sich zu Hause nicht ganz sicher fühlten. Als aber Offa „mit blutigem Schwerte" seinen Thron befestigt hatte, da stellte sich auf seiner Seite sehr bald ein bedeutendes Uebergewicht heraus. Von Northumbrien hatte er nichts zu fürchten. Ostangeln und Essex waren, wenn auch nicht unmittelbar unterworfen, so doch sicher in Abhängigkeit von ihm. Wenn nun die Hestinger, welche nach späterer Ueberlieferung von Offa zuerst bekämpft wurden, bei Hastings in Sussex, wie es doch sehr wahrscheinlich ist, gesucht werden müssen, so wird dieser Feldzug die Einleitung zu seinem Angriffe auf Kent gewesen sein, welcher ihm 775 den Sieg bei Ottanford (nordwestlich von Tunbridge) einbrachte. Im Jahre 779 besiegte er bei Bensington (südöstlich von Oxford) auch den König von Wessex, welcher zugleich schwere Kämpfe mit den Briten von Cornwal zu bestehen und in Sigebrihts Bruder, dem Aetheling Cynehard, ohne Zweifel einen Todfeind im eigenen Lande zu fürchten hatte. Doch erst im Jahre 786 fand dieser eine Gelegenheit zur Rache.

Cynehard erfuhr, daß König Cynewulf mit geringer Begleitung zum Besuche einer Geliebten nach Merton (bei Epsom?) gegangen war, und er umzingelte das Haus, ohne daß die anderswo untergebrachten Thegns des Königs es merkten. Cynewulf vertheidigte tapfer die Thüre, verwundete sogar seinen Feind, mußte aber der Ueberzahl erliegen. Als nun seine Mannen, durch das Geschrei der Frauen aufmerksam geworden, in aller Eile herbeiliefen, da bot Cynehard ihnen, falls sie friedlich abzögen, Geld und

Sicherheit des Lebens. Sie wiesen jedoch Alles zurück und, da sie ihren Herrn nicht hatten retten können, kämpften sie um ihn zu rächen und sie folgten sämmtlich ihm in den Tod. Darum wurde Cynehard doch nicht seiner That froh. Denn am nächsten Tage erschien der Ealdorman Osric mit anderen Thegns des Getödteten vor der Stadt, welche der Mörder vertheidigte. Geld und Land, das er ihnen bot, lockte sie so wenig, als die angedrohte Niedermetzelung ihrer in der Stadt zurückgehaltenen Verwandten sie schreckte: sie stürmten die Thore, erzwangen den Eingang und erschlugen den Aetheling und alle seine Mannen bis auf einen, dessen Leben verschont wurde, weil er Osrics Pathenkind war. — Mag nun die unverhältnißmäßig ausführliche Ueberlieferung von Cynewulfs Ende in der sonst so dürftigen Sachsenchronik einem Volksliede entstammen, sie lehrt doch, daß auch in diesen wilden Zeiten die Gefolgstreue bis in den Tod nicht verloren gegangen war, sondern als ruhmeswerthe Pflicht galt. Es war wohl vielfach die eigene Schuld der Könige, wenn sie gröblich verletzt wurde.

Der Tod Cynewulfs beförderte das Wachsthum des mercischen Staates, dessen Herrscher ähnlich wie Aethelbald sich seiner Gewalt auch über die Nachbarn wohl bewußt war: schon im Jahre 780 hatte er sich König der Mercier und anderer angrenzenden Gebiete genannt. Hatten die Briten von Wales im Laufe der Zeit das schon sehr früh von den anglischen Margesaeten kolonisirte Gebiet westlich vom Severn durch ihre unaufhörlichen Einfälle entvölkert, so brachte Offa es jetzt dauernd an Mercia zurück und sicherte es durch eine gewaltige nach ihm Offa's Dyke benannte Landwehr, welche sich vom Bristol-Busen bis zur Mündung des Dee erstreckte und lange Zeit die politische Grenze zwischen Wales und England geblieben ist. Was Wessex betrifft, so scheint dies unter Cynewulfs Nachfolger Beorhtric, der 789 selbst eine Tochter Offa's zur Frau nahm, alle weitere Nebenbuhlerschaft als hoffnungslos aufgegeben zu haben, und das war um so zeitgemäßer, weil eben unter Beorhtric die erste feindliche Landung der Dänen an der westsächsischen Küste erfolgte. Auch Aethelred von Northumbrien heirathete im Jahre 794 eine Tochter Offa's. In demselben Jahre ließ dieser, man sieht nicht recht aus welchem Grunde, dem Könige Aethelbert von Ostangeln das Haupt abschlagen und vereinigte nun wahrscheinlich das Land des Getödteten unmittelbar mit seinem Reiche. Besondere Könige der Ostangeln werden wenigstens während der nächsten sechszig Jahre nicht mehr genannt. So geschah es denn, daß, als Offa am 26. Juli 796 starb, die Mehrzahl der anglisch-sächsischen Staaten unter der mercischen Herrschaft vereinigt war, während die allein noch freien Könige von Wessex und Northumberland an ihr einen Rückhalt suchten und fanden.

Offa ist der Zeitgenosse Pippins und Karls des Großen, der einzige Fürst des Abendlandes, welcher dem Frankenherrscher in gewissem Sinne an die Seite gestellt werden kann und von Karl selbst als ebenbürtig betrachtet wurde. Politische Beziehungen der angelsächsischen Staaten zum Frankenreiche hatten natürlich auch früher nicht gefehlt: sie werden wie durch die Gemeinschaft der Kirche, so durch den Handelsverkehr gefestigt worden sein, welcher Friesen und andere Deutsche des Festlandes nach Ruteby und York, Angeln und Sachsen besonders in den Hafen Quentawich und auf die große Messe von S. Denis, sogar bis Marseille führte. Den vom Handel vermittelten Beziehungen gesellte sich der rege literarische Verkehr des achten Jahrhunderts hinzu und das lebhafte Interesse, welches man auf der Insel an der festländischen Mission nahm: ein dortiger Abt ermahnte Karl, sie zu unterstützen und die Tempel der Heiden, das heißt doch die der sächsischen Landsleute, zu vernichten. Aber nur wenige Zeugnisse liegen gerade über den Verkehr der beiderseitigen Herrscher vor und im Grunde wissen wir nur, daß von England her Ebruin zur Verfolgung des Bischofs Wilfrid aufgehetzt wurde, daß viele Jahrzehnte später Pippin an Eadbert von Northumbrien Geschenke schickte und daß des letzteren zweiter Nachfolger Alchred um Karls Freundschaft warb. Was hatte auch das gewaltige Reich der Franken von den kleinen, in ewiger Fehde sich unter einander zerfleischenden Staaten der Angelsachsen zu erwarten oder zu fürchten? Erst nach ihrer Zusammenfassung durch Offa wurden sie ein Faktor, mit welchem Karl zu rechnen hatte. Kenntniß der dortigen Dinge fehlte ihm, besonders seit Alkuin an seiner Seite war, gewiß nicht; sie wurde durch Gesandtschaften vervollständigt wie die eines fränkischen Abtes, welcher 786 päpstliche Legaten hinüber geleitete, oder durch den Briefwechsel, welchen der mit der Zollverwaltung in Quentawich beauftragte Abt Gerwold von S. Vandrille mit Offa selbst unterhielt. Das allgemein freundliche Verhältniß sollte nun nach Karls Wunsch durch eine dynastische Verbindung gestärkt werden. Er ließ für seinen Sohn Karl um eine Tochter Offa's werben; als dieser jedoch die Heirath nur unter der Bedingung zugestehen wollte, daß Karls Tochter Bertha — dieselbe, welche die Geliebte des fränkischen Staatsmanns Angilbert und die Mutter des trefflichen Geschichtsschreibers Nithard ward, — mit seinem Sohne Egfrid vermählt werde, empfand der Frankenkönig diese Forderung merkwürdiger Weise wie eine Beleidigung, welche er durch eine Handelssperre rächte. Offa, der seinerseits einigen Grund haben mochte, sich über die Aufnahme englischer Flüchtlinge bei Karl zu beschweren, antwortete mit der gleichen Maßregel. Erst die Vermittlung Alkuins, welchem natürlich nichts unerwünschter sein konnte, als ein Bruch zwischen seinen alten und seinen neuen Freunden, scheint damals die bedrohliche Spannung ausgeglichen zu haben und nach einer Urkunde, durch welche Offa am 12. April 790 der Abtei S. Denis ein von einem seiner Unterthanen geschenktes Landgut bei London bestätigte, ebenso wie nach einer anderen ebenfalls von 790, in welcher der Ealdorman von Sussex derselben Abtei die Häfen Hastings und Perensey verleiht, ist nicht zu zweifeln, daß das freundliche Verhältniß der beiden Herrscher jetzt wieder hergestellt war. Aber von der ursprünglich beabsichtigten Verschwägerung ist doch nicht mehr die Rede.

Anlässe zu Beschwerden gab es allerdings auch noch in der nächsten Zeit, obwohl wenigstens auf Karls Seite ein deutliches Bemühen erkennbar ist, ihnen zuvorzukommen und seinen „Bruder und Freund“ von Mercia nicht zu verletzen. Er vermeidet es wohl absichtlich sich unmittelbar bei Offa für Verbannte zu verwenden und sucht lieber ihnen durch die Fürsprache der anglischen Bischöfe die Rückkehr zu ermöglichen; als ihm auch das nicht gelingen wollte, entledigte er sich ihrer, indem er sie an den Papst wies. Hatte der Mercier sich über Bedrückungen seiner Pilger und Kaufleute im Frankenreiche beklagt, so erfahren wir aus Karls ausführlichem Briefe an Offa, welcher im Frühlinge 796 abging und sehr wahrscheinlich von Alkuin verfaßt ist, daß der Franke seine Zollforderung auf solche Pilger beschränkte, welche unter dem Scheine der Pilgerschaft Handelsgeschäfte betrieben, und daß er durchaus bereit war, den anglischen Kaufleuten allen Rechtsschutz zu gewähren, allerdings unter der Voraussetzung der Gegenseitigkeit. Er wünschte namentlich, daß die Angeln angewiesen würden, die von ihnen in den Handel gebrachten Mäntel wieder in der seit Alters üblichen Länge herstellen zu lassen, und er wollte dafür gern das von Offa gewünschte schwarze Gestein, wohl Marmor für irgend einen Kirchenbau, ihm verschaffen. Den Kathedralen in Offa's Reiche, welchen er schon früher durch Alkuin beträchtliche Geldspenden hatte zugehen lassen, schickte er damals kostbare Gewänder, dem Könige selbst aus der bei den Avaren gemachten Beute ein Wehrgehenk, ein Schwert und zwei seidene Mäntel. Offa's Tochter, die Aebtissin Aethilburg, bekam ebenfalls einen Mantel zum Geschenke. Aehnliche Gaben, wie Offa's Kirchen empfingen, waren gleichzeitig auch den Kirchen in Northumbrien zugedacht, wurden aber wieder zurückgezogen, weil kurz vor ihrem Abgange die Nachricht von der Ermordung des dortigen Königs Aethelred einlief, von der Alkuin in einem Privatschreiben an Offa sagt, daß Karl durch dieselbe heftig erzürnt worden sei. Wenige Monate später weilte auch Offa nicht mehr unter den Lebenden.

Ein denkwürdiges Ereigniß dieser Zeit war die Kirchenvisitation, welche Papst Hadrian I. im Jahre 786 durch zwei italische Bischöfe in England abhalten ließ. Ueberaus ehrenvoll empfangen, trafen sie bald nach ihrer Ankunft mit Offa und Cynewulf von Wessex zusammen und es werden bei dieser Zusammenkunft diejenigen Punkte aufgestellt worden sein, über welche synodale Berathung und Beschlußfassung nothwendig schien und auf zwei großen Concilien erst zu Corbridge in Northumbrien für die Erzdiöcese York und dann im Jahre 787 zu Cealchyth (Chelsea) für die Erzdiöcese Canterbury erfolgte. Ihre in zwanzig Kapiteln zusammengestellten Beschlüsse beziehen sich nun zwar in erster Reihe auf Glauben und Kirchenzucht, enthalten jedoch auch solche Satzungen, welche nur durch die weltliche Gewalt durchgeführt werden konnten, und sie bekamen daher ihre für Alle verbindliche Kraft erst dadurch, daß nicht nur die Bischöfe, sondern auch die anwesenden Könige und ihre Witan sie annahmen und landesgesetzlich machten. Eben mit ausländischen Frauen werden ebenso verboten als solche unter nahen Verwandten oder mit dem Kloster geweihten Jungfrauen. Verboten werden auch Gebräuche, welche als Kennzeichen oder Reste des Heidenthums galten: die Tätowirung des Gesichts, das Loosen und das Pferdefleischessen. Großes und Kleines wird in jenen Kapiteln naiv neben einander gestellt: neben der staatsrechtlich wichtigen Satzung, welche den Bischöfen die Berechtigung zur Theilnahme an den Königsmahlen zuerkannte, findet sich das Verbot, den Pferden die Schwänze zu stutzen, über dessen Durchführung freilich nachher weniger sorgfältig gewacht worden sein mag als über jene Berechtigung.

Man wird schwerlich irre gehen, wenn man Offa's Willen als den in diesen Dingen ausschlaggebenden betrachtet. Wie sehr er es war, beweist die Erhebung des mercischen Bisthums Lichfield zu einem Erzbisthume, welche von Offa auf dem Concile von 787 durchgesetzt wurde, zum Schaden des Erzbischofs von Canterbury und wohl auch gegen dessen Widerstand. Der Sprengel des letzteren wurde dadurch auf Kent, Essex, Sussex und Wessex eingeschränkt und umfaßte nur noch die Bisthümer Rochester, London, Winchester, Selsea und Sherborne, während dem neuen Erzbisthume die Bischöfe von Hereford, Worcester, Leicester und Sidnacester in Mercia und die von Norfolk und Suffolk in Ostangeln überwiesen wurden. Offa rechtfertigte bei dem Papste die Neuerung mit der weiten Ausdehnung seines Reiches und er förderte ihre Bestätigung durch das Versprechen, daß er alle Jahre 365 Goldstücke, also für jeden Tag eines, zum Besten der Armen und der Kirchen nach Rom schicken werde, — ein Versprechen, welches wahrscheinlich zu der irrigen Vorstellung Anlaß gegeben hat, daß der englische Peterspfennig späterer Zeit, der Romescot, schon von Offa eingeführt worden sei. Genug, der von ihm zur Rangerhöhung bestimmte Bischof Higebryht erhielt schon 788 das Pallium: er ward der erste Erzbischof von Lichfield, aber auch der letzte, da es nach seinem und Offa's Tode den Bemühungen Canterbury's gelang, die Aufhebung der Neuerung und die Herstellung der alten Erzbiöcese zu erwirken.

Die Zeitgenossen haben über Offa nur magere Nachrichten hinterlassen, welche späteren Jahrhunderten, die Ausführlicheres von dem großen Mercier zu hören begehrten, nicht mehr genügten, weder den Mönchen des von ihm gestifteten Klosters St. Albans noch denen des von ihm verkürzten Malmesbury oder der Geistlichkeit von Hereford, wo der von ihm hingerichtete Aethelbert begraben sein und Wunder thun sollte. Sage und künstliche Erdichtung, Verehrung und Haß arbeiteten an der Ausfüllung der Lücken, bis endlich um die Mitte des dreizehnten Jahrhunderts in St. Albans der gesammte nun vorhandene Stoff zu einer ausführlichen Lebensbeschreibung zusammengefaßt wurde, welche im Grunde nichts anderes ist als ein Roman. Die allerdings sehr auffällige Hinrichtung des ostanglischen Königs verwandelt sich in einen von Offa's Gemahlin Cynedrith mit berechnendster Hinterlist geplanten, von Offa selbst gestatteten Meuchelmord; die Brautwerbung des Unglücklichen um eine Tochter Offa's muß ihn ahnungslos in die Gewalt der bösen Königin führen, welche jedoch schon wenige Monate nach vollbrachter That ihren gerechten Lohn empfängt. Sie wird von Räubern in einen Brunnen gestürzt und ertränkt.

Alkuin entwirft ein anderes, unendlich günstigeres und zweifellos richtigeres Bild von Offa und seiner Gemahlin, wenn er ihren Sohn, den schon 787 zum Mitregenten gesalbten Egfrid, auf das von seinen Eltern gegebene Beispiel hinweist: „Lerne vom Vater Strenge, von der Mutter Milde; von jenem ein Volk gerecht regieren, von dieser mit den Elenden Mitleiden haben; von Beiden Ehrfurcht vor der christlichen Religion, Anhalten im Gebet, reichliches Almosengeben und züchtiges Leben." Die hier gerühmten Eigenschaften waren allem Anscheine nach bei angelsächsischen Königen weniger häufig zu finden als die kriegerische Tüchtigkeit, welche auch Offa nach allen Seiten hin bewährte, und die Treue gegen Freunde, welche Alkuin in einem an Offa selbst noch in seinem Todesjahre gerichteten Briefe anerkennt, und jedenfalls seltener als die Härte und Grausamkeit, mit welcher Offa, wie ebenfalls von Alkuin, aber freilich erst nach dem Tode des Königs, bemerkt wird, die Nachfolge des Sohnes gegen alle Anfechtungen zu sichern gedacht hatte. Wäre endlich Näheres von Offa's Gesetzgebung überliefert, deren noch König Aelfred in der Vorrede zu seinen eigenen Gesetzen gedenkt, oder von seinem Streben, daß „das Licht der Weisheit in seinem Königreiche leuchten möchte", so würde die Aehnlichkeit mit Karl dem Großen wohl noch deutlicher hervortreten und die Persönlichkeit Offa's weit über alle anderen Könige emporheben, welche je vorher über Angeln und Sachsen regiert hatten.

Offa's Sohn Egfrid folgte schon am 14. December 796 dem Vater im Tode nach und die Krone ging, noch vor Weihnachten, auf einen Vetter Namens Coenwulf über. Der doppelte Regierungswechsel hat nun offenbar die mercische Herrschaft erschüttert, obwohl noch nicht eigentlich gefährdet. Die Kenter zum Beispiel hatten sich gleich, sobald Offa die Augen geschlossen, aus eigener Macht einen König gesetzt: Eadbert II., welcher den Beinamen Praen „der Prediger" führt, weil er früher Geistlicher gewesen war. Sei es nun aus diesem Grunde, sei es in der Erwägung, daß Mercia diese Auflehnung gewiß nicht ungestraft lassen werde, genug der Erzbischof Aethelhard schloß sich ihr nicht an, schleuderte vielmehr gegen den abtrünnigen Geistlichen den Bann und flüchtete zu Coenwulf, welcher in der That der Erhebung rasch ein Ende machte. Er verheerte im Jahre 798 das Kenterland, nahm Eadbert gefangen und ließ den Unglücklichen an Händen und Augen verstümmeln. Widerwillig aber ohnmächtig mußte Kent die Fremdherrschaft über sich ergehen lassen und die Könige ertragen, welche Coenwulf dem unterworfenen Lande gab, nämlich zuerst seinen Bruder Cuthred (bis 807), dann dessen Sohn Baldred (bis 825). Dagegen blieb Aethelhards entschiedene Parteinahme nicht unbelohnt: ihre Frucht war die Beseitigung des von Offa ins Leben gerufenen Erzbisthums Lichfield und zwar bis zu einem gewissen Grade mit Hülfe des mercischen Königs.

Man sollte meinen, daß Coenwulf die Schöpfung seines großen Vorgängers nicht leichtfertig preisgegeben haben wird, und seine Absicht ging in der That eher darauf hinaus, sie weiterzubilden als sie zu vernichten. Er gedachte die beiden rivalisirenden Erzbisthümer wieder in ein einziges zu verschmelzen, welches seinen Sitz jedoch weder in Canterbury noch in Lichfield haben sollte, sondern in London, der bedeutendsten Stadt seines Machtbereichs, welche ja schon Gregor der Große im Jahre 601 auf Veranlassung Augustins (s. o. S. 42) zur kirchlichen Metropole der Angeln und Sachsen ausersehen hatte. Indessen indem Coenwulf so die Gültigkeit der an Lichfield ertheilten päpstlichen Sanction in Frage stellte und selbst beim Papste Leo III. den Widerruf derselben betrieb, sowohl brieflich als auch vielleicht durch den damals nach Rom ziehenden Unterkönig von Essex, das Ergebniß dieser Bemühung war ein von ihm sicherlich nicht erwartetes und keinesfalls ihm genehmes. Denn Aethelhard, welcher im Jahre 801 sich in Begleitung eines westsächsischen Bischofs ebenfalls in Rom einfand, wußte dem Papste das Privilegium Lichfields als erschlichen, als eine schwere Verletzung der zwei Jahrhunderte alten und durch mehrfache Bestätigungen geheiligten Rechte Canterbury's darzustellen und die Genehmigung für die einfache Herstellung des früheren Zustandes zu erwirken, welche dann nach seiner Rückkehr auf der Synode zu Clovesho im Jahre 803 durchgeführt wurde. Canterbury erhielt wieder den Primat bis zum Humber und Lichfield wurde wieder ein Suffraganbisthum, gewiß zum großen Verdrusse Coenwulfs, der einigen Grund hatte sich für überlistet zu halten. Gegen die durch die Bischöfe seiner Reiche angenommene päpstliche Verfügung konnte er freilich nicht aufkommen, besonders da er selbst von Vorneherein erklärt hatte, daß jeder Christ einer solchen gehorchen müsse; aber er sorgte dafür, daß Canterbury seines Sieges nicht so bald froh ward. Der Nachfolger des 805 gestorbenen Aethelhard, Erzbischof Wulfred, wurde in jeder Weise gedrückt, sechs Jahre lang sogar gänzlich an der Ausübung seiner Befugnisse gehindert, und er mußte schließlich, um einiger Maßen Ruhe zu haben, in Zahlungen und Landabtretungen an den König willigen. Uebrigens hatte auch der Erzbischof von York, vielleicht weil er sich seines bedrängten Genossen annahm, über Coenwulfs Gewaltthätigkeit zu klagen. Leo III. äußerte sogar einmal seine Besorgniß, daß England ganz vom päpstlichen Stuhle abgerissen werden könnte, und er suchte Kaiser Karl zu einer Einmischung in jene Streitigkeiten zu bestimmen, ohne daß ersichtlich wäre, ob eine solche wirklich erfolgte.

Sonst ist aus Coenwulfs Regierung nicht viel bekannt. Seines Versuches, mit Hülfe der aus Northumbrien Geflüchteten dort die Herrschaft Earbulfs zu untergraben, ist schon oben gedacht worden. Wenn er am Ende diesen als gleichberechtigt neben sich anerkennen mußte und wenn ein Einfall der unter ihm stehenden Hwyccas nach Wessex, als eben hier im Jahre 802

Beorhtric gestorben und Egbert König geworden war, mit einer großen
Niederlage endete, so geben diese Thatsachen wohl der Annahme Raum, daß
die Macht des mercischen Königthums unter Coenwulf wenigstens nicht mehr
im Steigen begriffen war. Als er 821 starb, brach sie jäh zusammen.
Sein Sohn Kenelm, ein Knabe von sieben Jahren, wurde schon am 17. Juli
ermordet, wie es heißt, von seinem Erzieher und auf Betrieb seiner Schwester,
welche selbst Königin zu werden begehrte. Die Krone wurde indessen Coen=
wulfs Bruder Ceolwulf zu Theil und mit diesem, welcher 823 vertrieben
und durch einen Mann unbekannter Herkunft Beornwulf ersetzt ward, erlosch
nun auch in Mercia das alte Herrschergeschlecht. Der letzte Sproß desselben,
König Baldred von Kent, erlag 825 den Angriffen Egberts von Wessex.

Schon im Jahre 797 hatte Alkuin es beweint, daß der Stamm der
alten Könige fast überall ausgegangen sei, und er hatte mit gutem Grunde
darin eine Ursache der überhandnehmenden Zerrüttung erkannt. Es ist kein
Zufall, daß die dauernde Vorherrschaft endlich dem einzigen Staate zu Theil
ward, in welchem das bis in die Wanderungs= und Gründungszeit zurück=
reichende Fürstenhaus, obwohl in ungewisser Verzweigung, noch sich an der
Spitze erhalten hatte.

IX. Egbert von Wessex und sein Haus.

Tantae molis erat Romanam condere gentem.

Kein Geringerer ist Gewährsmann über den im Jahre 802 erfolgten Tod König Beorhtrics von Wessex als König Aelfred. Er erzählte nämlich seinem eigenen Biographen Asser, daß Beorhtrics Gemahlin Eadburg, Offa's Tochter, eifersüchtig auf einen bei ihrem Manne in Gunst stehenden Jüngling, diesen durch Gift beseitigen wollte, von welchem jedoch auch der König getrunken habe, so daß beide gestorben seien. Da sei die Mörderin mit ihren Schätzen über das Meer ins Frankenreich geflüchtet, wo Karl der Große ihr eine Abtei gegeben habe. Ihr unzüchtiges Leben sei jedoch die Ursache gewesen, weshalb sie ihren Wanderstab habe weiter setzen müssen, und als Bettlerin sei sie endlich in Pavia gestorben.

Auf Beorhtric folgte Aelfreds Großvater Egbert, des Etheling Ealhmund Sohn, welcher von Ingild, einem Bruder Ine's, abstammte und auf diesem Wege sein Geschlecht durch viele Generationen hindurch auf Cerbic, den Gründer des westsächsischen Königthums, zurückführen konnte. Man erzählte sich später, daß Egbert vor den Nachstellungen Beorhtrics, welcher in ihm einen Nebenbuhler fürchtete, erst zu Offa und dann, als dieser seine Tochter mit Beorhtric verheirathete, zu den Franken geflohen sei, und Egbert hatte in der That bei diesen dreizehn Jahre gelebt, als jenes Königs jäher Tod ihm die Rückkehr ermöglichte und die Wahl der Witan ihn zur Krone berief.

Das ist Alles, was man von den früheren Jahren des Mannes weiß, welcher so oft als der Schöpfer des englischen Reiches betrachtet wird, und ebenso dunkel sind die ersten Jahrzehnte seines Königthums, aus welchen nur berichtet wird, daß er im Jahre 815 die noch im Besitze der Briten befindlichen Theile von Devon und Cornwall von Osten bis Westen verheerte und zehn Jahre später wiederum gegen die Briten bei Gafulford (Camelford, Cornw.) kämpfte. Da mag denn König Beornwulf von Mercia, um jene vor vollkommener Unterwerfung zu retten und die weitere Verstärkung des Nachbars zu durchkreuzen, ihm in den Rücken gefallen sein: er zog zwar Egbert von den Briten ab, doch nur um selbst ihm in der blutigen Schlacht von Ellendun, bei Amesbury in Wiltshire, vollständig zu erliegen.

Diese Schlacht wurde zum entscheidenden Wendepunkte in der Geschichte Englands, insofern die Stellung der vorwaltenden Macht nun endgültig von

Mercia auf Wessex überging. Die so lange Zeit von jenem beherrschten Länder im Süden und Osten ergriffen begierig die Gelegenheit den Herrn zu wechseln. Als Egbert noch im Jahre 825 seinen Sohn Aethelwulf in Begleitung des häufig für Staatsgeschäfte verwendeten Bischofs Ealhstan von Sherborne und des Ealdormans Wulfheard nach Kent schickte, da vertrieben die Kenter den König Balbred, welcher ihnen von Mercia gesetzt war, und nahmen Egbert selbst zu ihrem Könige an: ihn mochte obendrein seine Verwandtschaft mit ihrem letzten einheimischen Fürsten, dem unglücklichen Eabbert Praen, empfehlen. Sussex, Surrey und Essex traten ebenso freiwillig unter seine Herrschaft und der ostanglische König suchte bei ihm Schutz vor den Merciern. Im Kampfe mit den Ostangeln ist noch 825 Beornwulf, 827 auch sein Nachfolger Ludecan, dieser mit fünf seiner Ealdormen gefallen: es handelte sich jetzt für Mercia fortan nicht mehr um die Behauptung seiner früheren Hegemonie über die Nachbarstaaten, sondern um die Vertheidigung der eigenen Selbständigkeit. Und auch diese ging im Jahre 829 verloren, als Egbert den neuen König Wiglaf vertrieb. Er führte sein siegreiches Heer dann auf der Stelle weiter gegen die Northumbrier, welche jedoch den Angriff gar nicht abwarteten, sondern sich, sobald er die Grenze berührte, zur Annahme seiner Oberhoheit bereit erklärten. Im Jahre 830 zwang er sie auch den Nordwalisern auf und bei dieser Gelegenheit mag das alte Mona seinen britischen Namen mit Anglesey vertauscht haben.

Eine so starke und glückliche Hand hatte nie zuvor die Staaten der Insel zusammengefaßt. Die deutschen Stämme daselbst waren allerdings schon früher Fernerstehenden wie ein Volk erschienen, für welches im achten Jahrhunderte der Langobarde Paulus zuerst den Namen der Angelsachsen (Anglisaxones) aufgebracht hat.[1]) Das Land aber begann man erst jetzt allmählich als ein Ganzes aufzufassen, benannte es jedoch merkwürdiger Weise nicht nach dem Namen des siegenden Sachsenvolkes, sondern als England (Anglia) nach dem Stamme, welcher der zahlreichste war und bisher gewöhnlich die Führung gehabt hatte. Indessen, wie Egbert sich nicht König der Angeln oder der Engländer genannt hat, sondern König von Wessex, so war auch das, was er unter seine Gewalt gebracht hatte, noch weit davon entfernt, ein einheitlich regiertes oder verwaltetes Reich zu sein. Die Briten von Cornwall waren freilich dazu bestimmt in Wessex aufzugehen, da ihre Selbständigkeit überhaupt nur so lange möglich gewesen war, als Wessex sich noch von Mercia gefährdet gesehen hatte. Ostangeln dagegen, welches freiwillig unter Egberts Schutz getreten war, behielt seinen König und in Northumbrien konnte ebenso Earbulfs Sohn Eanred und dann wieder dessen Sohn Aethelred II. weiter regieren. Ja sogar der aus Mercia vertriebene Wiglaf empfing im Jahre 830 aus „seines Herrn" Egbert Hand Mercia zurück und die Fürsten von Nordwales blieben ohne Zweifel bestehen, als sie sich ihm fügten. Egbert

---

1) Hist. Longobard. IV, 22. VI, 15.

behielt nicht einmal die königslosen Länder Kent, Sussex und Essex unter
seiner unmittelbaren Herrschaft, machte sie nicht zu Provinzen oder Ealdor-
manschaften von Wessex, sondern er gab ihnen wieder einen besonderen König,
allerdings in der Person seines Sohnes.

Man sieht, Egberts Ziel war nicht die einheitliche Monarchie, sondern
nur jene Bretwaldaschaft früherer Jahrhunderte, und sie unterschied sich von
der Oberherrlichkeit der vorangegangenen Bretwaldas, welchen die Sachsenchronik ihn als den achten anreiht, nur dadurch, daß sie zum ersten Male
wirklich alle Angeln und Sachsen umfaßte und in der vergrößerten und verstärkten westsächsisch-kentischen Herrschaft einen festen Kern hatte, welcher nicht
mehr leicht zu zerstören war.

Die wichtigste Frage war, ob dieses Oberkönigthum Egberts dauerhafter
als die alten Bretwaldaschaften und mehr sein würde als ein kurzer Halte-
punkt in dem ewigen Wechsel der Machtverhältnisse, welcher bisher die alt-
englische Geschichte erfüllte. Die Bejahung dieser Frage seitens der folgenden
Generationen ist aber vornehmlich durch zwei Umstände begünstigt worden:
jenes schon berührte Aussterben der alten Königsgeschlechter in den übrigen
Ländern förderte die Unterordnung unter die westsächsische Führung und die
gerade jetzt immer häufiger und nachdrücklicher erfolgenden Angriffe der Dänen
machten sie unentbehrlich.

Fast vier Jahrzehnte waren seit der Zerstörung von Lindisfarne und
Jarrow vorübergegangen, ohne daß die „Heiden“, wie man bei den Angelsachsen die räuberischen Seefahrer des Ostens und Nordens häufig nannte,
sich an den Küsten Englands hatten blicken lassen. Um so schlimmer hatten
sie inzwischen in Irland gehaust, wo sie im Jahre 795 zum ersten und 805 zum
zweiten Male erschienen. Schwere Wunden waren seitdem durch sie dem blühenden kirchlichen Leben der Insel geschlagen worden, welches der mönchische
Verfasser der Vorrede zum Martyrologium des Oengus noch um die Wende
des Jahrhunderts in begeisterten Worten gefeiert hatte.[1]) Diesem handelte
es sich darum, der Vergänglichkeit des Weltlichen die Dauerhaftigkeit der
Kirche gegenüberzustellen: Ailill, der König von Connaught, der einst um sich
alle Krieger Irlands schaarte, ist dahin und seine Hauptstadt Cruachan ist
zerstört, aber die Chöre der Mönche singen noch immer in der Klosterkirche
von Cluain-Mac-Nois; Tara, einst die Residenz der irischen Oberkönige, liegt
in Trümmern, aber Armagh ist noch immer von Streitern der Wahrheit bewohnt. Alles war seitdem anders geworden. Jenes Kloster hatte 816,
Armagh 832 die erste Plünderung durch die Heiden erlitten; der Bischof
von Armagh mußte vor ihnen in den Süden der Insel flüchten und sie
setzten sich dauernd an verschiedenen Stellen der irischen Küste fest, welche

—

1) Vgl. d'Arbois de Jubainville in Revue critique 1881 p. 186 über jenes
Martyrologium, welches Whitley Stokes in The transactions of the R. Irish
Academy, Irish manuscript series, vol. I part. 1 (Dublin 1880) herausgab.

dann mancher der jetzt auch England wieder verheerenden Raubschaaren als bequeme Stützpunkte gedient haben mögen.

Die Themsemündung hatte für sie begreiflich eine große Anziehungskraft: im Jahre 835 verheerten sie die Insel Sheppey bei Sheerneß. Das folgende Jahr sah sie 35 Schiffe stark an der Südküste und Egbert wurde von ihnen bei Carrum (Charmouth in Dorset) vollkommen geschlagen. Sein neues Reich hielt diesen Stoß noch aus, aber solche Niederlagen durften sich nicht wiederholen. Schon geriethen die Briten wieder in Bewegung und wie ihre Voreltern einst vor den Picten und Scoten Rettung bei Jüten, Angeln und Sachsen gesucht hatten, welche dann aus Bundesgenossen ihre Herren geworden waren, so hofften sie nun diese mit Hülfe der Dänen abzuschütteln und durch deren Beistand die Freiheit wiederzugewinnen, welche sie aus eigener Kraft nicht hatten behaupten können. Als die Dänen im Jahre 838 in sehr großer Anzahl nach Cornwall kamen, da machten die dortigen Briten mit den Ankömmlingen sofort gemeinschaftliche Sache. Egbert behielt indessen dieses Mal die Oberhand und sein Sieg am Hengesthügel (Hingstondown nordwestlich von Plymouth) führte die Briten in die Unterthänigkeit zurück und trieb die Dänen nochmals aus dem Lande fort.

Aber auf wie lange? Die Schlacht bei Hengestbune war die letzte That Egberts, welcher 839 starb. Er hatte die Möglichkeit eines englischen Staates gezeigt, mehr nicht, und selbst diese mußte wieder fraglich werden, wenn seine Nachfolger an Geschick und Glück hinter ihm zurückblieben oder die Anfänge der Einigung dem Anpralle der Feinde nicht gewachsen waren.

Man wird nicht leicht den großen Fortschritt verkennen, welcher darin lag, daß die Krone von Wessex dies Mal nicht auf irgend einen Cerdicssprossen übertragen wurde, sondern unbestritten auf den Sohn des Verstorbenen überging, ein Fall, der seit zwei Jahrhunderten nicht mehr in Wessex vorgekommen war. Nach unverbürgten Nachrichten soll Aethelwulf, Egberts Nachfolger, einst für die Kirche erzogen, dann aber, vielleicht nach dem Tode eines älteren Bruders, durch den Papst selbst von seinen Gelübben gelöst worden sein. Sicher ist dagegen nur, daß der Vater ihn 825 an die Spitze des Heeres stellte, welches Kent von den Merciern befreien sollte, und ihm gleich nach dem Anschlusse des Südostens dort das Königthum übergeben hatte, mit welchem Aethelwulf jetzt bei seiner Berufung nach Wessex wieder den eigenen ältesten Sohn Aethelstan ausstattete. Er scheint nach Allem, was von ihm berichtet wird, ein Mann gewesen zu sein, welcher unter friedlicheren Verhältnissen seinen Platz vielleicht ausgefüllt hätte: den Anforderungen seiner eigenen stürmischen Zeit war er offenbar nicht ganz gewachsen. Man hat seinen Vater und ihn nicht übel mit Karl dem Großen und Ludwig dem Frommen verglichen: was der Eine geschaffen, verstand der Andere nicht zu erhalten, geschweige denn weiterzubilden. Kriegerische Tüchtigkeit war das vornehmste Erforderniß der Zeit und wenn sie Aethelwulf auch vielleicht nicht abging, so hat er doch nicht viel Neigung gezeigt sie zu bewähren. Auch er ift gelegentlich ins Feld gezogen, aber es geschah im Ganzen selten und er überließ in der Regel seinen Ealdormen oder dem zugleich staatsklugen und kriegskundigen Bischofe Ealhstan von Sherborne die Sorge der Abwehr. Und doch ist seine ganze Geschichte im Grunde nur eine Liste dänischer Einfälle, welche sich mit einer gewissen Regelmäßigkeit Jahr für Jahr wiederholen und dann wieder eine Zeit lang aussetzen, solange nämlich erlittene Niederlagen vorübergehend abschreckten oder andere Länder leichtere Beute versprachen.

Der Sieg, welchen im ersten Jahre der Regierung Aethelwulfs der Ealdorman Wulfheard, einst sein Begleiter bei der Besitznahme von Kent, über die Mannschaften von 33 dänischen Schiffen bei Southampton davontrug, ist für viele Jahre der letzte gewesen. In demselben Jahre noch starb Wulfheard und nun folgte Niederlage auf Niederlage. Die Dorfäten unter

Goldring Aethelwulfs.

ihrem Ealdorman Aethelhelm wurden 840 auf der Portlandinsel besiegt und den Kentern unter dem Ealdorman Herebryht erging es 841 in der RomneyMarsch nicht besser. In Kent, aber auch in Ostangeln und Lincoln wurden damals viele Menschen von den Heiden erschlagen, ebenso 842 in London, Rochester und Canterbury, und als König Aethelwulf im Jahre 844 selbst sich aufmachte, um die in Dorset Gelandeten auszutreiben, da wurde der Schlachtort Charmouth[1]) ihm ebenso verhängnißvoll, wie einst seinem Vater: nach dreitägigem Kampfe mußte er weichen und die Sieger konnten nun ungestört ihre Raubzüge in das Binnenland ausdehnen. Andere Schaaren warfen sich gleichzeitig auf Northumberland und tödteten dort den Usurpator Redwulf, welcher dem rechtmäßigen Könige Aethelred II. den Thron streitig machte.

Die nächsten Jahre scheinen verhältnißmäßig ruhig verlaufen zu sein; wenigstens wird aus ihnen nichts berichtet. Aber im Jahre 850 zog ein

<hr>

1) Die Schlachten bei Charmouth und am Parret (f. u.) find in der Sachfenchronik zu 840 bez. 845 angemerkt; ich folge der Berichtigung diefer Jahresangaben durch Theopold a. a. O. S. 62. 68.

gewaltiges Schiffsheer über die Nordsee gegen den Westen heran. Der Haupt=
anführer desselben, Rorik, ein Neffe des Dänenfürsten Harald Klak, warf
sich auf Friesland und die Niederlande; ein anderer Theil der Flotte plünderte
die weiter westwärts gelegenen Küsten des Kontinents; ein dritter umsegelte
England und landete da, wo das Flüßchen Pebrid (Parret) in die Bridge=
water=Bai mündet. Die Gefahr muß groß gewesen sein. Denn während
bisher stets nur das Aufgebot der unmittelbar bedrohten Provinz dem Feinde
einzeln entgegengeführt worden war, trat demselben jetzt, zwar nicht der König
und ein Reichsheer, aber doch die vereinigte Streitmacht von Somerset und
Dorset unter der Führung des Bischofs Ealhstan entgegen und dieses Mal
blieb den Angelsachsen der Sieg. Der Rest der am Parret Geschlagenen oder
auch eine andere feindliche Abtheilung, welche nach Devonshire gegangen war,
erlitt 851 eine neue Niederlage bei Wicganbeorg und auch König Aethelstan
von Kent hatte damals das Glück bei Sandwich zu siegen und sogar Schiffe
zu erbeuten.[1]) Aber er vermochte trotzdem nicht die Geschlagenen zum Ab=
zuge zu nöthigen: es war das erste Mal, daß die Dänen in England über=
winterten, wahrscheinlich auf der Insel Thanet, welche ja einst auch schon
den Angelsachsen bei ihrer Ankunft dazu besonders geeignet erschienen war
und bald der regelmäßige Lagerplatz ihrer nordischen Nachfolger wurde. Und
kaum hatte Aethelstan jenen Schwarm erträglich abgewiesen oder, wie man
sagte, besiegt, als eine neue feindliche Flotte von 350 Schiffen, eine so große,
wie nie zuvor an der englischen Küste gesehen worden war, in die Mündung
der Themse einlief und ihre Mannschaften von hier aus ins Land entsandte.
Da wurde Canterbury und London erstürmt, der Unterkönig von Mercia
Beorhtwulf mit seinem Aufgebote in die Flucht getrieben, Beorhtwulf selbst
dabei wahrscheinlich getödtet. Der Angriff war so umfassend, die Zahl der
Angreifer, welche sich jetzt tiefer in das noch nicht berührte Innere wagten,
so groß, daß sie sehr leicht schon damals sich versucht fühlen konnten, zur
dauernden Besitznahme der in ihre Hand gefallenen Landstriche überzugehen,
wenn das jetzt erst herankommende westsächsische Aufgebot unter König Aethel=
wulf und seinem zweiten Sohne Aethelbald gleichfalls erlägen wäre. Der
blutige Sieg der Westsachsen in der Entscheidungsschlacht bei Ockley in Surrey
rettete die angelsächsische Nationalität und befestigte jenes westsächsische Ober=
königthum, da dieses sich trotz aller vorangegangenen Unglücksfälle als die
einzige schützende Macht bewährte. Nur mit Hülfe von Wessex her konnte
der neue König von Mercia Burhred, welcher zu Ostern 853 Aethelwulfs
Tochter Aethelswith ehelichte, die in den Unglücksjahren aufsässig gewordenen
Waliser zum Gehorsam zurückführen. Und wenn auch der Versuch, den Dänen
Thanet zu entreißen, vollständig mißlang und diese sich zum Winter von 854

---

1) **Pauli**, Kg. Aelfred S. 55 sagt, daß Aethelstan den Versuch machte, „den
kühnen Gegnern auf dem eigenen Elemente entgegenzutreten". Das geht aus der
Sachsenchronik eigentlich nicht hervor. Die Jahreszahlen derselben sind übrigens von
851 an wieder in Ordnung.

und 855 auch wieder auf Sheppey festsetzten, so haben doch die mehrfachen Niederlagen des Jahres 851 auf sie eine solche Wirkung ausgeübt, daß fürs Erste von ihrer Seite keine größere Unternehmung gewagt wurde. Das mochte nach den bestandenen Gefahren wohl als eine Gabe besonderer göttlicher Gnade erscheinen, für welche der König sich zu Dank nach der Weise der Zeit verpflichtet fühlte.

Aethelwulf hatte schon bei seiner Thronbesteigung die Absicht gehabt nach Rom zu pilgern und sich dazu vom Kaiser Ludwig dem Frommen Geleit erbeten. Jedoch die bald darauf im Frankenreiche eintretende Verwirrung und noch mehr vielleicht die eigene Bedrängniß durch die Dänen mag die Ausführung vertagt haben, bis die Siege über die letzteren und die ihnen folgende erträgliche Ruhe sie ermöglichten. Schon 853 sandte Aethelwulf, natürlich in Begleitung von Personen seines besonderen Vertrauens, welche das Geschäftliche erledigten, seinen jüngsten Sohn Aelfred nach Rom, wo Papst Leo IV. denselben firmelte und zum Könige salbte, sei es daß der Vater ihn mit einem seiner Unterkönigreiche ausstatten wollte, sei es daß er ihn mit Uebergehung der älteren Söhne zu seinem Nachfolger im Gesammtreiche zu machen gedachte. Die großartige Schenkung, welche Aethelwulf im Jahre 855, nach der Rückkehr des Sohnes und vor seinem eigenen Aufbruche, der Kirche mit dem zehnten Theil seines Königsgutes machte,[1]) kann ebenso gut als der Preis für die päpstliche Sanktion seines Vorhabens mit dem Sohne wie als Ausdruck seines Dankes für die ihm von Gott geschenkten Siege angesehen werden. Für das Erste spricht jedoch, daß er bei seiner eigenen Reise nach Rom auch Aelfred wieder mitnahm, so daß dieser die Stadt, auf welche die Sehnsucht aller Angelsachsen stets gerichtet war, schon in ganz jungen Jahren zum zweiten Male sah.

Die Romfahrt Aethelwulfs erfolgte mit allen dem Oberkönige der Angeln gebührenden Ehren. Vom Westfranken Karl dem Kahlen, welcher in

---

1) Die Sache selbst ist sehr dunkel. Chron. Sax. 855: thy ilcan geare gebocude Aethelwulf teothan dael his londes ofer al his rice Godo to lofe and him selfum to ecere haelo, dürfte genauer sein als der Ausdruck in Assers Leben Aelfreds (Mon. hist. Brit. I, 470): decimam totius regni (?!) sui partem ab omni rogali servitio et tributo liberavit pro redemptione animae suae. Davon ist ein Zweites wohl zu unterscheiden. Nämlich nach dem Auszuge des königlichen Testaments bei Asser p. 473 (pro utilitate animae suae ... per omnem hereditariam terram suam semper in decem manentibus unum pauperem, aut indigenam aut peregrinum, cibo potu et vestimento successoribus suis usque ad ultimum diem iudicii post se pascere praecepit, ita tamen, si illa terra hominibus et pecoribus habitaretur et deserta non esset) und ebenso nach der im Allgemeinen damit stimmenden ausführlicheren Inhaltsangabe des Testamentes bei Wilhelm von Malmesbury scheint eine Art Landarmenpflege eingerichtet worden zu sein, indem je der zehnte Hof des königlichen Erbgutes mit der Verpflichtung belastet wurde einen Armen zu unterhalten. Aber möglich ist auch, daß die unbestimmter gehaltene Schenkung von 855 erst im Testamente eine genauere Fassung mit näherer Angabe ihres Zweckes bekam. Vgl. Lappenberg I, 192.

seiner Bedrängniß durch die Normannen wohl Grund hatte, seinen glücklicheren Nachbarn freundlich zu begegnen, in jeder Weise gefördert, kam er in Rom an, als Papst Leo IV., mit dem er verhandelt hatte, gestorben und Benedikt III. Papst geworden war. Er blieb ein ganzes Jahr dort. Goldene und silberne Kronen und Geräthe und kostbare Meßgewänder brachte er dem Papste und den Kirchen der ewigen Stadt als Opfer dar: seine Gaben gingen soweit über das sonst von vornehmen Pilgern inne gehaltene Maß hinaus, daß sie in der Lebensbeschreibung des Papstes, welcher sich in dieser Weise geehrt sah, im Einzelnen angemerkt worden sind. Eine besondere Stiftung kam der Beleuchtung von S. Peter und S. Paul am Ostermorgen zu Gute. Wie hätte Aethelwulf da seine königliche Freigebigkeit nicht auch der „Sachsen= schule“ zuwenden sollen, welche für die Aufnahme seiner pilgernden Lands= leute und für ihre kirchliche Ausbildung bestimmt war, in deren Marien= kirche sie ihren Gottesdienst hielten und auf deren Friedhofe so viele fern von der Heimath ihre Ruhestätte fanden. Die Tradition weist die Gründung dieses Nationalhospizes einem Ahnen Aethelwulfs, dem Könige Ine von Wessex zu, welcher ja 726 ganz nach Rom gezogen und dort gestorben war, und es ist fast selbstverständlich, daß auch andere angelsächsische Fürsten sie im Laufe der Zeit bedacht haben werden, wie das im Besonderen von König Offa von Mercien gesagt wird, freilich in Verbindung mit einer Romfahrt, welche Offa nie gemacht hat. Die Anstalt war aber im Jahre 817 und dann wieder 847 abgebrannt und lag wohl noch in Trümmern, als Aethel= wulf sie aus seinen Mitteln herstellte und sich in ihr ein Denkmal stiftete, für dessen weitere Ausstattung nachher sein Sohn Aelfred und die späteren Könige Englands, selbst der Däne Knud der Große, Sorge trugen. Sie nahm ohne Zweifel denjenigen Platz im Borgo ein, auf welchem jetzt das große Hospital und die Kirche S. Spirito in Saffia stehen.

Jene in Rom zur Schau getragene Kirchlichkeit Aethelwulfs will nun nicht recht zu der Thatsache stimmen, daß der jedenfalls hochbetagte, seit einigen Jahren verwittwete Mann sich auf der Rückreise im Juli 856 mit der etwa dreizehnjährigen Tochter Karls des Kahlen Judith verlobte und am 1. Oktober auf der Pfalz Verberie an der Oise verheirathete, auch darin Ludwig dem Frommen ähnlich, daß er durch seine Heirath Unfrieden in Familie und Reich brachte. Denn er hatte seine junge Gattin durch den be= rühmten Erzbischof Hinkmar von Reims auch zur Königin krönen lassen und durch diese bei seinem Volke nicht übliche Handlung ganz gewiß ihrer etwaigen Nachkommenschaft von Vorneherein einen Anspruch auf die Nachfolge sichern wollen, welchem seine älteren Söhne sich ebenso wenig zu fügen gedachten als sie wahrscheinlich einer Bevorzugung ihres jüngeren Bruders zugestimmt haben würden, von welcher nun nicht mehr die Rede war.

Aethelwulfs ältester Sohn Aethelstan war zu der Zeit, als der Vater übers Meer ging, wohl schon gestorben; er war in dem ihm zugetheilten Kent und dem übrigen Südosten durch den zweiten Sohn Aethelbald ersetzt worden, welchem mit dem Titel eines Königs während der Abwesenheit des Vaters auch dessen Vertretung in Wessex und im Gesammtreiche zufiel. Rücksichtslos zufahrend, nur auf sich selbst bedacht, mochte er wenig Lust verspüren, die Macht wieder aus den Händen zu lassen und sie dem Vater zurückzuerstatten, dessen Handlungen immerhin auf eine Beeinträchtigung der Söhne aus der ersten Ehe hinauszulaufen schienen und sogar von dessen früheren Berathern, dem Bischofe Ealhstan von Sherborne und dem Ealdorman Eanulf von Somerset, den Siegern vom Parret, so wenig gebilligt wurden, daß sie kein Bedenken trugen sich auf die Seite des aufständischen Sohnes zu stellen. Für die letzteren war wohl der Umstand entscheidend, daß das Unrecht auf die Nachfolge, welches Judiths Krönung ihrer künftigen Nachkommenschaft verleihen sollte, mit dem Wahlrechte der westsächsischen Witan unvereinbar war. Die Mißstimmung gegen Aethelwulf muß, als er mit seiner fränkischen Gattin den Boden der Heimath betrat, so groß, der Abfall so allgemein gewesen sein, daß er nicht einmal den Versuch machte sein besseres Recht mit dem Schwerte zu verfechten, sondern sich auf einen Vergleich einließ, nach welchem er mit dem Sohne einfach die Stelle tauschte. Dieser übernahm Wessex und damit doch auch wohl das Oberkönigthum, während der Vater sich auf die sonst dem Nachfolger überwiesenen Länder des Südostens, gleichsam auf seinen Altentheil, zurückzog, glücklich darüber, daß man ihn hier mit seinem jungen Weibe als Königin den Thronsitz theilen und sie königliche Ehren genießen ließ, welche in Wessex der „Frau des Königs" versagt waren. Nicht auf lange: am 13. Januar 858 ist er gestorben.

Daß das angelsächsische Reich durch Aethelwulfs Regierung gestärkt worden sei, läßt sich schwerlich behaupten, obwohl die Angriffe von Außen schließlich noch glücklich abgewehrt worden waren. Der Zwist zwischen Vater und Sohn mußte es nothwendig erschüttern. Die magere Ueberlieferung gestattet freilich nicht, den Betheiligten Recht und Unrecht zuzuwägen, aber die staatsrechtlichen Bestimmungen in dem Testamente Aethelwulfs, welcher im Uebrigen sich durch eine großartige Fürsorge für die Armen verewigte,[1]) zeigen wenigstens das Eine mit Sicherheit, daß es dem Greise nicht oder nicht mehr um die Reichseinheit zu thun war. Das Reich Egberts sollte, wenn es nach seinem Willen ging, dauernd in zwei Theile zerlegt werden, von welchen Wessex zwar Aethelbald verbleiben, Kent aber und dessen Zubehör dem nächsten Sohne Aethelbert und seinen Nachkommen zufallen sollten. Den jüngeren Söhnen Aethelred und Aelfred wurde die Anwartschaft auf die Nachfolge in Wessex eröffnet, falls Aethelbald keine Nachkommen hinterließ. Von einer Oberhoheit des älteren westsächsischen Königs über den jüngeren Bruder in Kent scheint in der Urkunde keine Rede gewesen zu sein. Die Witan aber nahmen trotzdem diese Anordnungen an.

Das Testament Aethelwulfs konnte kaum anders als eine Quelle dauernder

---

1) S. o. S. 134 Anm. 1. Vgl. Pauli, Aelfred S. 78.

Reibung zwischen den in Wessex und Kent gleichberechtigt regierenden Brüdern werden, von welchen der ältere Grund hatte sich gegen das Herkommen des Hauses verkürzt zu glauben und sicherlich nicht der Mann war, eine solche Verkürzung zu ertragen. Und sollte das Unerhörte, welches er wagte, die noch im Todesjahre des Vaters vollzogene Heirath mit dessen jugendlicher Wittwe, die er allen Vorstellungen der Geistlichen zum Trotz[1]) bei sich behielt, nicht vornehmlich gegen den Bruder in Kent gerichtet gewesen sein, wo jene bisher als gekrönte Königin geschaltet hatte? Weiteres erfolgte vielleicht nur deshalb nicht, weil Aethelbald schon im Sommer 860 starb. Da verkaufte Judith, die Wittwe von Vater und Sohn, was sie in England hatte und kehrte nach Frankreich heim, um schon 862 und zwar gegen den Willen ihres Vaters in eine dritte Ehe zu treten, für welche sie den Grafen Balduin von Flandern sich auserkoren hatte. Die Engländer aber weinten ihr nicht nach und wenn man dort nachher von der fränkischen Judith sprach, welche gegen alles Herkommen auf dem Throne selbst neben dem Könige gesessen, da erwachte auch die Erinnerung an die böse Eadburg wieder, welche ebenfalls mehr hatte sein wollen als blos des Königs Frau.

Der kinderlose Tod Aethelbalds brachte das Testament Aethelwulfs zu Falle. Denn von seinen Brüdern wurde nicht der bisher unversorgte Aethelred sein Nachfolger in Wessex, sondern der nach dem väterlichen Willen dauernd auf Kent abgetheilte Aethelbert, sei es daß er sich der erledigten Herrschaft mit Gewalt bemächtigte, sei es daß die Witan sich anders besannen, sich ihr Wahlrecht durch eine Vorausbestimmung nicht verkümmern lassen wollten und von demselben zu Aethelberts Gunsten Gebrauch machten. Die noch übrigen Brüder Aethelred und der jetzt etwa zwölfjährige Aelfred haben sich ihm als König gefügt und mit ihm friedlich das Hausgut getheilt. So wurde der Friede im Hause Egberts und was damit zusammenhängt, auch die Einheit des Reiches wiederhergestellt.

Gerade zur rechten Zeit, denn eben erneuerten sich die Angriffe der Dänen auf die Küsten des Landes. Die Stadt Winchester wurde 861 von einem Schwarm, welcher von der Mündung der Somme herübergekommen war, erobert und zerstört, und der Sieg, durch welchen das Aufgebot von Hampshire und Berkshire die Feinde zum Abzuge zwang, kann nicht sehr bedeutend gewesen sein, weil diese immer noch mehr als 200 Schiffe hatten, als sie sich nun unter einem Herzoge Weland wieder auf Frankreich warfen. Weil man aber hier um diese Zeit anfing, die ungebetenen Gäste durch Geldzahlungen abzufinden, so begannen diese jetzt solche auch in England zu fordern. Die Kenter sind im Jahre 865 die ersten gewesen, welche um von

---

1) Doch alle Bischöfe haben sicher nicht opponirt. Pauli a. a. O. S. 80 macht aufmerksam, daß unter den Zeugen einer Urkunde Aethelbalds von 858 neben der Königin Judith auch der Bischof Swithun von Winchester erscheint. Das war ein bei Aethelwulf sehr einflußreicher Mann gewesen und dieser hatte sich gerade Winchester zum Grabe erkoren.

ben auf Thanet überwinternden Heiden geſchont zu werden, ſich zu einer Zahlung bequemten. Die Heiden hielten jedoch den Vertrag nicht, ſondern plünderten und verheerten trotzdem den ganzen Oſten des Landes.

Das iſt ſo ziemlich Alles und nicht eben Erfreuliches, was man von Aethelberts kurzer Regierung bis 866 weiß, welche im Uebrigen, das heißt in Bezug auf die inneren Verhältniſſe, friedlich und ehrenvoll verlaufen ſein ſoll, und auch die Regierungsgeſchichte ſeines ihm im Geſammtkönigreiche nachfolgenden Bruders Aethelred bis 871 iſt weſentlich mit Angriffen und Abwehr der Dänen erfüllt. Man hat aber ſchon längſt bemerkt, daß die Angriffe in dieſen Jahren einen anderen Charakter annahmen, als ſie früher gehabt hatten, inſofern es ſich bei ihnen zwar wohl auch noch in erſter Linie um Raub handelte, aber zum Zwecke des Raubes jetzt dauerndere Feſtſetzungen erſtrebt wurden, welche ſich allmählich in förmliche Niederlaſſungen und An= ſiedlungen verwandelten. Die Menge der Angreifer wird dazu immer größer und an ihrer Spitze ſtehen nicht mehr blos ſelbſtgewählte Häuptlinge oder Herzöge, ſondern bald auch Fürſten und Könige des Heimathlandes, welche ganze Volksaufgebote über das Meer führen und erobern wollen. Die Vor= gänge, welche einſt in der Dunkelheit des fünften und ſechſten Jahrhunderts bei der Gründung der jütiſchen, angliſchen und ſächſiſchen Herrſchaften ge= ſpielt haben, wiederholen ſich jetzt im Lichte geſchichtlicher Aufzeichnung.

Auch das haben die beiden Erſcheinungen mit einander gemein, daß die Beſtandtheile der einzelnen Schaaren ſich nicht immer in Rückſicht ihrer Her= kunft ſcharf ſondern laſſen. Während im Allgemeinen Normannen ſich gegen die Inſeln des Nordens und nach Irland wenden, Dänen aber die Küſten des Kontinents und Britanniens heimſuchen, treten gelegentlich auch Dänen in Irland und Normannen an der engliſchen und ſchottiſchen Küſte auf und fremde Beimiſchungen werden wohl nirgends ganz gefehlt haben, wenn gleich die Hauptmaſſen ſich in der Regel aus Angehörigen eines Stammes zu= ſammenſetzten. Die Bezeichnung der in England landenden Heiden als Dänen iſt alſo eine durchaus zutreffende.

Ingvar und Hubba, die Söhne des ſagengefeierten Ragnar Lodbrog, welcher nach großen Heldenthaten als Gefangener in Northumbrien ein grauen= haftes Ende durch die Schlangen ſeines Kerkers gefunden haben ſoll, eröffnen die neue Reihe der däniſchen Angriffe. Sie müſſen gute Kunde von den Verhältniſſen des Landes gehabt haben, denn ſie warfen ſich zunächſt nicht auf das geeinte weſtſächſiſch=kentiſche Reich, ſondern auf das ſchwache Oſt= angeln und auf das eben damals wieder durch einen Thronſtreit des Königs Osbert mit Aella, einem Manne unköniglicher Abkunft, zerriſſene Northum= brien. In Oſtangeln, wo der König Eadmund im Jahre 866 nothgedrungen mit ihnen Frieden ſchloß und ihnen Winterquartiere einräumte, machten ſie ſich beritten und zogen dann, die Einen zu Lande, die Andern zu Schiffe, nordwärts zum Humber. Sie nahmen York und breiteten ſich von dort verheerend über das Land aus, bis die ſtreitenden Könige ſich gegen ſie ver=

einigten und sie zum Rückzuge auf York zwangen. Aber als die Northumbrier nun auch diesen Platz bestürmten, erlitten sie am 21. März 867 eine
gewaltige Niederlage und ihre beiden Könige kamen um, so daß die Ueberlebenden um Frieden baten und es sich gefallen ließen, daß die Dänen den
Süden des Landes mit der Hauptstadt behielten, für den Norden aber, das
alte Bernicia, einen Angeln Egbert zum Könige einsetzten, welcher ihnen
Tribut zahlte.

Nun kam die Reihe an Mercia. Daß die Dänen den Winter von 867
auf 868 in Nottingham zubrachten, hatte König Burhred, Aethelreds und
Aelfreds Schwager, nicht zu hindern vermocht und auch gegen die von dort
her drohenden Raubzüge glaubte er mit eigener Kraft nicht aufkommen zu
können. Dringend baten er und seine Witan um die Hülfe des westsächsischen Herrschers, dessen Beziehungen zu Mercia gerade damals durch Aelfreds
Hochzeit mit Ealhswith, der Tochter des Grafen Aethelred Mucel (b. h. der
Große) von Gainsborough, noch verstärkt worden waren. Die erbetene Hülfe
wurde nicht versagt: Aethelred, der anscheinend in dieser Zeit keinen Einfall erlitten oder zu befürchten hatte, kam 868 mit seinem Bruder und dem
ganzen Herbanne seines Reiches herbei, welchem auch der Klerus in der allgemeinen Landesnoth sich nicht entzogen hatte. Nie vorher wird in England
eine so starke Heeresmacht ins Feld gezogen sein, als damals, da die Krieger
von Kent, Wessex und Mercia sich zum Angriffe auf Nottingham vereinigten.
Aber sie konnten doch die Stadt nicht nehmen und Alles, was sie nach un-
entschiedenen kleineren Kämpfen erreichten, war am Ende doch nur ein Vertrag, nach welchem die Dänen zwar Nottingham zu räumen versprachen,
dafür aber offenbar gegen Northumbrien, Ostangeln und Lincoln freie Hand
erhielten. Das ganze folgende Jahr haben sie in York gesessen und im
Herbste 869 den letzten Widerstand in Lincolnshire niedergeworfen.

Algar war hier Ealdorman. Auf sich allein gestellt, hatte er gethan,
was irgend möglich war, und es gelang ihm in der That, einer Feindes-
schaar am 21. September 869 bei Kesteven eine schwere Niederlage beizubringen. Der Verlust der Dänen wurde jedoch durch Verstärkungen, welche
sie in der nächsten Nacht erhielten, reichlichst aufgewogen und als der Morgen
kam, waren auf ihrer Seite alle jene gefürchteten Helden zur Stelle, welche
ihre Namen in der angelsächsischen Geschichte dieser Jahrzehnte mit blutigem
Griffel verzeichnet haben, außer Ingvar und Hubba und anderen Jarlen die
Könige Guthrum, Bagseg und Healfdene, welcher Ingvars Bruder heißt.
Da verzweifelten die Angeln bei Algar an der Möglichkeit eines nochmaligen
Sieges und zerstreuten sich; Algar aber und die Wenigen, welche noch bei
ihm aushielten, wurden nach tapferster Gegenwehr von den Heiden erschlagen.

Wohin diese ihren Fuß setzten, immer fielen die Stätten der christlichen
Gottesverehrung, Kirchen und Klöster, der ersten Wuth zum Opfer, weil zu-
gleich Glaubenshaß und Raubgier in ihrer Vernichtung Befriedigung fanden.
Die Menschen wurden umgebracht; was Werth hatte, fortgeschleppt; die leeren

Gebäude verbrannt. Das war das Schickſal Bardneys bei Lincoln, welches die hier ruhenden Reliquien des Märtyrerkönigs Oswald nicht ſchützten, und es wurde, als die Maſſe der Sieger ſich ſüdwärts ins Land der Gyrwas wälzte, von den dortigen Klöſtern Croyland und Medeshamſtede (Peterborough) getheilt. Dieſelbe grauenhafte Verwüſtung erging über Oſtangeln, als die Dänen zum Winter von 869 auf 870 ſich dort um Thetford lagerten. Da raffte ſich der letzte angliſche König Eadmund zu verzweifelter Gegenwehr auf, doch nur um nach kurzem Widerſtande in die Hand Ingvars und ſeines Bruders zu fallen und, als er ſeinen Glauben nicht verläugnen wollte, am 20. November grauſam zu Tode gemartert zu werden. Von ſeinem Lande aber nahm nun der Dänenkönig Guthrum förmlich Beſitz und zum zweiten Male trat in Oſtangeln eine heidniſche Herrſchaft an die Stelle der chriſtlichen.

Es iſt auffällig, daß von Seiten Aethelreds außer jenem halben Aufraffen vor Nottingham nichts geſchehen zu ſein ſcheint, um die ſchließlich auch für ihn bedrohliche Feſtſetzung der Dänen am Humber und Waſh zu hindern, deren Erfolg ſelbſtverſtänblich den Feinden neuen Nachſchub zuführte. Sein Verhalten wird nur durch die Annahme erklärt werden können, daß er entweder zu gleicher Zeit im eigenen Lande Angriffe zu beſtehen hatte, von denen wir nur zufällig nichts wiſſen, oder in der Beſorgniß vor ſolchen Angriffen, welche in der That jeden Augenblick eintreten konnten, ſeine Kräfte zu Hauſe halten und ſparen zu müſſen glaubte. Dieſe Zurückhaltung mochte eine wohlberechnete ſein, aber ſie war ſchwerlich geeignet, jenen ungeſtümen Gäſten Reſpekt einzuflößen, welche nur da Halt zu machen pflegten, wo überlegene Macht und Tapferkeit ihnen den Weg vertrat. Als nun Yorkſhire, Lincoln und Oſtangeln nach den wiederholten Plünderungen der letzten Jahre nichts mehr boten und zum Theil auch ſchon in den feſten Beſitz einzelner Führer übergegangen waren, da machten ſich die Anderen im Jahre 871 gegen den noch Beute und Herrſchaften verheißenden Süden der Inſel auf. Jetzt hatte auch das Reich Aethelreds, des „Königs der Weſtſachſen und der Kenter“, die Probe zu beſtehen.

Die breite Mündung der Themſe ward den Feinden das Eingangsthor. Sie fuhren an London vorbei, welches vielleicht noch von dem Anfalle des Jahres 851 her in Trümmern lag, den Fluß hinauf bis nach Reading und ſchlugen in dem Winkel, welchen der dort münbende Kennet mit der Themſe bildet, ein feſtes Lager auf, um von hier aus das unberührte Innere zu durchſtreifen. Aber die Weſtſachſen waren auf ihrer Hut. Der Ealdorman Aethelwulf warf in ſiegreichen Gefechten die weſtlich bis zum Englafield vorgedrungenen Jarle auf das Lager zurück und vier Tage ſpäter führten die königlichen Brüder Aethelred und Aelfred den ganzen Heerbann ihres Landes zum Sturme auf die däniſchen Schanzen. Der Angriff wurde abgeſchlagen und die Weſtſachſen, auf deren Seite der Sieger von Englafield gefallen war, zogen ſich auf die nur wenige Meilen vom Schlachtfelde nordweſtlich gelegenen Hügel von Aescesdune (Aſhdown) zurück, um hier in einer selbstgewählten Stellung, welche namentlich auch die Verbindung mit Mercia sicherte, den nachrückenden Feind zu offener Feldschlacht zu erwarten.

In zwei Heerhaufen zogen die Dänen heran: den einen befehligten die Könige Bagseg und Healfden, den andern die mit ihnen verbündeten Jarle. Jenen wollte König Aethelred selbst entgegentreten und diese sollte Aelfred bestehen. So kam es denn vier Tage nach dem Kampfe vor Reading zu einer neuen blutigen Schlacht, über deren Anfang und Verlauf der Biograph Aelfreds einen höchst anschaulichen Bericht nach Mittheilungen von Augen= zeugen giebt. Die Dänen hatten einen Hügel besetzt, von welchem herab ihre wohlgezielten Pfeile der Abtheilung Aelfreds große Verluste bereiteten. Dieser sollte nach dem Befehle des Königs dessen Vorrücken abwarten. Da Aethelred jedoch längere Zeit auf sich warten ließ, weil er noch bei der Messe war und vor Beendigung derselben um keinen Preis aufbrechen wollte, ging Ael= fred auf eigene Hand zum Angriffe vor, welcher wenigstens den nutzlosen Verlusten ein Ende machte, und es entspann sich nun ein wüthendes Ringen, in welches später auch Aethelred mit seiner Abtheilung erfolgreich eingriff. Als endlich von Aethelreds Hand der König Bagseg und durch die Mannen Aelfreds die Jarle Sibroc der Alte und Sibroc der Junge, Osbern, Fräna und Harald getödtet waren, da war der Kampf zu Gunsten der Angelsachsen entschieden und die Dänen flüchteten auf Reading zu, bis in die Nacht hinein von den Siegern hart verfolgt.

Eine Niederlage der Angelsachsen würde wahrscheinlich auch dem Süden Englands das Schicksal des Nordens und Ostens bereitet haben und, insofern dies augenblicklich noch vereitelt wurde, ist der Sieg bei Aescesdune gewiß nicht zu unterschätzen. Aber er war trotz der Tausende, welche auf dänischer Seite erschlagen worden waren, nicht entscheidend; er beendete nicht die Kämpfe mit den bei Reading sitzenbleibenden Feinden und er wurde, als diese wieder Verstärkungen erhalten hatten, vollends dadurch aufgewogen, daß die königlichen Brüder vierzehn Tage später bei Basingstoke in Hampshire und nach zwei Monaten nochmals bei Merton in Surrey den Kürzeren zogen.

Die Gefahr war so groß wie je zuvor, als König Aethelred bald nach der letzten Schlacht am 23. April 871 starb. Sie erlaubte nicht ihm einen seiner beiden minderjährigen Söhne Aethelhelm und Aethelwald zum Nach= folger zu geben. Man nahm daher in Wessex, sowohl dem alten Brauche als auch dem Testamente Aethelwulfs sich anschließend, den einzigen er= wachsenen Sprossen vom Geschlechte Egberts zum Könige an, eben den Bruder des Verstorbenen, Aelfred, welchen man sich seit Aethelreds Thron= besteigung als den Zweiten im Reiche (secundarius) anzusehen gewöhnt, welchen die schwere Noth der Zeit als Mann bewährt und auch wohl Aethelred selbst sich zum Nachfolger gewünscht hatte.

X. König Aelfred als Vertheidiger Englands.

König Aelfred hat ungleich seinen Vorfahren, für welche wir in der
Hauptsache auf die knappen und abgerissenen Nachrichten der Sachsenchronik
beschränkt sind, das Glück gehabt, schon bei seinem Leben einen Biographen
zu finden, welcher aus warmer Anhänglichkeit heraus und oft sich auf die
eigenen Mittheilungen des Gefeierten stützend das Bild desselben zu zeichnen
unternahm. Es ist das Asser, ein Waliser, welcher von Aelfred für seinen
Dienst gewonnen, als Bischof von Sherbone im Jahre 910 starb, also Ael=
fred selbst überlebte. Er hat an dessen Lebensbeschreibung schon um 893
gearbeitet, aber leider, man sieht nicht aus welchem Grunde, sie nur bis
zum Jahre 887 fortgeführt, so daß für den Rest der Regierungszeit des
Königs wiederum die angelsächsischen Annalen eintreten müssen, welche übrigens
auch für die früheren Jahre Assers Erzählung in manchen Punkten ergänzen.
Asser wollte endlich nicht sowohl eine alle Ereignisse im Leben seines Helden
umfassende Darstellung geben, als vielmehr einzelne ihm besonders bemerkens=
werth erscheinende Beziehungen hervorheben und er veranlaßte dadurch, daß
schon sehr früh diejenigen, welchen sein Buch nicht genügte, Allerlei aus
anderen Werken und besonders aus jenen Annalen nachtrugen, so daß das
Leben Aelfreds, wie es jetzt vorliegt, gewiß sehr von derjenigen Form ab=
weicht, in welcher Asser selbst es hinterlassen hat.[1] Trotzdem wer möchte
es wissen?

Aelfred war der jüngste von den Söhnen des Königs Aethelwulf, welche
diesem seine Gemahlin Osburh während einer mehr als zwanzigjährigen Ehe
gebar. Diese, die Tochter des königlichen Schenken Oslac aus dem jütischen
Adel der Insel Wight, soll eine fromme Frau gewesen sein, welche der Er=
ziehung ihrer Kinder große Sorgfalt widmete und, während die anderen ihr
allmählich entwuchsen, mit besonderer Liebe gerade über das jüngste wachen
mochte, welchem sie im Jahre 849 auf dem königlichen Hofgute Wanting
(Wantage) in dem waldreichen Berkshire das Leben gegeben hatte. Asser
erzählt, wie sie den Lerneifer des Kindes anzuregen wußte, wie Aelfred schon
im vierten Jahre einen ganzen Band sächsischer Gedichte auswendig lernte,

---

1) Vgl. die quellenkritische Einleitung in Reinh. Pauli's „König Aelfred und
seine Stelle in der Geschichte Englands“ (Berlin 1851). Ich brauche nicht jedes Mal
im Einzelnen anzumerken, wie viel ich dieser trefflichen Monographie verdanke.

um sich die schöne Handschrift von der Mutter zu verdienen. Aber sie muß früh gestorben sein, vielleicht schon, bevor der Vater das Kind zum ersten Male nach Rom schickte und jedenfalls bevor er sich selbst im Jahre 855 dorthin aufmachte. Auf der Rückreise gab er ihm eine Stiefmutter. Wie hätte jedoch diese, die fränkische Judith, selbst noch fast ein Kind, dem Knaben die Mutter ersetzen können! Es mögen unerfreuliche Jahre gewesen sein, welche Aelfred zunächst zu durchleben hatte und in denen der Vater, hier von der jungen Gattin, dort durch den Zwist mit den älteren Söhnen in Anspruch genommen, schwerlich viel sich um die Entwicklung des Jüngsten bekümmert haben wird. Aelfred hat in der That erst nach dem Tode des Vaters, als er in der Umgebung seines Bruders Aethelbert aufwuchs, in seinem zwölften Jahre oder noch später lesen gelernt, aber auch dann, was er im reiferen Alter sehr beklagte, keinen regelmäßigen Unterricht genossen und zwar, wie es heißt, aus Mangel an Lehrern. Der unaufhörliche Kriegslärm erstickte damals bei den Angelsachsen alle geistigen Interessen und die Männer der älteren Schule wie Swithun von Winchester, welcher noch bis 862 lebte, und Ealhstan von Sherborne, welcher nach fünfzig Amtsjahren gar erst 867 starb, die greisen Berather von Aelfreds Vater und Brüdern, fanden Wichtigeres zu thun, als sich um die Ausbildung des jungen Fürsten zu kümmern. Was man damals allgemeine Bildung (artes liberales) nannte, die nur mit Hülfe des Lateinischen erworben werden konnte, blieb also ihm für lange Jahre unzugänglich und sein Unterricht beschränkte sich auf die Lieder des Volkes, welche er von Jugend auf kannte und liebte, und auf die Gebete und Gesänge des Gottesdienstes, an welchen er solche Freude hatte, daß er die schönsten derselben in ein Büchelchen zusammenschreiben ließ und dieses stets bei sich trug. Seine Gläubigkeit war unerschütterlich; seine fromme Inbrunst konnte sich gelegentlich bis zur Verzückung steigern; der Drang nach Erweiterung seines Wissens, der ihn durch das ganze Leben begleitete, wird sich ohne Zweifel schon früh kundgegeben haben; aber zu dem der Beschaulichkeit geweihten Berufe eines Mönchs, zu welchem ein früheres Jahrhundert vielleicht den nachgeborenen Prinzen bestimmt hätte, war weder die Zeit überhaupt angethan, welche sogar den Geistlichen die Waffen zur Landesvertheidigung in die Hand drückte, noch Aelfred selbst im Grunde seines Wesens veranlagt. Er war allerdings empfänglich für geistige Ausbildung, suchte sie auch wohl schon durch mündlichen Verkehr zu fördern, aber versäumte darüber auch nicht die körperliche. Er liebte es sich in den grünen Wäldern seiner Heimath zu tummeln und ward bald ein Jäger, dem an Geschick und Glück nicht leicht einer gleich kam. Er wird es nicht vergessen haben, daß die in früher Jugend vom Papste empfangene Königsweihe, was sie auch sonst bedeutet haben mag, ihn auf eine Stellung in der Welt hinwies, für welche er sich vorzubereiten hatte und welcher er durch das Hinsterben der älteren Brüder Schritt für Schritt näher rückte. Deshalb soll er es schmerzlich empfunden haben, daß ein schweres körperliches Uebel, welches viele Jahre anhielt, jene Anwartschaft zu vereiteln schien, bis es endlich nach der Ueberlieferung seinem inständigen Gebete am Grabe des heiligen Gueryr in Cornwal wich.

Aelfred war siebzehn Jahre alt geworden, als der Tod Aethelberts und die Thronbesteigung Aethelreds, des letzten Bruders, ihm die Stellung des Zweiten im Reiche gab und wahrscheinlich schon damals bestimmtere Aussichten auf die Nachfolge eröffnete. Von diesem Augenblicke an hat Aelfred, obwohl ihn im Jahre 868 und gerade bei seinem Hochzeitsfeste ein neues mit Krämpfen und zeitweiliger Bewußtlosigkeit verbundenes Leiden überfiel, welches ihn nie wieder ganz verließ, dem regierenden Bruder im Rathe und im Felde treu zur Seite gestanden, Siege und Niederlagen, Glück und Unglück mit ihm getheilt und nach beiden Seiten hin Erfahrungen gesammelt, bis des Bruders Tod ihn mit kaum 22 Jahren zum Könige machte, wie sehr zu fürchten war, zum letzten Könige von Wessex.

Denn wenn man der noch immer bei Reading lagernden Dänen, trotz der vielen Schlachten, welche sich in den ersten Monaten des Jahres 871 drängten, nicht Meister geworden war, was sollte erst werden, als im Frühlinge, um die Zeit da König Aethelred starb, dort neuerdings eine große Flotte eintraf? Die Dänen drangen jetzt bis in das Herz von Wessex vor und es mag wohl sein, daß der verstorbene König nur deshalb in Wimberton beigesetzt wurde, weil die alten Grabstätten des königlichen Hauses Winchester und Sherborne nicht mehr für sicher galten oder gar schon von den Feinden heimgesucht worden waren. Als Aelfred ihnen einen Monat nach seiner Thronbesteigung bei Wilton entgegentrat, ließ die Schlacht sich anfangs günstig an, aber der Ungestüm seiner Leute riß sie blindlings vorwärts und statt des Sieges trugen sie wieder eine Niederlage davon. Das war wenig ermuthigend und es ist ganz verständlich, daß König und Volk, ermattet von den zahlreichen und fruchtlosen Kämpfen dieses Jahres, zuletzt von den Waffen kein Heil mehr erwarteten. Man schloß mit den Dänen einen Vertrag, der ihnen wahrscheinlich die friedliche Verpflegung während des nächsten Winters unter der Bedingung zusicherte, daß sie im nächsten Frühjahre abzogen. Sie gingen jedoch 872 nur bis London zurück und werden dies und die Mündung der Themse ohne Zweifel auch dann festgehalten haben, als ihre Hauptmasse sich am Ende des Jahres nach dem Norden wandte.

Wessex konnte aufathmen, aber wie viel war inzwischen verloren gegangen! Jene leitende Stellung, welche Egbert seinem Staate gewonnen und seine nächsten Nachfolger unter manchen Wechselfällen behauptet zu haben scheinen, war fürs Erste unwiederbringlich dahin, seitdem die Macht dieses Staates sich als unzureichend zum Schutze der Schwächeren erwiesen und, indem man diese preisgab, mit den Feinden paktirt hatte. Sie reichte nicht einmal mehr aus das eigene Land zu vertheidigen, geschweige denn etwas für das befreundete Mercia zu thun, auf welches jetzt die ganze Wucht des Angriffs fiel.

Jene in den Norden abgezogenen Dänen lagerten am Anfange des Jahres 873 bei Torksey nordwestlich von Lincoln, also wieder in der Gegend, in welcher Aelfreds Gemahlin zu Hause war. Ein Jahr lang hielten sie den Frieden, welchen die Mercier von ihnen erkauft hatten, dann aber zu Anfang 874 verlegten sie das Lager ins Innere von Mercia selbst nach Hreopedune (Repton südlich von Derby). Da verzweifelte König Burhred, weil auch sein Schwager Aelfred ihm nicht helfen konnte, vielleicht nicht durfte, an der Möglichkeit ferneren Widerstandes: er ließ Land und Leute, sogar seine Frau im Stich und flüchtete übers Meer nach Rom. Dort ist er noch in demselben Jahre gestorben und die Marienkirche der Sachsenschule wurde sein Grab,[1]) während die Dänen sein Königreich unterwarfen und an seine Stelle einen seiner Thegns Namens Ceolwulf setzten, welcher ihnen schwören mußte, jeden Tag zur Heeresfolge bereit zu sein und für ihre Be= dürfnisse zu sorgen. Es ist sehr wahrscheinlich, daß dieser Schwur kein leeres Wort geblieben ist und daß die Mercier nothgedrungen bei den weiteren Unternehmungen der Sieger gegen ihre noch nicht bewältigten Landsleute mitgewirkt, die Bedrängniß der letzteren also vermehrt haben werden. Man mag sich jenen Ceolwulf entweder im Gefolge des Königs Healfdene denken, welcher 875 mit einem Theile des großen Dänenheeres von Repton nach der Mündung des Tyne zog und von dort aus das alte Bernicien, das Land der Picten und das der Scoten von Strathclyde verheerte, oder auch bei den Königen Guthrum, Oscytel und Anwynd, welche gleichzeitig mit dem anderen Theile des Heeres nach Grantebrycge (Cambridge) übersiedelten, wohl in der Absicht von hier aus in Muße die Unterwerfung des südlichen Mercia und die von Essex zu vollenden.

Wessex war also allein noch übrig und auch dessen Stunde schien ge= kommen, als jene Könige im Jahre 876 die Südküste angriffen. Sie be= mächtigten sich des festen, vom Lande her nur auf einer Seite zugänglichen Kastells Wareham an der Stubland=Bai, drangen dann ins Innere und müssen so mächtig gewesen sein, daß sogar Aelfred vom Kampfe nichts er= wartete und sich erbot, den Abzug der Feinde zu erkaufen. Das ließen sich die Dänen wohl gefallen: sie gaben ihm Geiseln für die Ausführung des Vertrages und beschworen denselben nicht blos auf den Reliquien christlicher Heiligen, welchen sie zwar nicht Verehrung, aber allerdings abergläubische Furcht zollten, sondern auch durch Anfassen der blutbestrichenen Schwurringe ihres eigenen heidnischen Glaubens. Einen heiligeren Eid konnten sie nicht leisten und doch haben sie ihn nicht gehalten. Sie brachen Nachts aus Wareham hervor, vernichteten eine Reiterabtheilung des Königs, durchstreiften erst Dorset, dann Devon und nahmen durch einen Handstreich das durch seine Verbindung mit dem Meere zu einem dauernden Stützpunkte sehr ge=

---

1) Burhreds Gemahlin Aethelswith, Aelfreds Schwester, starb 889 in Pavia. Ein Goldring derselben wird bei Hübner, Inscript. christ. Nr. 224 verzeichnet.

eignete Escanceaster (Exeter). Im Jahre 877 folgte der Rest der Dänen von Wareham dorthin nach. Aber auch Aelfred raffte sich nun zur ange= strengtesten Gegenwehr auf: er führte gegen Exeter Alles heran, was noch seinem Aufgebote folgen mochte und trat zum ersten Male den Dänen auch auf ihrem Elemente entgegen. Ein kleiner Erfolg, welchen er schon im Jahre 875 bei einem Seegefechte gegen eine dänische Abtheilung gehabt hatte, führte ihn zu der richtigen Erkenntniß, daß der Widerstand zu Lande hoffnungslos sei, wenn er nicht durch eine entsprechende Macht auf dem Meere unterstützt werde. Er hatte deshalb so viele Schiffe als möglich gebaut und sie, wie Asser sagt, mit „Seeräubern" bemannt,[1]) entweder mit den Küstenfahrern des eigenen Landes, welchen unter den obwaltenden Verhält= nissen oft genug nichts Anderes übrig bleiben mochte als Seeraub, oder mit fremden Abenteurern, von welchen das Meer wimmelte, vielleicht gar wieder mit Dänen, welche er um Sold für seinen Dienst gewann. Die Aufgabe dieser Flotte, der ersten größeren, von welcher die Geschichte Englands weiß, bestand darin, daß sie die Zufuhr von Lebensmitteln nach Exeter abschneiden und die Vereinigung der von Wareham auslaufenden Dänenflotte mit den in Exeter eingeschlossenen Mannschaften hindern sollte, und das ist ihr mittel= bar gelungen, indem nach einem für die Sachsen glücklichen Seegefechte die feindlichen Schiffe, 120 an Zahl, in dichtem Nebel auf die Klippen von Swanewic (Swanage südöstlich von Wareham) aufliefen und mit ihrer ganzen Bemannung zu Grunde gingen. Die anderen Dänen in Exeter kamen dadurch in eine üble Lage und am Ende haben sie des Abzugs wegen sich aufs Neue mit Aelfred vertragen, ihm Geiseln gestellt, so viele er wollte, und manche Eide ihm geschworen, dieses Mal sie aber auch gehalten, vielleicht weil sie sie halten mußten, da Aelfred ohne Zweifel die nöthigen Vorkehrungen getroffen haben wird, daß die zu Lande nach Mercia Zurückziehenden nicht weiteres Unheil anstiften konnten.

Noch ein Mal mochte man sich in Wessex für gerettet halten, während die Dänen in den anderen Ländern sich immer mehr häuslich einzurichten begannen. Wie der König Guthrum schon 870 Ostangeln zu bauerndem Besitz genommen hatte, so setzte König Healfdene sich 876 in Northumbrien fest und vertheilte seinen Begleitern das Land, so daß die bisherigen Eigen= thümer für die neuen Herren arbeiten und zinsen mußten. Die von Exeter kommenden Dänen machten es im Herbste 877 ebenso in Mercia, indem sie ihrem Vasallen Ceolwulf einen Theil des Landes einfach wegnahmen und selbst sich dort niederließen. Mochten in den zahllosen größeren und kleineren

---

1) Pauli S. 118 bestreitet die Glaubwürdigkeit der Nachricht (iussit ... longas naves fabricari per regnum ... impositisque piratis in illis vias maris custodien- das commisit), weil Aelfred damals unmöglich in seinem „ganzen" Reiche Schiffe bauen lassen konnte. Aber warum nicht in den Häfen, welche ihm noch geblieben waren? Es scheint außerdem ein Widerspruch, den Bau der Schiffe zu bestreiten und doch an der ebenfalls von Asser berichteten Thätigkeit der Flotte festzuhalten, wie Pauli es thut.

Kämpfen dieser Jahre auch Tausende von ihnen erschlagen werden, die Gefallenen wurden unaufhörlich durch Nachrückende ersetzt, welche um so zahlreicher kamen, je leichter allmählich die Besitzergreifung in dem Lande der zu Tode gehetzten Angelsachsen sich vollzog, deren Heeresverfassung den an sie jetzt gestellten Anforderungen gegenüber sich als unzureichend erwies und für deren Verluste kein Ersatz zu beschaffen war. Keine Umsicht und kein Heldenmuth konnte auf die Dauer gegen dieses Mißverhältniß der rohen Kraft aufkommen und der größten Anstrengung drohte schließliches Unterliegen. Das Jahr 878 schien auch das Schicksal des westsächsischen Reiches und seines tapfern Königs zu besiegeln.

Gleich in den ersten Tagen des Jahres brachen die Feinde von zwei Seiten her in Wessex ein. Die Dänen aus Mercia setzten sich bei Chippenham am Avon in Wiltshire fest, während ein Bruder Healfdenes und Ingvars, wahrscheinlich der seit längerer Zeit nicht mehr genannte Hubba, welcher in Südwales überwinterte, mit 23 Schiffen in Devon landete. Diejenigen, welche dort noch die Waffen tragen mochten, zogen sich vor ihnen in eine Feste des Namens Kynwith zurück, hielten trotz des peinvollsten Wassermangels aus und brachten endlich den Belagerern bei einem Ausfalle im Morgengrauen eine vollständige Niederlage bei. Der dänische Anführer und 840 Mann seines Heeres blieben auf dem Schlachtfelde; die übrigen retteten sich zu den Schiffen; ihre Kriegsfahne — sie hieß der Rabe und war von den Töchtern Ragnar Lodbrogs für die Brüder gewebt und mit manchem Zauber geweiht worden — wurde die Beute der Sieger. Aber so ruhmvoll für die Helden von Kynwith dieser Tag war, ein Lichtblick in langer Unglückszeit, ihre Landsleute begannen der ewigen Kämpfe überdrüssig zu werden und allen Muth zu verlieren. Als von Chippenham aus das große Landheer der Dänen weit und breit Alles verwüstete, da machten die Sachsen es genau ebenso, wie einst aus Furcht vor ihnen die keltischen Ureinwohner: wer irgend konnte, flüchtete über's Meer und wer es nicht konnte, zog Unterwerfung und Knechtschaft dem sicheren Untergang vor. Die allgemeine Entmuthigung des Volkes, welches sich selbst aufgab, zwang dann auch König Aelfred auf seine Rettung bedacht zu sein und er entwich jetzt in die Urwälder und Sümpfe von Somerset. Eine natürliche Erhöhung in dieser Wildniß, welche südöstlich von Bridgewater zwischen dem Parret und einem Nebenflüßchen aus sumpfigen Niederungen sich erhebt und Aethelinga-eigge (Aethelney) „die Prinzeninsel" genannt wurde, bot dem Könige, seiner Familie und einem Häuflein Getreuer vorläufig ein nothdürftiges Unterkommen. Auf der eiligen Flucht dorthin mag jenes unter dem Namen „Aelfreds Juwel" bekannte Stück aus dem Schmucke des Königs, vielleicht der Knopf seines Scepters, verloren gegangen sein, welches im Jahre 1693 in der Nähe von Aethelney wieder aufgefunden ward.[1])

---

1) Es befindet sich im Ashmolean Museum zu Oxford. Der Holzschnitt wurde nach

Aelfred hatte dem hereinbrechenden Unglücke weichen müssen. Aber er gab sich nicht wie sein kleinmüthiger Schwager Burhred für immer verloren, sondern aufrechtgehalten durch sein Gottvertrauen sah er in dem augenblicklichen Mißgeschick nur die Aufforderung zu noch größerer Thätigkeit. Und weil das angelsächsische Volk ihm und seinem treuen Ausharren vornehmlich die Erhebung aus der tiefsten Erniedrigung verdankt, darum hat es auch seine Persönlichkeit und den mit ihr verknüpften Wechsel vom Unglück zum Glücke, von Niederlagen zum Siege in liebevoller Erinnerung mit Sagen umkleidet, während die Kirche, welche in ihm den Streiter Christi gegen die Heiden feierte, durch ihre Legenden ihn fast zum Heiligen verklärte. Beide Arten der Ueberlieferung aber haben sich vielfach mit einander verbunden und wenn es schon schwierig ist, sie von einander zu scheiden, so darf man noch weniger hoffen zu ergründen, was etwa in ihnen wirklich geschichtlich ist. Manche Züge der Sage kehren auch wohl in anderem Rahmen und in anderen Gegenden wieder, wie die Erzählung vom Weibe des Kuhhirten, welche ohne zu ahnen, daß der verirrte Fremdling, welcher an ihrem Heerde ausruhte, der König sei, ihn dafür ausschalt, daß er die Brode im Ofen habe verbrennen lassen, oder die anscheinend dänischer Ueberlieferung[1]) ent-

---

der Abbildung im Archaeological-Journal II (1846), S. 164 gefertigt. Pauli, König Aelfred, S. 251, beschreibt das Juwel so: „Das Kunstwerk besteht aus einem etwas über zwei Zoll langen und einen halben dicken geschliffenen Krystall von ovaler Form, in den ein Mosaikschmelz von grüner und gelber Masse eingelegt ist. Dieser Schmelz stellt die Umrisse einer menschlichen Figur dar, welche zu sitzen scheint und in jeder Hand eine Art von Lilienstock mit Blumen trägt Die Ausleger haben verschieden auf St. Cuthbert, St. Noet und selbst auf Christus gerathen; doch soll die wenig entwickelte Darstellung wohl nichts Anderes als das Bild des Königs in seinem Schmucke bedeuten. Die Rückseite wird von einer Platte von feinem Golde bedeckt, in welche nicht ohne Geschmack und mit vieler Phantasie gleichfalls eine Blume hineingearbeitet ist. Die ovale Seitenwand wird von vortrefflich und dauerhaft gearbeitetem durchbrochenem Golde eingefaßt und enthält ringsum die merkwürdigen Worte, welche jeden Zweifel über den ehemaligen Besitzer des Juwels ausschließen:

Aelfred mec heht gewyrcan

Aelfred ließ mich machen.

Die Buchstaben dieser Schrift sind sämmtlich Kapitale und stimmen in ihrer etwas steifen Form ganz mit den Anfangsbuchstaben vor den Hauptstücken der echten Handschriften aus Aelfreds Zeiten überein. Noch mehr als die Buchstaben zeugt die Form der beiden mittleren Wörter in ihrer echten ursprünglichen Schreibung für das durch die Umschrift beanspruchte Alter. Da wo das Krystall und seine Einfassungen am untern Ende spitz zulaufen, mündet das Gold in einen aus demselben Metalle sehr schön gearbeiteten Delphinkopf, dessen leere Augenhöhlen ehemals Edelsteine enthalten haben müssen und durch dessen offenstehenden Rachen innerhalb ein kleiner goldener Stift läuft. Dieser hat vermuthlich einem Rohre oder schönen Stabe zur Befestigung gedient, an dessen Spitze das Juwel getragen wurde. Es ist ein wunderbares Spiel des Zufalls, daß uns in diesem merkwürdigen Kunstwerke höchst wahrscheinlich ein Stück vom Scepter Aelfreds erhalten ist. Die an dasselbe verwandte Kunst gewährt einen sehr vortheilhaften Eindruck von damaliger Geschicklichkeit und Ausführung.‘‘

    1) Pauli S. 132.

stammende Nachricht, daß Aelfred als Sänger verkleidet sich ins Lager der Feinde geschlichen, ihre Pläne ausgekundschaftet und so seinen Sieg vorbereitet habe.

Zwei Dinge stehen jedoch fest, nämlich daß Aelfred das Vertrauen auf eine günstigere Wendung festgehalten und daß er das Beste dazu gethan hat, sie herbeizuführen. Zunächst wurde das schon von Natur schwer zugängliche Aethelney um Ostern (23. März) 878 durch künstliche Befestigungen verstärkt und zu einem haltbaren Stützpunkte umgeschaffen. Dann begann der König durch kecke Streifzüge hierhin und dorthin seinem Volke Kunde von seinem Dasein zu geben und es auf den Tag vorzubereiten, an welchem er den Ruf zur Sammlung und Befreiung erschallen lassen würde. Die Legende erzählt,

Aelfreds Juwel (Oxford, Ashmolean Museum).

daß der heilige Cuthbert ihm im Traume erschienen und die rechte Stunde dazu kundgegeben habe. Da sei denn Aelfred über den Fluß gesetzt und habe durch dreimaligen Hornruf die Feinde zittern gemacht, die Freunde aber mit neuem Muthe erfüllt, so daß bis zum Abende schon 500 Streiter zu ihm stießen und nun der Freiheitskrieg begonnen werden konnte.

Wahr ist, daß auch im Volke der Westsachsen jene allgemeine Entmuthigung rasch wieder besserem Vertrauen und der alten Kriegslust wich. Als Aelfred gegen die Mitte des Mai durch die großen Waldungen, welche Somerset und Wiltshire trennten, hervorbrechend sich am Ausgange derselben bei Ecgbryhtesstane (Brixton) zeigte, da strömten ihm die Mannen nicht blos jener Gaue, sondern auch die aus Hampshire und in solcher Zahl zu, daß er sich getrauen durfte, mit ihnen ungehindert die noch um Chippenham lagernde Hauptmacht des Feindes aufzusuchen. Zwei Tage später stieß man auf dem Wege dorthin bei Aethandune (Eddington bei Westbury?) mit den Dänen zusammen und gewann einen glänzenden Sieg. Die Verfolgung dehnte sich bis Chippenham selbst aus, welches sogleich auf allen Seiten eingeschlossen und so nachdrücklich belagert wurde, daß die Dänen schon nach vierzehn Tagen wegen ihres Abzuges verhandelten.

Wieder schwören sie ihre Eide und wieder geben sie Geiseln, welche und so viele Aelfred wollte. Aber wichtiger als derartige Bekräftigungen des Vertrages, deren Träglichkeit sich schon oft genug gezeigt hatte und zu deren Annahme Aelfred doch vielleicht nur durch den Wunsch bestimmt wurde, einen Verzweiflungskampf zu vermeiden, oder durch die Unmöglichkeit seine eigene Landwehr in dem ausgesogenen Gebiete lange beisammen zu halten — wichtiger war, daß König Guthrum sich bei dieser Gelegenheit dazu verstand, Christ zu werden. Es wäre aussichtslos, den Beweggründen einer solchen Wendung nachzuspüren, ob der Heide etwa aus Rücksicht auf seine christlichen Unterthanen so handelte, oder ob Aelfred ihm diese Bedingung auflegte. Die Hauptsache ist, daß Guthrum das beim Abzuge von Chippenham gegebene Versprechen hielt, drei Wochen später ungezwungen mit dreißig seiner bedeutendsten Krieger nach Alre bei Aethelney kam und sich wirklich taufen ließ. Aelfred war sein Pathe und legte ihm den Namen seines eigenen längst verstorbenen Bruders Aethelstan bei.

Das Ereigniß von Alre stellte zum ersten Male Angelsachsen und Dänen auf einen gemeinsamen Boden und ermöglichte zugleich eine weitere Annäherung und Auseinandersetzung. Wir haben die Urkunde eines Vertrages, welcher zwischen Aelfred und den „Witan des ganzen Angelnvolkes" einerseits und Guthrum und dem „gesammten Volke, das sich bei den Ostangeln befindet", andrerseits abgeschlossen worden ist, wie man annimmt zu Wedmore, wo acht Tage nach Guthrums Taufe seine Firmelung stattfand. In diesem Falle wäre also das Heer des Dänenkönigs, welches Ostangeln als seinen bleibenden Besitz ansah, durch sein kriegerisches Gefolge ebenso vertreten worden wie die Sachsen und Angeln durch ihre Witan, welche sich um Aelfred sammelten, als es sich darum handelte, das südliche England vertragsmäßig zu theilen. Die Grenze der beiden Reiche sollte erst die Themse und auf ihrem Nordufer der kleine Fluß Lea westlich von London sein und sie sollte von Bedford an die Ouse und bis an die sogenannte Waetlingstraße gehen, eine Linie, welcher in ihrem weiteren Verlaufe ungefähr die Bahn von London nach Chester entsprechen würde. Man sieht aber aus dieser Theilung, daß Aelfred auch von der Zukunft nicht mehr die Herstellung des Egbertinischen Reiches erhoffte und daß er sich nicht die Macht zutraute, jemals die Fremdlinge ganz aus dem Lande weisen zu können. Was dagegen diese letzteren betrifft, so war es nach den Ereignissen der letzten Jahrzehnte, welche ihr Uebergewicht deutlich genug herausgestellt hatten, fürwahr alles Mögliche, daß sie darauf verzichteten, die Eroberung über jene Grenzen auszudehnen, und daß sie dem angelsächsischen Könige außer dem befreiten Wessex auch die südöstlichen Provinzen und einen beträchtlichen Theil, etwa die Hälfte, von Mercia überließen. Im Uebrigen erkannte man sich als durchaus gleichberechtigt an: Streitigkeiten der beiderseitigen Unterthanen sollten gerichtlich ausgetragen werden, das Wehrgeld der Angeln und Dänen das gleiche sein.

Der Vertrag ist ohne Zweifel im höchsten Grade bedeutsam. Eine andere Frage war jedoch die, ob Guthrum, welcher am zwölften Tage reichbeschenkt sich von Aelfred verabschiedete, wenn er den Willen hatte, auch die Macht habe, sein Heer, welches sich wie ein Volk in Waffen fühlte, zur Ausführung jenes Vertrages zu zwingen. Es ist jedenfalls sehr beachtenswerth, daß dieses Heer noch während des ganzen Jahres 879 bei Cirencester, also innerhalb des dem westsächsischen Könige durch den Vertrag zugesprochenen Gebiets lagern blieb und erst 880 nach Ostangeln abzog, um dort eine Landtheilung vorzunehmen und ansässig zu werden. Der Vertrag, welchen Guthrum eingegangen war, gab überdies Aelfred gar keine Sicherheit gegen die Dänen im Norden der Ouse, wie denn in demselben die Grenze zwischen diesem Flusse und dem westlichen Meere wohlweislich ganz unbestimmt gelassen worden war, und er war ebenso wenig für andere Seekönige und Jarle maßgebend, welche ihr Glück in England zu versuchen gedachten: schon 879 lief wiederum ein Schiffsheer in die Themse ein, lagerte bei Fulham und entfernte sich erst 880, als die zerrütteten Verhältnisse des Frankenreiches dem Anführer, dem weithin gefürchteten Hasting, noch leichtere Beute zu versprechen schienen.

Indessen die angelsächsischen Jahrbücher wissen aus den sechs Jahren, welche dem Uebertritte Guthrums folgten, doch eben nur von Angriffen der Dänen auf die fränkischen Küsten zu berichten und füllen sich nicht mehr mit dem Jammer dänischer Verheerungen im eigenen Lande, so daß hier eine verhältnißmäßige Ruhe eingetreten zu sein scheint, welche wohl zum Theil auf Rechnung jenes Vertrags zu setzen, zum Theil dem erfolgreichen Aufraffen des Volkes zuzuschreiben ist, das für einige Zeit des Eindrucks auf die bisherigen Bedränger nicht verfehlte. Es kam hinzu, daß Aelfred den gelegentlich Unruhe verbreitenden kleineren Raubschaaren auf dem Meere selbst siegreich die Spitze bot. So gewann man die nöthige Zeit, sich aus dem grenzenlosen Zusammenbruche wieder etwas herauszuarbeiten, die zerstörte staatliche und kirchliche Ordnung aufzurichten, an Wessex den Rest von Mercia anzuschließen, über welchen Aelfred gleich nach dem Abzuge der Dänen im Jahre 880 den bisherigen Ealdorman der Hwyccas Aethelred als Statthalter eingesetzt hatte, und überhaupt Kräfte zu sammeln für den Fall, daß die eigene Freiheit nochmals gefährdet werden sollte.

Eine derartige Gefahr schien schon im Jahre 885 einzutreten, als ein Theil der bisher auf dem Festlande thätig gewesenen Wikinge sich plötzlich auf Kent warf und Rochester kunstgerecht zu belagern anfing. Als jedoch Aelfred mit der Volkswehr zum Entsatze herankam, flüchteten sie sogleich auf die Schiffe, so eilig, daß sie ihre ganze Beute in den Händen der Angelsachsen zurückließen. Insofern hatte die Sache nicht viel zu bedeuten. Bedenklicher war es schon, daß Guthrum bei dieser Gelegenheit insgeheim oder offen wieder mit seinen noch nicht zur Ruhe gekommenen Landsleuten Gemeinschaft gemacht und den Frieden gebrochen haben muß, weil Aelfred unmittelbar darauf seine Flotte an die ostanglische Küste schickte. Sie nahm bei Harwich sechszehn Wikingsschiffe nach heftigem Kampfe weg, traf aber, als sie heimwärts segelte, auf andere überlegene Feinde und zog nun in diesem zweiten Streite den Kürzeren. Aber im folgenden Jahre wurde London, welches der Theilungsvertrag den Dänen zugewiesen hatte, ihnen wieder entrissen, neu befestigt und unter die Obhut Aethelreds von Mercia gestellt; überall erhob sich die unterdrückte Bevölkerung gegen die fremden Herren und schloß sich freudig dem einheimischen Könige an, während Guthrum damals auf eine ausgiebige Unterstützung seitens der fahrenden Wikinge schwerlich rechnen konnte, weil sie sich gerade in diesem Augenblicke zu ihrer großen Unternehmung gegen die Seine und Paris anschickten. Er mag deshalb bei Zeiten um Frieden gebeten und so sich Ostangeln gerettet haben, in dessen Besitz er wenigstens im Jahre 890 gestorben ist. Ihm folgte hier ein sonst unbekannter Eohric. Auch der alte Kriegsgenosse Guthrums, König Healfdene, welcher sich in Northumbrien festgesetzt und York zu seiner Hauptstadt gemacht hatte, war mit den Jahren ruhiger geworden und verschaffte sich durch Begünstigung der Kirchen seines Landes, besonders Durhams, sogar bei dem anglischen Klerus ein gutes Andenken. Ueberdies stand ihm im nördlichen Northumbrien stets ein Angle Namens Egbert als König gegenüber, vielleicht noch derselbe, welchen die Dänen selbst im Jahre 867 dort als ihren Vassallen eingesetzt hatten.

Alles ließ sich so aufs Beste an und der Einfluß der Kirche, der höheren anglischen Kultur und des beide vertretenden westsächsischen Königthums begann allmählich auch die harten Heiden zu bannen, als plötzlich nicht blos jener Fortschritt, sondern sogar der Bestand jener Mächte nochmals von Dänen und Normannen in Frage gestellt wurde. Der große Sieg nämlich, welchen der deutsche König Arnulf am 1. November 891 an der Dyle gewann, und die furchtbare Hungersnoth des Jahres 892, welche das längere Verbleiben in den unaufhörlich verheerten und ausgesogenen Küstenstrichen Lotharingiens und Westfrankens zur Unmöglichkeit machte, waren die Ursachen, daß die verschiedenen hier sich tummelnden Schwärme jetzt wieder nach England zurückflutheten. Eine Flotte von 250 Segeln kam im Herbste 893 nach Kent herüber und landete da, wo der große Andredeswald das Meer erreichte, in der Mündung eines aus ihm kommenden Flüßchens, welches Limene genannt wird und wohl mit dem nördlich von Winchelsea mündenden Rother eins ist. Eine Verschanzung, welche die Bauern der Gegend vier Meilen oberhalb der Mündung angelegt hatten, wurde ohne Mühe genommen und ziemlich tief im Lande bei Apuldre (Appledore) ein festes Lager bezogen. Eine zweite Flotte, 80 Schiffe stark, war gleichzeitig um Kent herum zur Themse gefahren und die Mannschaft derselben, an deren Spitze Hasting stand, setzte sich zu Anfang 894 in Middletune (Royal Milton südlich von Sheernek) fest, so daß nun das Land zu beiden Seiten des großen Waldes von der Raubgier der Ankömmlinge heimgesucht ward, welche vom Festlande Pferde mitgebracht hatten und einerseits bis nach Hampshire, andrerseits bis nach Berkshire streiften. Auch die Dänen von Ostangeln und Northumbrien waren nun nicht mehr zu halten und der Umstand, daß nach dem Tode Healfdene's (23. Aug. 894) seine drei Söhne Analaf, Sihtric und Reginald durch einen anderen Dänen des Namens Guthred verdrängt wurden, mag dazu beigetragen haben, bei den northumbrischen Dänen die Neigung zur Unruhe und zu Abenteuern wieder zu beleben.

Aelfreds Lage war ohne Zweifel wieder eine äußerst bedenkliche und sie wird in ihrer Gefährlichkeit durch die große Vorsicht gekennzeichnet, mit welcher er sie zu bewältigen versuchte. Schwierige und langwierige Kämpfe standen in Aussicht, und für solche war das Milizheer in seiner bisherigen Verfassung wenig geeignet, da es seiner Natur nach nicht lange unter den Waffen gehalten werden konnte. Er ordnete also 894 das Heerwesen in der Art, daß er zunächst nur die Hälfte der Wehrpflichtigen wirklich ins Feld führte, die andere Hälfte aber zu Hause ließ, um mit jener später zu wechseln. Die festen Plätze erhielten eine ständige Besatzung, wahrscheinlich aus den dem Könige zu besonderem Dienste Verpflichteten. Eine große, Alles entscheidende Schlacht lag übrigens so wenig in seinem Plane als ein Angriff auf die dänischen Standlager: er warf vielmehr sein Heer in die Waldung, welche die beiden Hauptmassen der Feinde schied und, weil diese sich für die Raubzüge in einzelne Schwärme aufzulösen pflegten, so theilte auch er seine Mannschaften in kleine Abtheilungen, welche jeder Bewegung derselben folgten und bei günstiger Gelegenheit auf sie hervorbrachen. Durch solchen kleinen Krieg wurde nichts aufs Spiel gesetzt und doch der große Vortheil gewonnen, daß die Dänen ihre Züge allmählich auf einen engeren Umkreis beschränkten und, indem dieser bald geleert war, darauf bedacht sein mußten, den Schauplatz zu wechseln.

Zuerst brachen die Dänen von Apuldre auf: ihre Flotte segelte nach Norden, während die Mannschaften mit reicher Beute zur Themse marschirten, um jenseits derselben in Essex wieder mit der Flotte zusammenzutreffen und ein neues Lager zu beziehen. Da zog auch Aelfred die Abtheilungen seines Heeres zusammen und er ereilte die Feinde, als sie eben bei Farnham oberhalb Londons über den Fluß setzen wollten, und obwohl er den Uebergang selbst nicht zu hindern vermochte, welchen sie ohne eine Furt zu benützen bewerkstelligten, nahm er ihnen doch die ganze Beute wieder ab und trieb sie durch Essex vor sich her bis zur Mündung des Colne, wo wahrscheinlich inzwischen ihre Flotte eingetroffen war und die Insel Mersey ihnen einen festen Stützpunkt gewährte. Der Umstand, daß eben die Zeit ablief, für welche die verwendete Miliz aufgeboten war, und Mangel an Lebensmitteln zwangen ihn zur Rückkehr.

Der Verlauf der Ereignisse bei dem anderen Heere, welches Hasting befehligte, ist viel dunkler und wir vermögen nicht zu sagen, was diesen veranlaßte, seine beiden Söhne dem angelsächsischen Könige als Geiseln zu geben. Hasting machte jedenfalls den Marsch seiner Landsleute zur Themse nicht mit und verließ sein Lager bei Milton wahrscheinlich nicht eher, als bis die unzeitige Großmuth Aelfreds, welcher die Söhne des Freibeuters taufen ließ und dann dem Vater zurücksandte, ihn von Rücksichten befreite und der Abzug der Angelsachsen aus Essex ihm die Möglichkeit gab, ebenfalls borthin überzusetzen und sich mit dem Heere am Colne zu vereinigen. Er selbst übernahm jetzt, da dessen König in der Schlacht bei Farnham verwundet worden war, die Führung der ganzen Masse und machte aus seinem verschanzten Lager bei Beamfleote (gegenüber Convey Island) mehrfache Streifzüge ins Innere, dessen Schutz ausschließlich dem mercischen Ealborman Aethelred und der durch Aelfred bei seinem Rückzuge verstärkten Besatzung von London oblag.

Schlimme Nachrichten aus dem Südwesten hatten die Entfernung des Königs von dem Kriegsschauplatze in Essex noch beschleunigt. Denn während er bort noch im Felde lag, war eine northumbrisch-ostanglische Flotte an der Küste seiner unvertheidigten Heimath erschienen: 100 Schiffe griffen Exeter an, 40 andere fuhren um Landsend herum in die „Nordsee" und bestürmten eine Feste an der entgegengesetzten Küste von Devonshire. Aelfreds Ankunft beseitigte wahrscheinlich die bringendste Gefahr, aber jener unvermuthete Angriff auf Wessex hatte doch die verhängnißvolle Wirkung, daß der König und ein großer Theil seiner Streitmacht hier festgehalten und verhindert wurde, sich am Kampfe gegen Hasting und an der Vertheidigung des fast noch mehr gefährdeten Mercia zu betheiligen.

Während Hasting auf einem Streifzuge abwesend war, gelang der Besatzung von London ein Handstreich auf das befestigte Schiffslager von Beamfleote. Die ganze bort zusammengeschleppte Beute, auch die Frauen und Kinder der ausgezogenen Krieger wurden glücklich nach London eingebracht und eben dorthin oder nach Rochester die eroberten Schiffe geführt, sofern man es nicht vorzog sie in Stücke zu schlagen oder zu verbrennen. Aber Hasting ersetzte das zerstörte Beamfleote sehr bald durch ein neues Lager wenige Meilen weiter östlich bei Shoebury, verstärkte sich neuerdings aus Ostangeln und Northumbrien und unternahm jetzt mit aller seiner Macht einen großen Zug in den Westen, quer durch Mercia hindurch, erst die Themse und dann wieder den Severn hinauf bis an die Grenze der Waliser.

Es ist möglich, daß der Däne darauf rechnete, die Fürsten der Waliser, welche erst vor einigen Jahren durch Aelfreds Schwiegersohn, Aethelred von Mercia, wieder unter seine Oberhoheit gebracht worden waren, zu sich herüberzuziehen und zum Abfalle zu bringen. Aber die Zeit war vorbei, in welcher die Reste der Kelten aus nationalem Hasse gegen ihre deutschen Nachbarn mit den Heiden gemeinschaftliche Sache gemacht hatten; sie mochten doch auch selbst nicht minder als die Angelsachsen von letzteren zu leiden gehabt haben,

so daß in dieser schweren Zeit weder in Cornwal noch in Wallis eine Auf=
lehnung erfolgte. Die Nordwaliser folgten dem Aufgebote Aethelreds von
Mercia ebenso treu wie die deutschen Gaue nördlich der Themse und zu
beiden Seiten des Severn. Auch die Ealdormen Aethelnoth von Somerset
und Aethelm von Wiltshire, und des Königs Mannen, welche als Besatzung
in den jetzt nicht bedrohten Burgen gelegen hatten, kamen zur Hülfe herbei und
Aethelred sah sich dadurch in den Stand gesetzt, die Dänen, welche bis Buttington
an der Grenze von Wales vorgedrungen waren, hier auf beiden Seiten des
Severn mit überlegener Macht einzuschließen. Die Eingeschlossenen mochten
für einige Wochen Lebensmittel bei sich gehabt haben; als diese aufgezehrt
waren, kamen die Pferde an die Reihe und viele Krieger waren schon dem
Hunger erlegen, als Hasting sich zu dem verzweifelten Versuche eines Durch=
bruchs nach Osten entschloß. Obwohl nun die Sachsenchronik den Christen
den Sieg zuschreibt, welcher freilich nur mit dem Tode vieler Tapferen er=
kauft werden konnte, muß der Durchbruch selbst gelungen sein, denn wir
hören, daß Hasting noch im Herbste von seinem Standlager in Essex aus
mit frischen Kräften einen Zug gegen den Westen antrat. Er scheint dabei
von der Absicht geleitet gewesen zu sein, seine Operationen aus den gewiß
arg mitgenommenen Landschaften des Ostens überhaupt in den Westen zu
verlegen, welcher bisher weniger gelitten hatte; er gab wenigstens das Lager
bei Shoebury ganz auf und schickte die dort noch befindlichen Schiffe, die
Weiber und Güter bis auf Weiteres nach Ostangeln. Sein Ziel war dies
Mal Chester, welches er in Tag und Nacht fortgesetzten Märschen erreichte
und, da es sich nicht überrumpeln ließ, sofort zwei Tage lang bestürmte.
Aber er konnte die Stadt nicht einnehmen, während freilich Alles, was draußen
war, seiner Wuth verfiel. Die Menschen wurden erschlagen, das Vieh fort=
getrieben, die Getreidevorräthe als Pferdefutter verwendet oder verbrannt.
In Wirheale, der breiten zwischen den Buchten des Mersey und des Dee
gelegenen Halbinsel setzte er sich für den Winter fest, um dann im nächsten
Frühlinge (895) in Wales einzubrechen und das dortige Volk für seine An=
hänglichkeit an König Aelfred zu bestrafen. Aber die entsetzlichen Verheerungen,
welche seine Züge begleiteten, waren selbst wieder die Ursache, daß er nir=
gends lange bleiben konnte und als endlich das Reichsaufgebot herannahte,
da wich er jedem Kampfe aus und ging, weit nach Norden hin ausbiegend,
über Northumbrien und Ostangeln schließlich doch wieder nach Essex zurück,
wo er die Insel Mersey in der Colnemündung zu seinem Stützpunkte machte.

War nun auch die Absicht einer dauernden Festsetzung im Westen für
dieses Mal vollständig mißlungen — denn auch die vor Exeter erschienene
Flotte mußte unverrichteter Dinge heimfahren und erlitt auf der Heimfahrt,
bei dem Versuche in Sussex zu plündern, noch schwere Verluste —, so war
doch die Gefahr für England dadurch kaum gemindert. Die Dänen konnten
eben nicht ruhig bleiben, weil abgesehen von der Lust an Abenteuern und
Beute allein schon das Bedürfniß des Unterhalts ihrer Masse sie zu immer

neuen Unternehmungen zwang, die Noth sie erfinderisch machte. Der Winter von 895 auf 896 war noch nicht vorbei, als vom Colne her ein Schwarm in die Themse einlief, an London vorbeifuhr, dann die kleinen Schiffe das Flüßchen Lea hinaufzog und sich zwanzig Meilen von der Stadt, also ungefähr bei Hatfield, mitten im Lande verschanzte. Ein vorschnell gewagter Angriff der Burgmänner von London wurde blutig abgewiesen und die Dänen blieben ungestört, bis zur Erntezeit König Aelfred selbst heranrückte. Er ließ sich indessen wohlweislich auf keinen Kampf ein, sondern begnügte sich mit einer Aufstellung, welche den Londonern das Einbringen des Korns aus der Nachbarschaft ermöglichte. Da nun, während er eines Tages am Lea hinritt, kam ihm der Gedanke, es müßte doch möglich sein, den Fluß so zu versperren, daß die Dänen ihre Schiffe nicht mehr hinausschaffen könnten, und er führte diesen Gedanken aus, indem er auf beiden Seiten Schanzen aufwerfen ließ, welche die Durchfahrt gänzlich verhinderten.[1]) Die Wirkung dieser Maßregel war jedoch eine ganz unerwartete. Denn die Dänen gaben jetzt allerdings das Lager am Lea auf und ließen ihre nutzlos gewordenen Schiffe im Stich, welche von den Angelsachsen mit Allem, was irgendwie des Fortschaffens werth war, nach London geführt wurden; aber sie gingen nicht etwa nach Essex zurück, wo sie wahrscheinlich nur noch wenig zu finden erwarteten, sondern sie schickten ihre Weiber nach Ostangeln und schlugen selbst die entgegengesetzte Richtung ein, quer durch Mercia zum obern Severn, wo sie sich bei Cwatbrycge (Bridgeworth) aufs Neue verschanzten und den folgenden Winter zubrachten.

Es ist nicht ersichtlich, daß sie hier angegriffen worden wären. Nichts als der unvermeidlich eintretende Mangel wird sie im Sommer 897 zur Aufgabe dieser Stellung im Herzen des Landes gezwungen haben und die Ursache gewesen sein, daß sie sich theilten. Die einen zogen nach Northumbrien und Ostangeln zu ihren schon ansässig gewordenen Landsleuten; die anderen gingen unter Hastings Führung über das Meer nach Frankreich, wo auch sie endlich Land zur Ansiedlung erhielten und so zur Ruhe kamen.

England war gerettet. Mag Kampf und Noth allmählich noch so sehr die Schaaren der Wikinge gelichtet und dazu beigetragen haben, daß in den letzten Jahren der englische Boden für die Zuzügler aus der Heimath weniger Anziehungskraft hatte, — das Beste hatte doch die weise Zurückhaltung des Königs gethan, durch dessen Veranstaltung die Angreifer nirgends mehr zu dauernder Festsetzung gelangen konnten, weil die befestigten Plätze jetzt gut verwahrt waren. Sie hatten, wo sie sich zeigten, wohl das platte Land verheeren und ausplündern können; aber das von ihnen angerichtete Unheil fiel schließlich mit kaum geringerer Wucht auf sie selbst zurück, als es die unglücklichen Einwohner traf. Die Krankheiten, welche unter diesen während

---

1) Pauli S. 270 faßt die Arbeit Aelfreds als eine Ableitung des Flusses auf, wofür mir der Wortlaut der Chronik keinen Anhalt zu bieten scheint.

des letzten großen Däneneinfalls von 893 bis 897 entsetzlich aufräumten, werden überdies schwerlich an den Dänen vorübergegangen sein: auch ihre Kräfte erschöpften sich und die wilde Energie ihres Angriffs ließ allmählich nach, wo sie nicht von einer so gewaltigen Persönlichkeit, als Hasting war, aufgestachelt wurde. So war denn, als dieser Kriegsheld vom Schauplatze verschwand, unter den Einwohnern das Gefühl vorherrschend, daß die Gefahr in der Hauptsache vorüber sei und daß man wieder hoffen könne. Der Verfasser der Landeschronik giebt diesem Gefühle Ausdruck, wenn er zum Jahre 897 schreibt: „Dank sei Gott, daß das Dänenheer das Angelnvolk nicht gänzlich verdorben hat."

König Aelfred schrieb über sich in seiner Bearbeitung des Boethius: „Dies kann ich wahrhaftig sagen, daß ich, so lange ich lebte, darnach gestrebt habe, würdig zu leben und nach meinem Tode den Menschen, die nach mir kämen, mein Andenken in guten Werken zu hinterlassen." Wie sehr ist es ihm gelungen! Denn wenn es schon etwas heißen will, sein Vaterland dreißig Jahre lang in unerschütterlicher Ausdauer vertheidigt zu haben, noch größer ist der Ruhm, sein Regenerator geworden zu sein. Als Staat und Kultur der Angelsachsen zusammenbrachen, machte sich Aelfred, unbeirrt durch die Bedrängnisse der Gegenwart, den Blick fest auf die Zukunft gerichtet, sogleich an den Aufbau. Die Größe des Staatsmanns gesellt sich bei ihm zum Ruhme des Kriegers und beide werden durch den Zauber einer eigenartigen, aber durchaus liebenswürdigen Persönlichkeit verklärt.

Das Kriegswesen der Angelsachsen hatte sich gegenüber den fortgesetzten Einfällen der Dänen nicht bewährt. Das Bauernheer, welches erst dann, wenn der Feind schon im Lande war, zu vorübergehendem Dienste aufgeboten wurde und welches sich selbst ausrüsten und beköstigen mußte, konnte an sich einem Feinde nicht gewachsen sein, welcher den Krieg für längere Zeit zu seinem Berufe gemacht hatte, sich die Stelle des Angriffs beliebig wählte, seinen Unterhalt grundsätzlich auf Kosten der Angegriffenen bestritt und in den meisten Fällen seinen Zweck längst erreicht haben wird, bevor die zur Abwehr Aufgebotenen sich in Bewegung setzten oder auch nur zusammentraten. Dazu kam ein Zweites. Während die Zahl der Angreifer mit ihren Erfolgen wuchs, mußte die Zahl der Vertheidiger sich naturgemäß vermindern, weil bei längerem Kriege und weiterer Ausdehnung der Verwüstungen immer mehr bäuerliche Heerespflichtige in die Unmöglichkeit versetzt wurden, jener dreifachen Last der Heeresfolge, der Ausrüstung und des Unterhalts zu ge= nügen. Die angelsächsische Heeresverfassung versagte also gerade dann, wann man sie am Nöthigsten brauchte. Aber der Krieg, welcher das Uebel zum Vorschein brachte, hat es nicht hervorgerufen, sondern höchstens gezeigt, und der Keim des Uebels lag in der Heeresverfassung selbst, welche bei den Pflichtigen einen wesentlich gleichen Besitz voraussetzte und auch dann unver= ändert geblieben war, als im Gegentheil die Ungleichheit des Besitzes zur Regel geworden war. Sie konnte nicht bei denjenigen Freien in Anwendung gebracht werden, welche kein Land mehr hatten und als Tagelöhner und Arbeiter im Dienste Anderer sich ihren Unterhalt suchten, aber ebenso wenig bei den kleinen Bauern, welche ihre Familie nothdürftig durchbrachten und deshalb einfach aus wirthschaftlichen Gründen die allgemeine Landespflicht nicht mehr zu erfüllen vermochten. Diese fiel nun mit doppelter Wucht, da jede Hundertschaft doch ohne Zweifel ein festes Kontingent zu stellen hatte, auf die an sich leistungsfähigen größeren Besitzer zurück und mußte bei häufigerer Wiederholung, wie sie eben unter Aelfred unvermeidlich war, auch diese in den allgemeinen wirthschaftlichen Ruin hereinziehen und ebenfalls leistungsunfähig machen. Oder der königliche Beamte in der Shire ließ im Einverständnisse mit der Shireversammlung, in welcher je länger je mehr der größere Besitz überwog, beim Aufgebote Nachsicht walten und dann kam wieder das staatliche Interesse zu kurz.

Den Uebelständen, an welchen die angelsächsische Heeresverfassung krankte, hätte vielleicht dadurch begegnet werden können, daß man ähnlich, wie es im fränkischen Reiche geschehen war, nicht mehr dem einzelnen Freien, sondern einer Gruppe die Wehrpflicht auflegte und diese solidarisch für die Stellung, Ausrüstung und Unterhaltung eines Ausziehenden verantwortlich machte. Aber dieser Ausweg, welcher übrigens auch bei den Franken den Verfall des Volks= heeres höchstens zu verzögern, aber nicht zu verhindern vermocht hat, ist von den Angelsachsen des neunten Jahrhunderts nicht einmal versucht worden und das ist um so merkwürdiger, je leichter sich eine solche Einrichtung mit den bei ihnen üblichen gegenseitigen Verbürgungen hätte verknüpfen lassen. Ihr Volksheer blieb, was es im Grunde von jeher gewesen war, ungerecht gegen den Einzelnen, wirthschaftlich schädlich, schwerfällig in seiner Organisation und im Allgemeinen unwirksam gegen einen ganz anders gearteten Feind, und es kann daher nicht auffallen, daß Aelfred seit der Katastrophe von 878 nur selten von demselben Gebrauch gemacht zu haben scheint und vor Allem mit demselben Entscheidungsschlachten zu liefern vermied. Auch sein Versuch vom Jahre 894, durch die Zerlegung des Heerbannes in zwei sich ablösende Auf= gebote die Last für den Einzelnen erträglicher zu machen und zugleich die Verwendbarkeit der ganzen Einrichtung zu erhöhen, erwies sich auf der Stelle als ein Mißgriff. Der König mußte einen bis dahin siegreichen Feldzug ab= brechen, weil das erste Aufgebot seine Lebensmittel verzehrt hatte, das zweite aber noch nicht zur Stelle war.

Die Unbrauchbarkeit des Volksheeres erhöhte den Werth der kriegerischen Gefolgschaften, welche ihrem Herrn unbedingt zum Dienste verpflichtet, rasch aufbietbar und schnell im Felde verwendbar waren. Was namentlich die königliche Gefolgschaft betrifft, so hat sie gerade in diesem von Krieg erfüllten Jahrhunderte jene früher geschilderte Ausdehnung gewonnen, so daß nicht mehr blos die im Hause des Königs lebenden und unterhaltenen eigentlichen Gesiths, sondern auch mit Land Ausgestatteten, ja schließlich alle Besitzer von fünf und mehr Hufen, und nicht blos die regelmäßig mit der Waffe Dienenden,

sondern auch die aus diesem Kreise zu den öffentlichen Aemtern Berufenen
und am Ende alle hervorragenderen Elemente des Volkes sich in der Than=
schaft des Königs vereinigt fanden. Er gebot einmal über die ihm unmittel=
bar Verpflichteten, dann aber mittelbar durch die großen Thane auch wieder
über deren Gefolgschaften, und es ist sehr wahrscheinlich, daß die letzteren
die Einrichtung nachgeahmt haben werden, welche von Aelfred nach Assers
Zeugniß in Bezug auf seine unmittelbaren Gefolgsleute eingeführt wurde,
und unstreitig unter den gegebenen Verhältnissen recht zweckmäßig und oben=
drein am Wenigsten kostspielig war. Er theilte sie nämlich insgesammt in
drei Abtheilungen, von welchen jede auf einen Monat zum Dienste am Königs=
hofe einberufen, dort unterhalten oder besoldet und dann wieder auf zwei
Monate nach Hause entlassen wurde. Man erkennt beiläufig aus dieser An=
gabe, daß die Masse der königlichen Gefolgsleute in dieser Zeit schon land=
besitzlich war und daß sie Unterhalt vom Könige nur noch während der
eigentlichen Dienstzeit zu beanspruchen hatte. Machten es nun die Großen,
welche ebenfalls Gefolgschaften hielten, mit denselben ebenso wie der König,
so gelangte man zu dem Ergebnisse, daß im Lande jetzt jeden Augenblick
eine gewisse Anzahl kriegsgeübter Leute unter den Waffen stand, zwar noch
an verschiedenen Punkten zerstreut, aber leichter zusammenzuziehen als das
Volksheer und in kurzer Zeit durch das Aufgebot der beiden anderen Ab=
theilungen auf das Zweifache und Dreifache zu verstärken. Das sind nun
die Mannschaften gewesen, mit welchen Aelfred in der zweiten Hälfte seiner
Regierung vorzugsweise den Krieg gegen die Dänen führte und es ist be=
greiflich, daß er die kleinere Zahl dieser kriegsbereiten und kriegsgeübten
Truppen dem eigentlichen Volksheere vorzog, dessen größere Masse durch die
Mängel der Einrichtung mehr als aufgewogen wurde und dessen Verwend=
barkeit an sehr enge Zeitgrenzen gebunden war. Nur jene Gefolgspflichtigen,
nicht die Männer der allgemeinen Wehrpflicht waren zum Beispiel für den
Besatzungsdienst zu gebrauchen, welchem Aelfred eine bis dahin ungewöhn=
liche Ausdehnung gab, weil sie unentbehrlich war.

Aelfred hielt es mit Recht für eine Unmöglichkeit, solchen Feinden wie
den Dänen, welche das Meer zu ihrer Angriffsbasis machten und mit ihren
zahlreichen und leichten Fahrzeugen fast überall mühelos zu landen vermochten,
die Landung selbst zu verwehren. In einzelnen Fällen ist es allerdings ge=
lungen, jedoch nur unter besonders günstigen Verhältnissen, und die Regel
war vielmehr die, daß die Dänen plötzlich irgendwo landeten, angelsächsische
Wehrkräfte aber erst nach ziemlich langer Zeit in genügender Stärke zur
Stelle waren, um sie wieder hinauszutreiben. Mit anderen Worten: das
ließ sich bei der bestehenden Heeresverfassung und bei äußerst mangelhaften
Communicationsmitteln mit dem besten Willen nicht verhindern, wenigstens
nicht so lange die Dänen das Meer beherrschten, daß sie bald in der einen
bald in der anderen Provinz Schaden anrichteten. Es kam nur darauf an,
die übermäßige Ausdehnung dieses unvermeidlichen Schadens zu beschränken,

und Aelfred glaubte das geeignete Mittel in der Anlage zahlreicher befestigter Plätze zu finden, welche den Umwohnenden eine sichere Zuflucht gewährten und bis zu ihrer Einnahme jedenfalls auch die förmliche Niederlassung der Eingedrungenen verhinderten. Aber seine Mahnung zur Errichtung solcher Werke fand anfangs kein rechtes Gehör: die allgemeinen Landesobliegenheiten drückten in der langen Kriegszeit schon schwer genug und man mochte deshalb in den Shireversammlungen, in welchen über ihre Vertheilung Beschluß zu fassen war, gar leicht geneigt sein, es mit der vom Könige geforderten weiteren Belastung nicht ernst zu nehmen. Erst dann, wenn der ins Land gefallene Feind Häuser und Höfe verbrannt, theure Angehörige erschlagen oder weggeschleppt und den Ueberlebenden kaum das Nothdürftigste übrig gelassen hatte, dann wurde jene Versäumniß bereut und die Weisheit des Königs gelobt. Da nun fast jede Provinz im Laufe der Jahre die gleichen trüben Erfahrungen machte, kam auch das vom Könige vorgeschlagene Befestigungssystem allmählich zur Durchführung und es hat sich, soweit wir sehen können, im Allgemeinen bewährt. Als Hasting ins Land fiel, hat er nicht einen einzigen größeren Platz zu nehmen vermocht, weder Rochester noch das neu befestigte London noch Chester, und er hat eben deshalb stets nach einiger Zeit die heimgesuchte Provinz verlassen müssen. Diese festen Plätze, in welche der König jetzt ständige Besatzungen aus seinen Leuten zu legen pflegte, dienten außerdem vielfach als Stützpunkte zu Streifzügen gegen die Dänen, so daß die Feinde nicht leicht zur Ruhe kamen. Für alle Fälle aber und im Hinblick auf die immer noch drohende Möglichkeit, daß die Feinde übermächtig würden und die Ereignisse von 878 sich wiederholten, schuf Aelfred seinen damaligen Zufluchtsort Aethelney in den nächsten Jahren zu einer förmlichen Festung um, welche rings von Wasser und Sümpfen gedeckt und nur auf der Ostseite auf einer langen und von zwei Kastellen vertheidigten Brücke zugänglich war. Sie scheint jedoch nicht mehr Verwendung gefunden zu haben.

Feindliche Landungen ließen sich, wie gesagt, nicht ganz verhindern, aber sie konnten eingeschränkt oder unschädlich gemacht werden, wenn das Nahen der Feinde früh kundbar wurde und wenn man den englischen Boden schon auf dem Meere vertheidigte. In diesem Sinne sehen wir Aelfred sich um den Besitz einer eigenen Flotte bemühen und dieses Bemühen — gleichviel in welche Jahre man den ersten Anfang setzen mag, ob nach 876, welches Jahr am Besten gestützt ist, oder erst später — legt Zeugniß ab von seiner Umsicht und seiner Energie. Die erste Organisation dieser Flotte ist etwas kümmerlich, ihre ersten Leistungen sind nicht gerade hervorragende und sie wird ihre bedeutendste Vermehrung zunächst wohl durch dänische Fahrzeuge erfahren haben, welche das Landheer bei Eroberung der feindlichen Schiffslager gelegentlich erbeutete. Ein wirklicher Fortschritt wurde erst in den neunziger Jahren gemacht, als Aelfred Schiffe bauen ließ, welche doppelt so lang waren, als die dänischen zu sein pflegten, und 60 Ruderer erforderten, zur Bemannung dieser Schiffe aber seegewandte Friesen heranzog, die übrigens auch schon früher gern in seinen Dienst getreten waren. Die neue Flotte kam zum ersten Male im Jahre 897 in Thätigkeit, als nach dem Abzuge Hastings noch einmal die Südküste durch Räuberschiffe aus Northum=brien und Ostangeln beunruhigt wurde. Obwohl sie bei dieser Gelegenheit keinen großen Erfolg errang und nicht viel geringeren Schaden erlitt als sie zufügte, so konnte doch der Umstand, daß die Angeln jetzt auch zur See die Feinde aufsuchten und mit viel stattlicheren Schiffen als diese, des Eindrucks nicht verfehlen und da obendrein damals der größte Theil jener Raubschiffe durch Wind und Wetter zu Grunde ging und die Mannschaften, welche sich ans Land retteten, auf Aelfreds Befehl kurzweg gehängt wurden, so gaben jetzt auch die Dänen von Northumbrien und Ostangeln das gefährlich ge=wordene Räuberhandwerk fürs Erste auf. Aelfred aber bleibt das Verdienst, seinen Nachfolgern den Weg zur Vertheidigung gewiesen zu haben, welcher der Natur des Landes am Besten entspricht.

Jene schwachen Anfänge des Flottenwesens mögen mehr Mühe gekostet haben, als sich aus den spärlichen Nachrichten der Zeitgenossen über dieselben herauslesen läßt. Denn es wird zunächst ganz unsicher gewesen sein, wer die Schiffe zu liefern und auszurüsten hatte, weil weder das eine noch das andere zu den herkömmlichen Lasten des Volkes gehörte und eine Staats=kasse, aus welcher die Flottenrüstung hätte bestritten werden können, ebenso wenig bestand als eine allgemeine Besteuerung zu irgend welchem staatlichen Zwecke. Die Ordnung, welche wenigstens in der zweiten Hälfte des zehnten Jahrhunderts in Bezug auf das Seewesen die gesetzliche war, kann daher sehr wohl schon von Aelfred selbst herrühren, der darin doch irgend eine Ordnung geschaffen haben muß: je drei Hundertschaften an der Küste hatten ein Schiff zu stellen. Wie aber diese Auflage gemacht worden sein mag, ob jedes Mal nach einem Beschlusse der Witan oder einfach auf Befehl des Königs, darüber fehlt jegliche Nachricht und wir müssen uns mit der Thatsache begnügen, daß zu den übrigen Lasten des Volkes im Gefolge des langen Dänenkrieges auch der Unterhalt der Flotte hinzugetreten und dann geblieben ist.

Asser hebt unter den Schwierigkeiten, mit welchen Aelfred zu ringen hatte, namentlich die Gleichgültigkeit des Volkes gegen den Fortbestand des Staates hervor. Die Schiffer hätten die Hände sinken lassen und der König habe zusehen können, wie er allein mit Gottes Hülfe das Staatsschiff zum ersehnten Hafen lenkte. Niemand habe anfänglich etwas für das allgemeine Beste thun mögen und erst ganz allmählich hätten des Königs Bitten, Mahnen, Strafen und vor Allem sein Beispiel gewirkt und Bischöfe, Ealdor=men, Thegns und Gerefas wieder mit Interesse für den Staat erfüllt, das heißt, daß sie nun auch ihrerseits Opfer für den Bestand desselben zu bringen bereit waren und die Reformmaßregeln des Königs unterstützten. Zu solchen gehört freilich nicht die Eintheilung des ganzen Landes in Hundertschaften und Zehntschaften, welche man wohl Aelfred zuschreibt, während doch die Hundertschaften uralt sind und Wilhelm von Malmesbury (im 12. Jahrhundert),

auf dessen Autorität hin es geschieht, nicht von einer territorialen Gliede=
rung, sondern von der Bildung von Gruppen aus je 100 und je 10 Per=
sonen spricht und zwar zum Zwecke der öffentlichen Sicherheit und der gegen=
seitigen Bürgschaftsleistung, — einer Einrichtung, welche in dieser Form aber
auch nicht von Aelfred herrührt, vielmehr nachweislich erst von Knud dem
Großen angeordnet worden ist. Aber an sich wäre es wohl denkbar, daß
Aelfred eine Neuordnung der bisherigen Landeseintheilung vorzunehmen sich ge=
nöthigt gesehen hätte, besonders da dieselbe vielfach durch die Kriegsläufe be=
einträchtigt oder durch zeitweilige feindliche Besitznahme geradezu verwischt
sein mochte. In denjenigen Gebieten, welche durch den Theilungsvertrag
von Wedmore den Dänen überlassen und erst später ihnen wieder entrissen
wurden, mußte ohne Zweifel erst etwas geschaffen werden, was der im übrigen
Reiche üblichen Eintheilung ungefähr entsprach. An anderen Stellen mögen
Hundertschaften, welche zu viele Bewohner eingebüßt hatten, mit anderen zu
neuen Hundertschaften zusammengelegt worden sein, um eine annähernd gleich=
mäßige Umlage der öffentlichen Lasten zu ermöglichen. Die alte Eintheilung
des Landes in Gaue, für welche erst jetzt der Namen Shire aufkommt, und
der Shires in Hundertschaften ist jedoch im Großen und Ganzen nicht ver=
ändert worden und der Fortbestand des räumlichen Unterschieds zwischen den
kleineren Hundertschaften an der Küste und den viel größeren im Innern
kann sehr wohl als Beweis dafür dienen, daß Aelfred, wenn er sich über=
haupt an eine Neuordnung dieser Verhältnisse machte, diese jedenfalls auf
das Unumgängliche beschränkte und sich hütete, das geschichtlich Gewordene zu
Gunsten einer schematisirten Gleichförmigkeit umzustürzen. Dagegen würde es
zu Aelfreds Ordnungsliebe und seinem Streben nach Uebersichtlichkeit, wie es
uns noch namentlich in seinem Finanzwesen entgegentreten wird, sehr gut
stimmen, wenn schon er ein Grund= und Lagerbuch des ganzen Königreichs
hätte aufstellen lassen gleich dem berühmten domesday-book Wilhelms des
Eroberers. Der Abt Ingulph von Croyland berichtet zu Anfang des zwölften
Jahrhunderts, daß ein solcher „Rotulus“ Aelfreds in Winchester niedergelegt
worden sei und ein Verzeichnis des ganzen Landes nach Shires, Hundert=
schaften und Zehntschaften enthalten habe, selbstverständlich dann auch mit
Angabe der von jedem Kreise schuldigen Kontingente, Leistungen und Ein=
künfte. Aber die Glaubwürdigkeit jenes Abtes, der auch sonst sich eine Menge
Verwechslungen und Irrthümer gestattet hat, scheint eine sehr geringe zu sein
und man muß deshalb dahingestellt sein lassen, inwiefern gerade jene Nach=
richt Glauben verdient. Es ist jedoch zuzugeben, daß das Königthum, als
sein Gebiet über die einzelne Völkerschaft hinaus und zu einem Reiche an=
gewachsen war, kaum ein anderes Mittel besaß, um sich die nöthige Ueber=
sicht über die verfügbaren Kräfte zu verschaffen und zu erhalten, und daß
Aelfred gerade der rechte Mann zur Herstellung eines solchen domesday-book
war, wenn es nicht etwa schon vor ihm vorhanden war.

Bleibt so in Bezug auf Aelfreds Verwaltung und Reformen nothwendig eine große Unklarheit bestehen, so ist es andrerseits um so deutlicher, daß damals in der Auffassung der verschiedenen anglisch-sächsischen Theile als einer wirklichen Einheit ein großer Schritt über die Vergangenheit hinaus gemacht wurde. Wohl nannte er sich selbst in seinen Urkunden nur König der Sachsen, in seinem Gesetzbuche sogar nur König der Westsachsen, aber schon in dem Vertrage mit Guthrum tritt er diesem als das Haupt des ganzen Angelnvolkes entgegen und in dieser Eigenschaft vollzieht er die Theilung Mercia's. Er ist auch in Mercia der Landesherr. Der von den Dänen frei bleibende Theil dieses früheren Königreiches und was ihnen später wieder entrissen wurde, behielt allerdings eine von Wessex abgesonderte Verwaltung, auch ein besonderes Witenagemot, über deren Thätigkeit sogar zufällig mehr berichtet wird als über die der westsächsischen Witan. Aber einen anderen König als Aelfred hatte auch Mercia, seitdem König Burhred landesflüchtig geworden war, nicht mehr. Aethelred, welchen Aelfred dort etwa 880 an die Spitze gestellt und mit seiner ältesten Tochter Aethelfleod vermählt hatte, führt in den zeitgenössischen Quellen und Urkunden niemals den Königstitel, sondern er wird stets nur als Herzog oder als Verwalter im Königreiche der Mercier, als Ealdorman oder gar nur als Graf bezeichnet. Wenn der schwankende Gebrauch dieser Ausdrücke ohne Zweifel daher stammt, daß seine Stellung sich nicht ganz mit der der anderen Provinzbeamten deckte, da er unter sich wieder andere Ealdormen hatte, so sind jene Ausdrücke in ihrer Gesammtheit doch ein vollgültiger Beweis, daß seine Stellung eben keine königliche war. Er handelt in Krieg und Frieden ganz nach den Weisungen des Königs, seines Schwiegervaters, und er war von diesem in dem Maße abhängig, daß er nicht einmal seine Witan ohne dessen Erlaubniß versammeln durfte. Obendrein steht seine Frau ihm als „Herrin" (hlaefdige = Lady) von Mercia mit einem selbständigen Rechte zur Seite. Wenn daher die Schriftsteller der Zeit von dem Könige schlechtweg sprechen, so verstehen sie darunter stets nur den der Westsachsen, weil es im ganzen Bereiche ihres Volkes, so weit es sich frei erhalten hatte, keinen zweiten König gab. Als die einzige Spitze der Gesammtheit wird er dann entweder als König der Angelsachsen, wie bei Asser, oder noch lieber als König der Angeln bezeichnet und als einziger und wirklicher Herr aller Theile faßt er sie nun zum ersten Male unter einer einheitlichen Gesetzgebung zusammen.

Aelfreds Biograph erwähnt nicht das Gesetzbuch desselben, wohl aber sein Bemühen um Sicherung der Rechtspflege, welchem es seinen Ursprung verdankt. Es muß aber damals bei den Gerichten schlimm hergegangen sein und die steigende Ungleichheit des Besitzes auch hier allerlei Mißbräuche gezeitigt haben, so daß der König offen aussprechen konnte, die Armen hätten außer ihm im ganzen Königreich keinen oder nur wenige Helfer und die Großen und Vornehmen sähen nicht aufs Recht, sondern allein auf ihren Vortheil. Er hatte es deshalb nicht ungern, daß häufig Berufungen von den niederen Gerichten an sein oberstes Gericht eingelegt wurden, eben weil

sie ihm einen Einblick in die Art und Weise ermöglichten, wie dort Streit=
fälle erledigt zu werden pflegten und weil sie ihm Gelegenheit gaben, dem
gebeugten Rechte aufzuhelfen. Erschienen ihm die gescholtenen Urtheile unge=
recht, so prüfte er entweder selbst oder ließ durch Vertraute nachforschen, ob
sie aus Parteilichkeit oder etwa blos aus Unwissenheit entsprungen waren,
und wenn es sich ergab, daß die Richter nur beshalb so geurtheilt hatten,
weil sie ein besseres Urtheil nicht zu finden vermochten, dann sprach der
König wohl zu ihnen so: „Ich bewundere eure Selbstgefälligkeit, daß ihr
zwar aus Gottes und meiner Hand Amt und Würde der Wissenden ange=
nommen, aber ums Wissen euch nicht bekümmert habt. Entweder also gebt
ihr eure Stellung sogleich auf oder ihr bemüht euch nach meinem Willen um
gründlicheres Wissen.“ Da, sagt Asser, sei es wunderbar gewesen, wie mit
einem Male die Ealdormen, Gerefen und Thegns sich aufs Rechtsstudium
warfen und, weil sie meistentheils in der Jugend nicht lesen gelernt hatten,
diese Kunst nun noch nachzuholen versuchten, um nur ja nicht ihr Amt zu
verlieren. Mancher war freilich schon zu alt oder zu schwerfällig, um mit
dem Lesen fertig zu werden; der ließ sich dann durch einen Sohn oder einen
Verwandten, durch einen Hörigen oder einen Knecht, welcher für ihn lesen
lernen mußte, die sächsischen Rechtsbücher Tags und Nachts vorlesen, unter
manchem schweren Seufzer, daß er das in seiner Jugend nicht habe lernen
können und jetzt im Alter, da er es so sehr brauche, nicht mehr zu lernen
im Stande sei.

Der britische Erzähler verwechselt hier wohl die eigentlichen Urtheiler
der angelsächsischen Gerichte mit ihren Vorsitzenden, welche entweder königliche
Beamte waren oder als Grundherren durch den König Gerichtsbarkeit er=
halten hatten. Indessen Kenntniß des geltenden Rechts war auch für diese
unentbehrlich, namentlich in Bezug auf die Bußen und was damit im Zu=
sammenhange stand, und sie konnte theils aus der mündlichen Ueberlieferung
theils aus den Aufzeichnungen geschöpft werden, welche von älteren Königen
veranlaßt waren. Jene muß aber durch die Kriegsstürme des Jahrhunderts
erheblich erschüttert worden sein und einer so großen Unsicherheit Platz ge=
macht haben, daß wie Asser sagt, nicht leicht zwei Richter einer Meinung
waren, und was die alten Rechtsaufzeichnungen betrifft, so geht aus seiner
Erzählung zweierlei deutlich hervor, daß sie nämlich in Vergessenheit gerathen
waren, weil Niemand sie lesen konnte, und daß sie erst durch den von Aelfred
ausgehenden Anstoß wieder der Vergessenheit entrissen und nun Gegenstand
eines förmlichen Studiums geworden sind.

Aber die in ihnen enthaltenen Gesetze stimmten, da sie von Königen
verschiedener Länder und Zeiten herrührten, wohl in ihrem allgemeinen Geiste,
jedoch nicht in den einzelnen Normirungen überein und sie nahmen, was
einem Manne von so ausgeprägt kirchlicher Gesinnung wie Aelfred besonders
mißfällig sein mußte, auf die Gebote der heiligen Schriften so gut wie gar
keine und auf das Recht der Kirche nur wenig Rücksicht. Das scheinen die

Gründe gewesen zu sein, welche Aelfred zu einer neuen Codification ver=
anlaßten.   Diese wird durch die zehn Gebote eröffnet, unter welchen jedoch
das zweite: „Du sollst dir kein Bildniß machen" u. s. w., welches ja den
Kultus der Kirche verurtheilt haben würde, fortgelassen und durch das andere
Gebot: „Mache keine goldenen Götter oder silberne" ersetzt worden ist. Es
folgen dann noch viele einzelne Satzungen aus den Kapiteln 20 bis 23 des
zweiten Buches Mosis bis zu dem auch in Aelfreds Zeit gewiß noch sehr
nothwendigen Gebote: „Schwöre niemals bei heidnischen Göttern und rufe
sie bei keiner Sache an."   Diesen alttestamentlichen Vorschriften schließt der
König aber das Sendschreiben der Apostel aus dem 15. Kapitel der Apostel=
geschichte an und als Inbegriff aller Gerechtigkeit die Worte der Bergpredigt:
„Alles, was ihr wollt, daß euch die Leute thun sollen, das thut ihr ihnen"
und „Mit welchem Gericht ihr richtet, werdet ihr gerichtet werden". Es ist
dem Könige nicht entgangen, daß die zahlreichen Drohungen jener alttesta=
mentlichen Gebote mit Tod und Steinigung und der Grundsatz des „Auge
um Auge" mit dem Herkommen und Rechtsbewußtsein seines Volkes unver=
einbar waren, welches fast für alle Vergehen und Schädigungen Bußen und
Ersatz zuließ, und er gebraucht deshalb die von Christus gepredigte Barm=
herzigkeit, um mit ihrer Hülfe jene Kluft zu überbrücken und, irren wir nicht,
zugleich seiner eigenen milderen Gesinnung Genüge zu thun.   So schreibt er
denn in der dem volksrechtlichen Theile vorangehenden Einleitung:

„Als nun geschah, daß viele Völker den Namen Christi annahmen,
da wurden viele Synoden auf der ganzen Erde versammelt und
ebenso auch bei dem Volke der Angeln, nachdem sie den christlichen
Glauben annahmen, von heiligen Bischöfen und andern erlauchten
Witan. Sie bestimmten da um der Barmherzigkeit willen, die Christus
lehrte, bei den meisten Missethaten, daß die weltlichen Herren möchten
mit ihrer Erlaubniß ohne Sünde bei dem ersten Vergehen eine Geld=
buße nehmen, welche sie festsetzten — außer bei dem Verrath des
Herrn, bei dem sie keine Barmherzigkeit gestatten durften, weil der
allmächtige Gott sie denen nicht gewährte, welche ihn verachteten, noch
Christus dem, der ihn dem Tode überantwortete, und er gebot, den
Herrn zu lieben, gleich sich selbst. Sie setzten da auf manchen
Synoden für manche menschliche Missethaten die Buße fest und ließen
sie in vielen Synodenbüchern niederschreiben, da die eine Satzung,
dort die andere."

„Ich nun, König Aelfred, sammelte diese und ließ viele von denen,
welche unsere Vorfahren hielten, abschreiben, wenn sie mir gefielen,
und viele von denen, die mir nicht gefielen, verwarf ich mit dem
Rathe meiner Witan und befahl sie in einer andern Weise zu halten.
Denn ich durfte nicht wagen, von meinen eigenen viele in Schrift zu
setzen, denn es war mir unbekannt, was davon denen gefallen werde,
die nach uns kommen. Aber die, welche ich fand, entweder aus den

Zeiten Ine's, meines Magen, oder aus denen Offa's, des mercischen Königs, oder Aethelberts, der zuerst die Taufe empfing im Volk der Angeln, die sammelte ich hier, welche mir die richtigsten däuchten, und die andern ließ ich aus."

Das Gesetzbuch Aelfreds (Aelfredes dómas) leidet an der gleichen Formlosigkeit, wie die Rechtsaufzeichnungen der älteren Zeit: es ist weder nach Materien geordnet noch hat man sich die Mühe gegeben, zusammenhängende Bestimmungen nicht zu zerreißen oder irgend einen Gegenstand einiger Maßen zu erschöpfen. Das Letzte ist höchstens bei dem Kapitel der Körperverletzungen erreicht worden. Das Bedeutsame der neuen Aufzeichnung liegt also nicht sowohl in ihrem Inhalte, als vielmehr in ihrem Ursprunge und in ihrem Zwecke, nämlich darin, daß Aelfred, der König der Westsachsen, sich nicht etwa blos auf die Gesetze Ine's, seines Vorfahren in diesem Königreiche, sondern auch auf die Aethelberts von Kent und Offa's von Mercia stützte und dadurch ein Gesetzbuch schuf, welches für diese drei Hauptbestandtheile des erwachsenden England in gleicher Weise anwendbar ward. Aus den Gesetzen Ine's ist sogar sehr wenig entnommen und dieses nicht ohne Abweichungen; mehr stammt aus Aethelberts Gesetzen, namentlich die umständlichen Bußansätze für Körperverletzungen, und so wäre es denkbar, daß Aelfred den eigentlichen Grundstock seiner Aufzeichnung vornehmlich der Gesetzgebung Offa's verdankte. Aber weil diese uns verloren ist, läßt sich über die bloße Vermuthung nicht hinauskommen und endlich würde ja wohl auch von den Gesetzen Offa's gelten, was Aelfred von denen der beiden anderen Könige sagt: „die sammelte ich hier, welche mir die richtigsten däuchten, und die andern ließ ich aus." Das fertige Werk aber wurde seinen Witan vorgelegt und von ihnen gebilligt: „sie erklärten, daß das ihnen allen gut schiene gehalten zu werden."

Auf die einzelnen volksrechtlichen Satzungen einzugehen, ist hier nicht der Ort, um so weniger, als die Lebensverhältnisse, auf welche sie berechnet sind, im Allgemeinen nicht sehr von denjenigen verschieden zu sein scheinen, auf welche die Rechtsaufzeichnungen des siebenten und achten Jahrhunderts sich bezogen. Aber da Aelfred selbst sagt, daß er die Auswahl aus den älteren Gesetzen nach seinem subjektiven Gefallen gemacht habe, fühlt man sich natürlich versucht, in seinem Buche nach solchen Stellen zu spüren, in welchen sich etwa dieser persönliche Antheil des Königs verräth. Wenn ein gemeinsamer Charakterzug eine größere Anzahl von Gesetzen durchzieht und zwar meist bei solchen sich zeigt, welche sich sonst in dieser Form nicht auf eine bestimmte Quelle zurückführen lassen, dann wird die Annahme der persönlichen Autorschaft Aelfreds allerdings nahe liegen und um so mehr Wahrscheinlichkeit gewinnen, je besser solche Gesetze zu den sonst bekannten Richtungen seines Wesens stimmen. Dahin gehören nun einmal diejenigen, welche mehr oder minder bewußt, auf eine Hebung der königlichen Würde abzielen und von denen in anderem Zusammenhange noch zu sprechen sein wird;

dann aber auch solche, welche das Ansehen der Kirche und ihrer Organe zu
steigern und sie dadurch zum Wächteramte über Sitte und Gesetz zu be-
fähigen bezwecken. Daß das Asylrecht der Kirchen genauer festgestellt wird,
daß Kirchendiebstahl außer mit doppeltem Ersatze noch mit Verlust der Hand,
Diebstahl an Feiertagen doppelt so hoch als an anderen Tagen und Angriffe
auf die Keuschheit einer Nonne doppelt so hoch gebüßt werden soll als das
gleiche Vergehen gegen Laien, ist nicht in dem Grade bezeichnend als die
Bestimmung gleich im ersten Kapitel, daß der Eidbrüchige zwar auf vierzig
Tage in den Kerker des Königs gehen, aber dort Buße thun solle nach der
Vorschrift des Bischofs und daß er, wenn er dem königlichen Gefängniß
entflieht, nicht nur geächtet, sondern auch von allen christlichen Kirchen ausgeschlossen sein solle. Die Mitwirkung der Kirche zur Aufrechthaltung von
Gesetz und Ordnung war bei der durch den Krieg eingerissenen Verwilde-
rung gewiß sehr wünschenswerth, obwohl Aelfreds Gesetzbuch selbst einige
Fingerzeige giebt, daß auch innerhalb des Klerus nicht Alles so war, wie er
es wohl wünschte, weder in sittlicher noch in geistiger Beziehung.

Wo waren die Zeiten geblieben, in welchen die Völker des Abendlandes
bei den Angelsachsen in die Schule gingen! Die alten Pflanzstätten der
Bildung waren mit wenigen Ausnahmen Schutthaufen und die reichen
Bücherschätze, welche einst dort verwahrt gewesen, ins Ausland verschleppt
oder verbrannt. Daß die Laien auch der höheren Stände zum größten
Theile nicht mehr lesen konnten, war schlimm genug, aber kaum so bedenklich, als daß dem angelsächsischen Klerus und ganz besonders dem des
Südens sogar die Kenntniß des Lateinischen abhanden gekommen war und
zwar schon seit ziemlich langen Jahren. Aelfred selbst versichert, daß zur
Zeit seines Regierungsantritts es südlich der Themse keinen Geistlichen gegeben, der sein Meßbuch verstand oder auch nur einen Brief aus dem
Lateinischen ins Sächsische übersetzen konnte, und bis zu dem Frieden von
878 wird sich in dieser Beziehung schwerlich etwas zum Bessern gewendet
oder der König Zeit gefunden haben, sich mit Dingen zu befassen, welche
nicht unmittelbar dem Bedürfnisse des Augenblicks dienten. Aber die folgenden fünfzehn Jahre, welche verhältnißmäßig friedlich verliefen, wurden ebenso
redlich für die Hebung der Kultur im Allgemeinen als für die Regeneration
des Staatswesens ausgenützt und Aelfred genoß die Genugthuung, aus
seinem Ringen mit der um sich greifenden Unbildung bei Klerus und Volk
schließlich als Sieger hervorzugehen.

Große Schwierigkeiten waren dabei zu überwinden und unter ihnen
war wahrlich nicht die geringste, daß der geistliche Stand, welcher doch allein
der Träger der Bildung sein konnte, alle Anziehungskraft eingebüßt hatte.
Dem im Waffengetümmel erwachsenen Geschlechte war die Sehnsucht der
früheren Geschlechter nach der Klosterzelle so völlig abhanden gekommen, daß
Aelfred, als er auf Aethelney, der Stätte seiner tiefsten Erniedrigung, ein
Kloster gründete, keinen Edeln oder Freien fand, der dort Mönch hätte

werben mögen. Er mußte sich für dieses Kloster die Insassen erst vom Festlande kommen lassen, einen Altsachsen Johannes als Abt und Franzosen als Priester und Mönche, ja sogar Kinder, welche als Nachwuchs für das Kloster herangezogen werden sollten, weil er offenbar befürchtete, daß die unter den Männern seines eigenen Volkes nun einmal bestehende Abneigung gegen das Klosterleben nicht sobald überwunden werden würde. Bei den Frauen war es natürlich anders: das von Aelfred gleichzeitig bei Shaftes= bury gegründete Nonnenkloster, welchem er seine Tochter Aethelgeofu als Aebtissin vorsetzte, und ein anderes, welches seine Gemahlin Ealhswith sich in Winchester als künftigen Wittwensitz erbaute, waren bald mit edeln Jung= frauen gefüllt. Wenn übrigens jenes Aethelney eine Musteranstalt werden, durch sein Beispiel die noch aus älterer Zeit übrig gebliebenen Klöster zur Nacheiferung anspornen und so dazu helfen sollte, daß dem Rückgange der Bildung gesteuert und wo möglich eine zweite Blüthe angelsächsischer Gelehr= samkeit bewirkt würde, so ist dieser Zweck bei der neuen Stiftung anscheinend nicht erreicht worden. Der Abt Johannes entging, bald nachdem er sein Amt übernommen, mit knapper Noth einem Mordanschlage, welcher von zweien seiner französischen Mönche gegen ihn ins Werk gesetzt worden war; sonst ist von weiteren Schicksalen dieses Klosters nichts bekannt.

Aelfred empfand es äußerst schmerzlich, daß er selbst in seiner Jugend nur den nothdürftigsten Unterricht genossen und nicht an der Hand des Lateinischen den Bildungsgang durchgemacht hatte, welcher zum selbständigen Studium der heiligen Schriften und der Wissenschaften unerläßlich war. Aber er hat sich noch im reiferen Alter redlich um die Ausfüllung dieser Lücke bemüht und eifrigst nach Leuten ausgeschaut, welche seine und seines Volkes Lehrer zu werden vermochten. In Wessex waren nach seinem oben angeführten Zeugnisse solche nicht zu finden, aber er gewann vier tüchtige Mitglieder des mercischen Klerus für sich, die gelehrten Priester Aethelstan und Werwulf, welche er zu seinen Kapellanen machte, dann den in der heiligen Schrift wohlbewanderten Bischof Werfrith von Worcester und endlich Plegmund, welcher im Jahre 890 Erzbischof von Canterbury wurde. Zu diesen gesellten sich die aus dem Auslande berufenen und deren waren doch wohl mehr als die zwei, welche Asser vielleicht nur als die hervorragendsten erwähnt. Der eine derselben war ein Mönch aus der Diöcese von Reims des Namens Grimbald, welcher besonders als Kenner des Kirchengesangs gerühmt wird und als Abt des von Aelfred in seinen letzten Lebensjahren begonnenen Klosters Newminster bei Winchester gestorben ist; der andere aber ist der schon genannte erste Abt von Aethelney Johannes aus Sachsen, von welchem Asser sagt, daß er ein scharfer Kopf, in allen Gebieten der Literatur zu Hause und auch durch technische Fertigkeiten ausgezeichnet gewesen sei. Das Ausland zahlte durch sie jetzt zurück, was es ein Jahrhundert früher von den Angelsachsen empfangen hatte, und der König lohnte denen reichlich, welche seinem Rufe folgten und ihn bei der Reform der Klöster und in der

Hebung des Klerus unterstützten. Einer dieser Männer aber mußte stets in seiner Nähe sein, da er gern jeden freien Augenblick benutzte, um sich mit ihnen zu besprechen oder sich von ihnen vortragen zu lassen, so daß sein Wissen sich allmählich erweiterte und viele Bücher wenigstens mittelbar ihm bekannt wurden. Indessen sein Wissensdrang war dadurch nicht befriedigt, daß er von Anderen ungefähr erfuhr, was in den lateinischen Büchern stand; er wollte vielmehr selbst sie lesen und verstehen lernen und dazu verhalf ihm doch erst die Bekanntschaft mit dem Briten Asser, welcher in seiner Lebens=beschreibung Aelfreds recht hübsch erzählt, wie sich ihr Verhältniß — es scheint im Jahre 885 — angesponnen hat.

Asser kam von Wales, wahrscheinlich in Angelegenheiten seines Klosters S. Davids, und traf den König auf einem seiner Landgüter in Sussex. Im Verlaufe des Gesprächs äußerte Aelfred den Wunsch, den Briten ganz an sich zu fesseln, aber er verstand es auch zu würdigen, daß Asser gegen sein Kloster nicht undankbar sein mochte, welchem er Erziehung, Bildung, Weihe und Amt schuldete, und schränkte deshalb seine Bitte dahin ein, daß jener wenigstens alljährlich sechs Monate bei ihm zubringen möge. Asser sagte nicht Ja und nicht Nein: er müsse sich zuvor mit seinen Klosterbrüdern darüber besprechen und wolle nach einem halben Jahre persönlich Bescheid bringen. Damit mußte sich der König wohl oder übel zufrieden geben. Aber als die Frist verlaufen war und Asser trotz seines gegebenen Wortes immer noch nicht zurückkehrte, da wurde er unruhig und schickte Boten aus, um den Grund dieses Ausbleibens zu erkunden. Es fand sich, daß der Brite auf der Heimreise schwer erkrankt in Winchester hatte liegen bleiben müssen und noch immer zwischen Tod und Leben schwebte. Jedoch er genas; seine Klosterbrüder willigten in Aelfreds Verlangen, weil sie durch Asser des Königs Schutz gegen den tyrannischen Fürsten von Südwales zu gewinnen hofften, und Aelfred hatte nun die Freude, sich von seinem Gaste nach Herzenslust die Bücher, welche gerade zur Hand waren, vorlesen und erklären lassen zu können. Die verabredeten sechs Monate vergingen, aber so schnell mochte der König sich von seinem gelehrten Freunde nicht trennen; schon waren acht Monate vorbei und Asser wollte jetzt ernstlich seinen Urlaub fordern, da wird er am Weihnachtsabende zum König gerufen, welcher ihm die Heim=reise erlaubt und als Gabe seines Dankes außer einem seidenen Priester=gewande und einer ziemlichen Quantität Weihrauch ihm die Besitzurkunden über die beiden wohl ausgestatteten Klöster Cungresbury und Banwell in Somerset überreicht, mit den eines Königs würdigen Worten: er gebe dieses Wenige nicht so, als ob er künftig nicht mehr zu geben gedächte.

Asser mag einige Zeit versucht haben, so gut es eben ging, den Pflichten, welche ihm das Amt in der Heimath, und den anderen, welche ihm das Vertrauen Aelfreds auflegte, in der verabredeten Weise abwechselnd gerecht zu werden; aber auf die Dauer ließ sich solche Doppelstellung doch nicht durchführen und es ist sehr wahrscheinlich, daß Asser schon entschlossen war, sich ganz dem Dienste des letzteren zu widmen, als derselbe ihm zu jenen beiden Abteien auch noch die halb sächsische halb wälsche Parochie Exeter überwies. Das geschah noch vor dem Jahre 893 und die Lebensbeschreibung Aelfreds, welche Asser damals für seine walisischen Landsleute verfaßte, sollte ihn wohl in den Augen derselben rechtfertigen, daß er sie nur um eines so herrlichen Mannes willen verlassen habe.

Aelfreds Verkehr mit Asser ward mittelbar für ihn der Anlaß, selbst sich literarisch zu versuchen. Einst saßen sie — wie Asser angiebt, war es im Jahre 887 — gewohnter Weise im Gespräche über mancherlei Dinge beisammen, als ein Spruch, welchen Asser anführte, die Aufmerksamkeit des Königs in dem Maße erregte, daß er jenen bat, ihn in das Gebetbuch einzuschreiben, welches er von Jugend auf bei sich trug. Weil sich jedoch in demselben kein genügender Platz mehr fand und weil Asser voraussah, daß dem einen Spruche bald mehrere nachfolgen würden, wurde auf seinen Vorschlag für derartige Aufzeichnungen ein besonderes Heft angelegt, welches in der That bald zum Umfange eines Psalters heranwuchs. Aelfred nannte es sein Encheiridion oder Handbuch, weil er es stets zur Hand haben wollte, und er nahm darin auf, was ihm irgend wie bemerkenswerth schien, nach den von Wilhelm von Malmesbury daraus angeführten Stellen, auch allerlei Notizen zur vaterländischen Geschichte und Literatur. An solchen abgerissenen Stücken hat Aelfred, erst als er sich dem vierzigsten Lebensjahre näherte, Lateinisch zu lernen angefangen und sich im Uebersetzen geübt. Und nun, da er sich endlich die lange verschlossene Bahn geöffnet hatte, konnte er bei diesen ersten Versuchen nicht mehr stehen bleiben: nach jenen Einzelnotizen kamen zusammenhängende Werke der lateinischen Literatur an die Reihe und er vermittelte so, theils durch seine eigene schriftstellerische Thätigkeit theils durch die von seinem Feuereifer ausgehende Anregung zu ähnlicher Thätigkeit bei anderen, seinen des Lateins unkundigen Landsleuten die Kenntniß einer Anzahl von Schriften, auf welchen die geschichtliche, theologische und philosophische Bildung der Zeit vornehmlich beruhte. Seine Uebersetzungen der Weltgeschichte des Orosius, der anglischen Kirchengeschichte Beda's, der Seelsorge Gregors des Großen und der philosophischen Tröstungen des Boethius sind obendrein die ersten größeren Schriften in angelsächsischer Prosa, welche bisher nur für die trockenen Sätze der Rechtsaufzeichnungen, für Urkunden und hier und da vielleicht auch schon in der Annalistik Verwendung gefunden hatte, aber niemals vorher in diesem Umfange und noch weniger für wissenschaftliche Zwecke. Aelfred wies den Weg zugleich zu den einst gekannten, aber wieder vergessenen Quellen des Wissens, aus welchen das Mittelalter zu schöpfen pflegte, und zu einer einheimischen Schriftsprache, welche er beherrschte wie noch keiner vor ihm.

Wie aber Aelfred Alles, was er anfaßte, in eigenartiger Weise betrieb und durchführte, so ließ er seine Persönlichkeit auch in jenen schriftstellerischen Arbeiten frei zur Geltung kommen und er hat eigentlich die genannten

Werke nicht sowohl übersetzt als vielmehr in seine Denkweise übertragen und nach derselben gestaltet.[1]) Sein spät erworbenes Verständniß des Lateinischen reichte nicht aus, um den Feinheiten der fremden Sprache und eines ihm schließlich doch ungewohnten Gedankenkreises gerecht zu werden, und die Hülfe Plegmunds, Assers, Grimbalds und Johanns, deren Mitwirkung bei der Arbeit an Gregors Seelsorge durch Aelfred selbst wie die Assers am Boethius durch Wilhelm von Malmesbury bezeugt ist, konnte jenen Mangel doch nur in beschränktem Maße ausgleichen, besonders wenn die Anderen das Lateinische nicht besser beherrschten als Asser. Aelfred pflegte deshalb an leichteren Stellen allerdings Wort für Wort zu übersetzen, bei schwierigeren dagegen begnügte er sich damit, im Allgemeinen ihren Sinn erfaßt zu haben und diesen in freier Weise wiederzugeben.

Aber er ging noch weiter. Wie er in seiner Gesetzsammlung von den Aufzeichnungen der Vorgänger je nach seinem Gefallen das eine aufnahm und das andere ausließ und von sich aus hinzuthat, so verfuhr er nun auch mit seinen wissenschaftlichen Vorlagen. Keine einzige blieb in ihrem Bestande ganz unverändert. Die geographische Einleitung des Orosius wurde sachlich ganz umgestaltet, da der König eine Beschreibung der zu seiner Zeit von Germanen bewohnten Länder hinzufügte und außerdem zwei überaus interessante Reiseberichte aufnahm, eines Ohther, welcher Skandinavien umfahren hatte und anscheinend bis ins weiße Meer gekommen war, und eines Wulfstan, welcher aus dem Heimathlande der Angeln von Haethum (Heidebh = Schleswig) an die Weichselmündung und an die preußische Küste gesegelt war und ausführliche Auskunft über die Sitten der dort wohnenden „Esten“ mitgebracht hatte. Aber auch die Geschichtserzählung des Orosius erfuhr unter Aelfreds Hand mancherlei Veränderungen sowohl durch Zusätze aus seinem sonst erworbenen Wissen als auch durch Auslassungen, und der Kirchengeschichte Beda's ist es nicht besser ergangen. Die zahlreichen von Beda mitgetheilten Urkunden blieben mit wenigen Ausnahmen fort und ebenso ein großer Theil des auf Northumbrien bezüglichen Stoffes, während die verhältnißmäßig nur dürftigen Nachrichten Beda's über die sächsischen Staaten des Südens leider keine Erweiterungen erhielten, wahrscheinlich weil neues Material über ihre ältere Geschichte auch von Aelfred nicht beschafft werden konnte. Endlich des Boethius philosophische Tröstungen gestalteten sich ihm fast zu einem neuen Werke, nicht blos weil er auch hier kürzte und umstellte, sondern weil er mit vollständigem Verzicht auf eine genaue Wiedergabe des Ausdrucks die vom Autor angeregten Gedanken selbständig weiterspann und seine eigenen Lebenserfahrungen hineintrug. Aus Orosius und Beda mochte er lernen, dem römischen Philosophen aber fühlte er sich innerlich verwandt, wegen der herben Prüfungen, von welchen auch er selbst nicht verschont geblieben war, und in der Heiterkeit eines reinen Gemüths, welche er sich aus allem Unglücke ge-

---

1) Vgl. besonders ten Brink „Geschichte der englischen Literatur“ I, 85 f.

rettet hatte. Er schickte dem Buche des Boethius eine geschichtliche Einleitung voraus, in welcher übrigens der ostgothische Theoderich als Verfolger
seines Helden und als Ketzer schlecht wegkommt, und er kehrte später noch
einmal zu derselben Arbeit zurück, um die metrischen Theile, welche er früher
in Prosa umgesetzt hatte, nun in alliterirenden Rhythmen wiederzugeben.

Diese Uebersetzungen oder vielmehr Bearbeitungen konnten und sollten
keine Volksbücher werden. Sie sind zunächst für die Geistlichkeit bestimmt,
welcher Aelfred auch an seinem Theile die nothwendigen Bildungselemente
wieder zuzuführen beabsichtigte, und zwar in der heimischen Sprache, weil
die Kenntniß des Lateinischen immer noch auf einen kleinen Kreis beschränkt
war und die Wirksamkeit der von ihm zur Reform beigezogenen Männer
natürlich nur ganz allmählich fruchtbar werden konnte. Zum Besten der
Geistlichkeit mußte Werfrith von Worcester die Dialoge des Papstes Gregor
des Großen über Heiligen- und Wundergeschichten in sächsischer Sprache be-
arbeiten und verfaßte Aelfred selbst eine Uebersetzung von der Seelsorge
(Regula pastoralis) desselben Papstes, also desjenigen Buches, welches wie
kein anderes dem Geistlichen als Führer und Berather in seinem Amte dienen
konnte. Er schickte allen Bischöfen diese Uebersetzung mit einer Vorrede zu,
in welcher er sie ermahnte, treu ihrer Hirtenpflicht zu warten und nach der
Weisheit zu streben, welche die Fremden einst bei den Angeln gesucht hätten,
jetzt aber die Angeln sich von draußen holen müßten. Drei solcher Handschriften sind auf uns gekommen und da eine derselben dem Erzbischofe Plegmund von Canterbury gewidmet ist, kann Aelfreds Arbeit, welche sich übrigens getreuer als eins seiner anderen Werke der Vorlage anschließt, erst
nach dem Jahre 890 entstanden sein, in welchem jener Erzbischof wurde.
Bewundernd und sehnsüchtig blickte also der König sogar noch in seinem
letzten Jahrzehent auf den literarischen Ruhm früherer Geschlechter zurück,
obwohl er dankbar anerkannte, daß gegenüber den Zuständen zur Zeit seines
Regierungsantritts immerhin einige Fortschritte gemacht worden seien —
Fortschritte, welche unzweifelhaft ebenso dem rastlosen Antreiben von Seiten
des Königs und seinem eigenen Beispiele zuzuschreiben sind, wie der höhere
Stand der Bildung bei Klerus und Volk der Angelsachsen im folgenden Jahrhunderte der von ihm und seinen gelehrten Freunden ausgestreuten Saat.

Das Keimen und allmähliche Wachsthum dieser Saat läßt sich selbstverständlich nicht verfolgen. Daß aber in der That schon bei Lebzeiten Aelfreds die Wendung zum Besseren eintrat, dafür giebt die Erziehung seiner
eigenen Kinder einen unzweideutigen Beweis. Fünf derselben überlebten den
Vater: Aethelfleod, die Gemahlin Aethelreds von Mercia; Eadward, der ihm
in der Regierung nachfolgte; Aethelgeofu, für welche wie erwähnt das Kloster
in Shaftesbury gegründet wurde; Aelfthryth, später die Gemahlin des Grafen
Balduin von Flandern, und endlich noch ein Sohn, Aethelward. Die Jugend
Aethelfleods fiel nun eben in die trübste Zeit, als nach dem Zeugnisse des
Vaters die Bildung am tiefsten gesunken war und die Gefährdung des

Staates und der Familie selbst sicherlich alle anderen Interessen in den Hinter=
grund drängte. Sie ward eine Frau fast männlichen Geistes, welche nach
dem Tode des Gatten selbst die Regierung Mercias mit starker Hand führte;
aber daß sie sich irgendwie durch Wissen oder Bildung ausgezeichnet hätte,
ist nicht bekannt. Ihre Geschwister, Eadward, Aelfthryth und wahrscheinlich
auch die zwischen ihnen stehende Aethelgeofu erhielten schon einigen Unterricht,
etwa in der Weise, wie ihn der Vater in seiner Jugend genossen hatte: sie
lernten das Lesen, Psalmen und Volkslieder. Für Aethelward dagegen konnte
schon eine förmliche Schule[1]) ins Leben gerufen werden, in welcher nach
Assers Bericht die Kinder der Edeln fast aus dem ganzen Lande und auch
viele geringeren Standes den prinzlichen Unterricht theilten. Dieser aber
erstreckte sich nicht mehr blos aufs Lesen, sondern auch aufs Schreiben, und
umfaßte neben dem Sächsischen auch das Lateinische, für welches jetzt wieder
Lehrer zu haben waren. Dann erst, nach Beendigung dieses Kursus, wurden
die heranwachsenden Jünglinge zur Jagd und anderen „den Edeln geziemen=
den" Fertigkeiten angeleitet, auf welche die Erziehung der älteren Generation
sich fast ausschließlich beschränkt hatte.

Die Errichtung dieser Schule zeigt, daß Aelfred auch den höheren Laien=
stand bei seinen Bemühungen zur Hebung der Bildung im Auge hatte, ob=
gleich die Geistlichkeit den ersten und größten Vortheil aus denselben zog.
Die königliche Schule sollte das Vorbild für andere Schulen sein, deren Er=
richtung Aelfred in seiner Vorrede zur Seelsorge den Bischöfen dringend ans
Herz legt: „daß die gesammte freigeborene Jugend, welche die Mittel dazu
hat, zum Lernen angehalten werden möge, so lange sie noch keinen anderen
Geschäften nachzugehen hat, bis sie englische Schrift vollkommen lesen kann;
darnach unterweise man im Lateinischen diejenigen, welche man weiter lehren
und zum Dienste der Kirche weihen will." Das ist also nicht sein Ziel, daß
auch die Laien sich des Lateins, in welchem er seinen Sohn und dessen Ge=
nossen unterrichten ließ, bemächtigen sollten oder gar der kirchlichen Bildung,
welche er selbst sich noch bis zu einem gewissen Grade angeeignet hatte.
Aber gewisse elementare Kenntnisse sollten allerdings jedem Freien zugänglich
sein, weil sie anfingen unentbehrlich zu werden, und man weiß, daß Aelfreds
Beamte sich genöthigt sahen, in dieser Beziehung nachzuholen, was in der

---

1) Für den Unterhalt dieser Schule bestimmte Aelfred den achten Theil seiner
Einkünfte (s. u.). Da Asser die „in curto regio" erfolgende Erziehung Eadwards
und seiner Schwester der „schola" Aethelwards gegenüberstellt, möchte man vermuthen,
daß letztere sich nicht am Hofe befand und die Ungewißheit wo? war vielleicht der Anlaß
für die Entstehung der ausführlichen Erzählung über die Oxforder Schule und die
Streitigkeiten der dortigen Magister mit Grimbald, welche weder in Handschriften
noch in der ersten vom Erzbischofe Parker besorgten Ausgabe Assers, aber in Camdens
Britannia vom Jahre 1600 und dann wieder in der Ausgabe Assers von 1603, zu
welcher Camden die Handschrift hergegeben haben soll, sich findet und wohl den Zweck
hatte, Oxford ein höheres Alter zu verleihen als Cambridge. Vgl. Pauli „König
Aelfred" S. 207—211: Das Märchen von Oxford.

Jugend an ihnen versäumt worden war. Alles, was darüber hinausging, war zwar dem Laien nicht verwehrt, aber es machte sich hier wie überall im Mittelalter ganz von selbst, daß alle höhere Bildung einen kirchlichen Charakter bekam, da sie von Organen der Kirche gelehrt wurde und vornehmlich den Zwecken der Kirche zu dienen bestimmt war.

Aelfred nun, welcher diese kirchliche Bildung aus allen Kräften bei seiner Geistlichkeit förderte, wird trotzdem nicht leicht romanisirender Tendenzen beschuldigt werden oder in den Verdacht kommen, als hätte er die köstlichen Perlen mißachtet, welche die Literatur des eigenen Volkes barg. Seine Einschaltungen in die Geographie des Orosius bekunden das lebhafteste Interesse an Allem, was deutsch war. Hatte er schon in frühester Jugend den deutschen Volksliedern aus dem Munde der Mutter gelauscht, als Knabe an ihnen lesen gelernt, so freute er sich ihrer nicht weniger als Mann; er liebte es sie herzusagen und munterte Andere auf, sie gleichfalls auswendig zu lernen. Seine Kinder lernten Psalmen und Volkslieder zugleich. Es scheint nicht, daß Aelfreds Zeitalter auf dem Gebiete der heimischen Poesie besonders schöpferisch gewesen sei, aber die poetische Hinterlassenschaft der früheren Jahrhunderte wurde sorgsam bewahrt und es ist sicher keinem Zufalle zuzuschreiben, daß sie fast ausnahmslos nur in dem sächsischen Dialekte Aelfreds und seiner Heimath auf uns gekommen ist. Und soll hier nochmals seiner Verdienste um die angelsächsische Prosa gedacht werden? Sein Bemühen, der römisch-kirchlichen Bildung durch das Medium der Muttersprache Eingang zu schaffen, mußte am Ende das Ergebniß haben, daß letztere der bisherigen Sprache der Gelehrten gleichwerthig geachtet und allmählich auf fast allen Gebieten der literarischen Thätigkeit angewendet ward. Die folgenden Jahrhunderte haben dann nicht mehr genau zwischen dem unterschieden, was aus dem von Aelfred gegebenen Anstoße heraus geleistet worden war, und dem, was in der Wirklichkeit von ihm selbst herrührte. Man schrieb ihm nun außer den vorher erwähnten Werken noch viele andere zu: Uebersetzungen der Psalmen oder gar der ganzen Bibel, eine Sammlung von Parabeln und Sprichwörtern, eine Bearbeitung der aesopischen Fabeln und wahrscheinlich auf Grund der Nachricht Assers, daß der König seine Falkner unterwiesen habe, auch ein Lehrbuch über die Falkenzucht. Die Autorschaft Aelfreds muß jedoch bei allen diesen Werken zum Mindesten als zweifelhaft gelten und nur in Bezug auf die Psalmenübersetzung wird sie nicht ganz ohne Weiteres abgewiesen werden können, weil Wilhelm von Malmesbury ausdrücklich angiebt, daß sie wegen seines Todes unvollendet geblieben sei.

Es ist sehr zu bedauern, daß das Interesse Aelfreds für die Geschichte, auf welches aus den Einzeichnungen seines Handbuchs, aus den Bearbeitungen des Orosius und Beda und aus den Zusätzen zu diesen Werken zurückzuschließen ist, ihn nicht zur Aufzeichnung seiner eigenen reichen Erlebnisse veranlaßt hat, und dies Bedauern muß um so größer sein, je unvollkommener das ist, was Andere dafür thaten. Assers Lebensbeschreibung leidet bei allem Schwulste der Erzählung an dem großen Mangel, daß sie so gut wie gar keinen Halt zur zeitlichen Feststellung der Einzelheiten bietet, und die sächsischen Jahrbücher, welche die letztere wenigstens nach Jahren ermöglichen, sind ihrerseits für das Verlangen der Späteren, mehr von dem großen Könige zu hören, viel zu kurz. Aber ein Fortschritt ist auch in ihnen unverkennbar. War die Aufzeichnung der Zeitereignisse unter der Regierung des Vaters und der Brüder Aelfreds nur in denkbar kürzester Fassung und fast mehr in abgerissenen Worten als in Sätzen geschehen, so gab man den Eintragungen zu den einzelnen Jahren jetzt reicheren Inhalt und diesen in zusammenhängenderer Erzählung; man ergänzte zugleich rückwärts die leer gebliebenen Jahre aus verschiedenen Quellen, besonders auch aus Aelfreds Beda[1]), und schuf so in der „Sachsenchronik“ ein Werk, welches den gleichzeitigen Annalen des Festlandes einigermaßen an die Seite gestellt werden kann, vor ihnen jedoch die Auszeichnung genießt, das erste Geschichtswerk des Mittelalters in der Landessprache zu sein. Als Asser an Aelfreds Leben schrieb, konnte er sich dieser Annalen schon bis 887 bedienen. Noch ausführlicher, lebendiger und in ihrer Art ganz vortrefflich ist die Schilderung der bewegten Jahre 893 bis 897, in welchen Aelfreds Lebensarbeit noch einmal durch die Einfälle Hastings in Frage gestellt wurde: man möchte gern vermuthen, daß Aelfred ihr nicht ganz ferne gestanden hat.

Die erstaunliche Fülle von Anregung, welche von diesem Könige ausging, entsprach nur der Vielseitigkeit seiner Interessen. Alles Unbekannte reizte seine Wißbegierde[2]) und das erlangte Wissen setzte sich bei ihm vermöge seiner durchaus lehrhaft angelegten Natur sogleich in Mittheilung an Andere um. Es ist bezeichnend, daß er, eben erst nothdürftig mit dem Lateinischen vertraut geworden, sich auf der Stelle an Uebersetzungen und Bearbeitungen wagte. Er verschmähte es nicht, gelegentlich selbst die Kinder seines Hofgesindes zu unterrichten. Die stets drohenden Angriffe der Dänen wurden für ihn die Veranlassung, über ihre Heimath und den Nordosten überhaupt Nachrichten einzuziehen, und die erhaltene Auskunft fand in seinem Orosius ihre Verwendung. Der Aufenthalt zahlreicher Fremden an seinem Hofe, Franken, Lothringer, Friesen, Briten, Scoten, Bretagner, auch heidnischer Dänen und Normannen wird von ihm nicht unbenutzt geblieben sein: er erwarb sich durch sie die Kenntniß der Völker und ihrer Sitze bis zu den Mähren, Kärnthnern und Bulgaren. Der Gesandtschaftsverkehr mit Rom, nach langer Unterbrechung im Jahre 883 aufgenommen und seitdem mit ziemlicher Regelmäßigkeit fortgesetzt, konnte ebenfalls fruchtbringend werden, obwohl auch dort und in Italien überhaupt die Bildung damals in entschiede-

---

1) Pauli S. 232 Anm. macht aufmerksam, daß Beda I, 9: „Maximus in Britannia imperator creatus est“ von Aelfred irrthümlich mit: „M. se casere waes on Breotene acenned“ (= geboren) übersetzt und dieser Irrthum in die Sachsenchronik z. J. 381 übergegangen ist, wo es heißt: „he waes on Bretene londe geboren.“   2) Asser p. 486: ignotarum rerum investigationi solerter se iungebat.

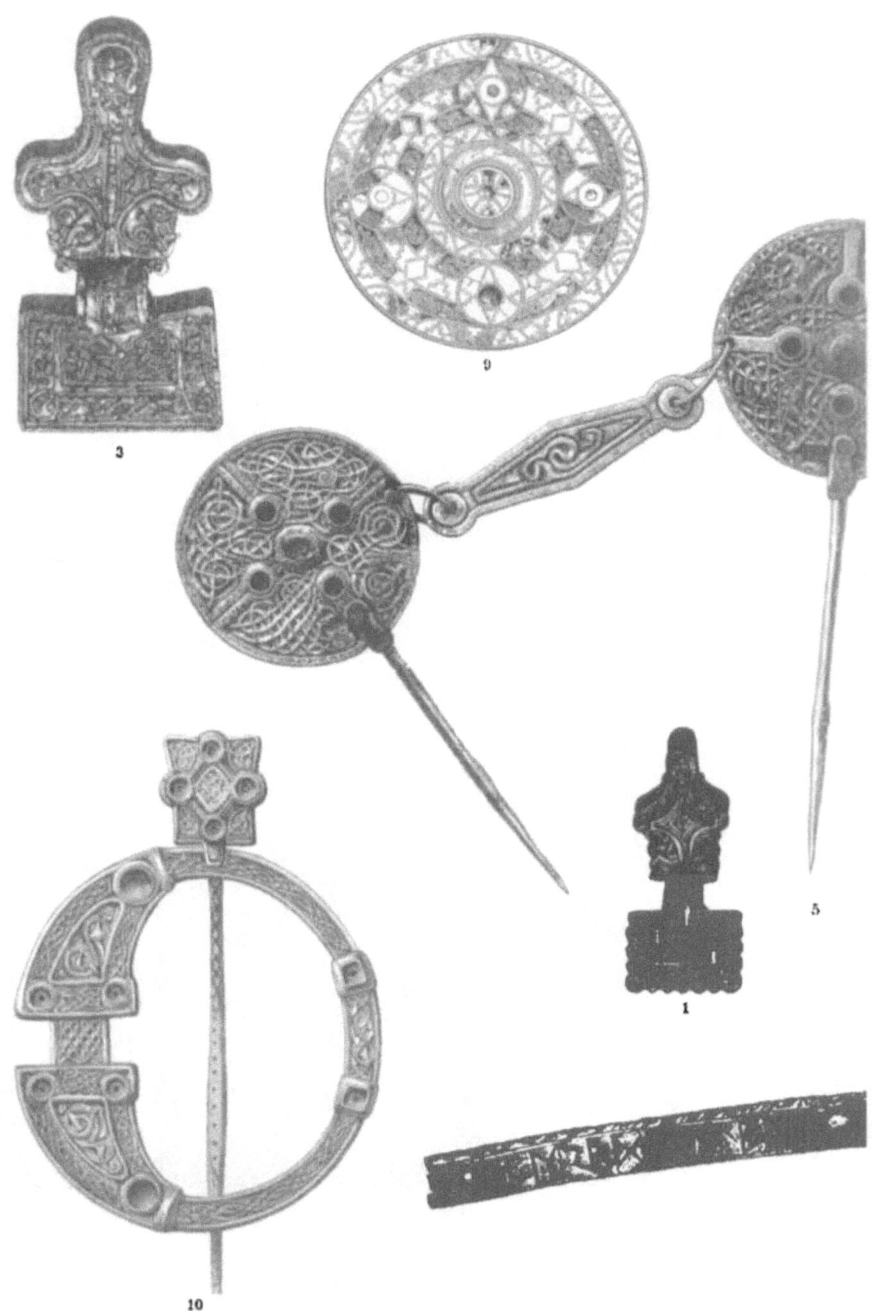

Angelsächsisches

1. 2. 3. 4. Spangen in einem angelsächsischen Grabhügel bei Chefell Down (Infel Wight) 1855 gefunden (Brit. M.
(Brit. Muf.); 6. Broche von Granaten und goldener Filigranarbeit, gefunden bei Abingdon. (Berkf.) (Brit. Muf.);
Themfe gefunden (Brit. Muf.); 9. Broche, gef. 1771 bei der rechten Schulter eines weiblichen Skeletts in einem Gr
Gold; die verfchiedenen Felder find mit Türkifen, Granaten und Perlmutter ausgelegt. 10. Fibula, 1862 bei Bonf

Schmuckgeräth.

.); 5. silberne Nadeln mit eingeflochtenen Mustern der irischen Schule, im Flusse Witham bei Lincoln gefunden
7. silberne Broche, gefunden in Toscana (Brit. Muf.); 8. silbernes Schmuckstück mit angelsächsischen Runen in der
be bei Kingston Down; „von einziger Schönheit", ist aus einzelnen Metallplatten gebildet, die Hülse ist ganz von
U, Derbyshire, gefunden. Bronze; mit Bernstein, Vergoldung und Emaillirung verziert gewesen; ⁴/₇ der na . Größe.

nem Rückgange begriffen war. Boten des Königs sollen in jenem Jahre
sogar nach Indien gegangen sein, um den dortigen Christen zu Ehren der
Apostel Thomas und Bartholomäus Almosen zu bringen, welche er einst, als
London von Dänen bedrängt wurde, jenen gelobt hatte. Bei dieser Gelegen=
heit mögen auch Beziehungen zu Jerusalem angeknüpft worden sein: ein Pa=
triarch von Jerusalem schickte orientalische Produkte, ein anderer medizinische
Rezepte.

Allen diesen auf Wissen und Bildung gerichteten Bestrebungen des
Königs wurde nun aber in glücklichster Weise durch eine gewisse Nüchtern=
heit seines Wesens und durch seine hervorragende Begabung für das Prak=
tische das Gleichgewicht gehalten. Aelfreds Kriegführung, seine Umbildung
des Heerwesens, die Sicherung der Rechtspflege, sein Haushalten mit Zeit
und Geldmitteln, ja selbst wieder seine Förderung der Kirche und der Kul=ur=
interessen, zeigen ihn uns, soweit die dürftige Ueberlieferung überhaupt ein
Urtheil gestattet, durchweg als einen Mann, der das Nothwendige rasch er=
kennt, geschickt seine Mittel wählt und, um es kurz zu sagen, jede Sache am
rechten Ende angreift. Unfruchtbare Stubengelehrsamkeit lag ihm vollständig
fern. Er hörte und las gern von den vorzeitlichen Helden seines Volkes und
wurde selbst ein Held; er war zugleich der fruchtbarste Schriftsteller und der
tüchtigste Jäger unter seinem Volke und wahrscheinlich im grünen Walde noch
besser daheim als unter seinen Büchern; er wußte den Bischöfen zu sagen,
was ihnen und ihren Geistlichen noth that, und ebenso gut seinen Jäger=
meistern die Kunstgriffe anzugeben, mit denen Falken, Habichte und Hunde
abgerichtet werden. Er versenkte sich mit Boethius in die Tiefen der Ab=
straction und verschaffte sich im Verkehre mit Handwerkern und Künstlern
ein solches Verständniß des Technischen, daß er, wie Asser sagt, auch jene be=
lehren konnte.

Während die schriftlichen Erzeugnisse der Zeit in ziemlichem Umfange
auf uns gekommen sind, ist es mit den technischen viel schlimmer bestellt.
Wir hören, daß Aelfred sich eifrig mit dem Aufbau zerstörter und der An=
lage neuer Städte beschäftigte, wie denn die Errichtung fester Plätze ein wich=
tiges Glied in seinem Vertheidigungsplane war. Er verlegte auch vielfach
die ländlichen Wohnsitze seiner Vorfahren an günstigere Orte und baute sie
stattlicher wieder auf, aus Holz und Stein und mit reichem Schmucke, so daß
sie der königlichen Würde mehr entsprachen. Kirchen und Klöster erstanden
aus den Trümmern oder wurden von Grund aus neu errichtet. Aber von
allen diesen Bauten scheint Nichts das dazwischen liegende Jahrtausend über=
bauert zu haben, so daß sich auch nicht sagen läßt, worin die technische
Neuerung Aelfreds bestanden haben mag, welche nach Assers Zeugniß bei
solchen Arbeiten in Anwendung gekommen sein soll.[1]) Dagegen ist doch
Manches von Werken der Kleinkunst gerettet, welche ungefähr jener Zeit an=

---

[1]) Asser l. c.: nova sua machinatione.

gehören werden, und diese: Gläser, geschnitzte Elfenbeinplatten, welche zu Bücherdeckeln oder zu Kästchen gebraucht wurden, und vor Allem die Gold=arbeiten und Schmucksachen, wie das oben beschriebene sogenannte Juwel Aelfreds, zeigen doch einen nicht zu verachtenden Grad von Fertigkeit. Das ihnen von Asser gegebene Prädicat unvergleichlich verdienen sie freilich nicht, sobald sie sich an die Wiedergabe der menschlichen Gestalt wagen. Das Bild des Königs auf seinen in Oxford, London und Canterbury geprägten Münzen ist eine Fratze. Was die Figur auf Aelfreds Juwel darstellen soll, ist ein=fach deshalb nicht zu sagen, weil sie geradezu ungeheuerlich ist, und auf einem Fischbeinkästchen¹), dessen Bildwerk nach der beistehenden Inschrift aus angel=sächsischen Runen und lateinischen Buchstaben Römer und Juden und oben=drein zum Theil im Kampfe darstellen will, muß man zufrieden sein, wenig=stens Menschen erkennen zu können. Unvergleichlich schön ist dagegen die Ornamentik jener Schmucksachen, welche ihre Muster offenbar den Pracht=handschriften der älteren Zeit entlehnt hat, nicht denen der Zeit Aelfreds, welche der durch den Krieg herbeigeführten Verarmung entsprechend viel ein=facher als jene gehalten sind. Die alte Kunstübung, in welcher die Angel=sachsen bei den Briten in die Schule gegangen waren, ist wenigstens auf diesem Gebiete nicht untergegangen und es war schon genug, wenn sie sich unter dem Drucke der allgemeinen Verhältnisse erhielt, auch ohne eigentliche Fort=schritte zu machen. Auch hier muß man bedauern, die unmittelbare Einwir=kung des Königs, von welcher Asser ebenfalls spricht, nicht verfolgen zu können.

Die königliche Thätigkeit Aelfreds ist also doch eine ganz andere als die aller seiner Vorgänger. Sie erstreckt sich nicht blos über ein größeres Ge=biet, sondern sie ist auch in Bezug auf die Menge der Geschäfte und in ihrer intensiven Wirkung gesteigert. Beides zusammen aber verschaffte dem Königthume unverkennbar auch eine höhere Geltung als früher und hob es weit empor sowohl über die Ealdormen der einzelnen Völkerschaften als über die Bischöfe. Der König vertritt allein alle Theile der Angeln und Sachsen nach Außen und er allein kann mit Auswärtigen Verträge schließen, bei welchen die Ealdormen nur noch in ihrer Eigenschaft als Witan mitwirken. Die Buße für den Hausfriedensbruch (burhbryce) war nach dem Gesetze Ine's für den König und den Bischof gleich hoch mit 120 Schilling angesetzt worden und für den Ealdorman auf 80. Die Witan Aelfreds haben da=gegen mit seinem Gesetzbuche auch die Bestimmung gebilligt, daß die Buße von 120 Schilling sich allein auf den gegen den König verübten Burgbryce beschränkte, während sie bei einem Erzbischofe nur 90 Schillinge betrug und bei einem Ealdorman oder Bischofe sogar auf 60, also auf die Hälfte der Königsbuße, zurückging. Der König ist jetzt der einzige im ganzen Reiche, welcher einen Anspruch auf Vererbung seiner Würde besitzt, während diese auch da, wo sie sich am Längsten erhalten hatte, nämlich bei den Ealdormen,

---

1) S. die beigegebene Tafel.

In Fischbein geschnitzte Rückseite eines Kästchens, die Einnahme Jerusalems darstellend. (London, Brit. Museum.)

Die Umschrift theils in angelsächsischen Runen theils in lateinischen Buchstaben lautet, an der linken Seite unten beginnend:

Her fegtad	Titus end Giudeasu	His fugiant Hierusalem	asitatores (= habitatores)	Auf die unteren Darstellungen sich beziehend: links:	Dom
Hier kämpfen	Titus und die Juden.	Hier fliehen Jerusalems	Bewohner.	Gericht. rechts:	Gisl Geiseln.

jetzt gänzlich geschwunden ist, bis auf Mercia, wo das Interesse der königlichen Dynastie selbst eine Ausnahme zuließ. Nachstellungen gegen das Leben des Königs sollen jetzt mit dem Leben und Verlust aller Habe bestraft werden und wenn daneben auch noch immer die Möglichkeit offen gehalten wird, daß der Schuldige das Verbrechen mit dem königlichen Wehrgelde sühnt, so war einerseits die Möglichkeit eine sehr geringe und andrerseits in der Einleitung zu dem Gesetzbuche als göttlich-kirchliches Recht hingestellt worden, daß wohl bei den meisten Missethaten das erste Mal eine Geldbuße angenommen, aber bei dem Verrathe des Herrn keine Barmherzigkeit gestattet werden dürfe. Die königliche Gerichtsbarkeit endlich, früher nur eine Ergänzung der unteren Gerichte, beginnt sich zu einer Oberaufsicht und Revisionsinstanz über die letzteren zu entwickeln und die Erwähnung eines königlichen Gefängnisses in Aelfreds Gesetzbuch (s. o. S. 168) — einer so unerhörten Einrichtung, daß die Angelsachsen für dieselbe gar kein eigenes Wort hatten, sondern sich des lateinischen carcer bedienen mußten — scheint doch darauf hinzudeuten, daß man dem Könige eine selbständige Strafgewalt beizulegen und ihn als den Herrn schlechtweg zu betrachten anfing, welchem gegenüber alle Volksgenossen eben nur als seine Diener erschienen. Daß also die Macht und das Ansehen des Königthums in der Zeit Aelfreds eine sehr erhebliche Steigerung erfuhren, ist eine Thatsache, welche nicht gut bestritten werden und bei welcher höchstens das Eine zweifelhaft sein kann, ob sie mit Bewußtsein erstrebt wurde. Das Meiste dürfte doch die Praxis dazu beigetragen haben, auf deren Gestaltung die hervorragende und rührige Persönlichkeit Aelfreds und seine lange Regierung nothwendig einen entscheidenden Einfluß ausüben mußten.

Asser giebt wiederholt seiner Verwunderung Ausdruck, wie der König auch nur die Zeit gefunden habe, den verschiedenartigen Ansprüchen zu genügen, welche an ihn herantraten, und es hat in der That im Mittelalter schwerlich einen Herrscher gegeben, welcher eine größere Thätigkeit entfaltet hätte. Unter steter Bedrohung mit feindlichen Anfällen und selbst keinen Augenblick vor der Wiederkehr der ihn zeitweise völlig niederwerfenden Krankheit sicher, verstand er gleichzeitig das Heerwesen umzubilden, die gestörte Verwaltung neu einzurichten, für bessere Rechtspflege zu sorgen, den Verkehr mit seinen gelehrten Freunden zu pflegen, sich selbst weiterzubilden, als Schriftsteller seine Zeitgenossen in Fruchtbarkeit zu übertreffen, dem edeln Waidwerk obzuliegen, die Handwerker und Künstler in seinem Dienste zu beaufsichtigen, zahllose Fremde zu empfangen, in seiner freundlichen Art Jedermann zugänglich zu sein und doch, was ihm Herzenssache war, für die im Laufe des Tages sich ablösenden gottesdienstlichen Uebungen und für stilles Gebet sich stets die nothwendige Zeit frei zu halten. Die Hälfte seines Seins soll er Gott gelobt haben und wegen der Gewissenhaftigkeit, mit welcher er alle Dinge betrieb, mag man seinem Biographen wohl glauben, daß er, was er etwa einmal im Drange unabweislicher Geschäfte am Gottesdienste versäumen mußte, in nächtlichen Gebeten getreulich nachholte. Freilich wenn in dem

nebligen Lande die Sonne nicht sichtbar ward, also die Stunden sich an ihr
nicht bemessen ließen, oder gar des Nachts konnte es leicht geschehen, daß die
Gott gelobte Zeit nicht genau inne gehalten wurde, und die Besorgniß, sich
dadurch schwer zu versündigen, führte Aelfred nach langem Nachdenken endlich auf die Auskunft, die Stunden nach dem Herabbrennen von Kerzen zu
bestimmen, welche in zwölf Zoll eingetheilt und gerade auf 24 Stunden berechnet waren. Aber der Luftzug, welcher durch die Thüren und die damals
und noch lange nachher nicht verglasten Fenster der Kirchen drang, oder wenn
der König im Felde lag, durch die Zeltwand, warf die ganze Berechnung
wieder über den Haufen, bis er darauf kam, die Kerze mit einem Gehäuse
aus Holz und feinen Hornscheiben zu umgeben und so ihr gleichmäßiges
Brennen zu sichern.

Die Auffassung Aelfreds von seinen Pflichten gegen Gott mag eine kind-
liche sein, aber die Treue, mit welcher er ihnen nachzukommen sucht, ist darum
nicht minder rührend und ein Zeugniß ebenso seiner Wahrhaftigkeit als
seiner Pünktlichkeit, ohne welche er die vielen auf ihn einbringenden Geschäfte gar nicht bemeistert hätte. Und dieselbe Gewissenhaftigkeit, welche ihn
in der Verwendung seiner Zeit leitete und jene vielseitige Thätigkeit ermöglichte, bestimmte ihn auch, sich in der Verwerthung seiner baaren Einkünfte
aus dem Reiche an eine feste Ordnung zu binden, welche freilich einem mo-
dernen Staatshaushalte noch sehr unähnlich aussieht, aber doch die Ansätze
zu einem solchen enthält. Die Summe dieser Einkünfte, welche, wie früher
erörtert worden ist, aus sehr verschiedenen Quellen, zumeist jedoch wohl aus
den Gerichtsgefällen dem Könige zuflossen, mochte allerdings erheblichem
Schwanken unterworfen und namentlich auch davon abhängig gewesen sein,
ob das Reichsgebiet von Feinden gesäubert oder in mehr oder minder großem
Umfange von ihnen heimgesucht war. Wie viel oder wie wenig aber in jedem
Jahre einkam, die eine Hälfte war regelmäßig für weltliche und die andere
für kirchliche Zwecke bestimmt und die Theilung geschah eigenthümlicher Weise
nicht etwa durch den König, der doch über jene Einkünfte frei verfügen
konnte, sondern durch seine Thegns, welchen er wiederum aus ängstlicher Gewissenhaftigkeit dieses Geschäft überließ. Jede der beiden Hauptsummen wurde
dann weiter in kleinere Posten zerlegt, für deren Verwendung der König sich
ebenfalls feste Regeln gesetzt hatte. Er verbrauchte also von dem zu weltlichen Zwecken ausgeschiedenen Gelde ein Drittel für den Unterhalt und den
Sold der von ihm abwechselnd zum Dienste einberufenen Thegns, welche daraus
je nach ihrem Amte und Range Entschädigungen empfingen; ein Drittel für
die Bauten und seine sonstigen gewerblichen Unternehmungen, zu welchen er
zahlreiche Leute auch aus der Fremde heranzog; und das letzte Drittel wie
eine Art königlicher Dispositionskasse, um seiner Neigung zur Freigebigkeit
Genüge thun zu können. Aus dem kirchlichen Budget aber war das erste
Viertel für Arme, das zweite für seine beiden Klosterstiftungen in Aethelney
und Shaftesbury, das dritte für die königliche Schule und das vierte ganz

im Allgemeinen zu Unterstützungen bestimmt, mit welchen regelmäßig die Klöster in Südengland und Mercia und je nach den vorhandenen Mitteln auch solche in Cornwal, Wales, im dänischen Northumbrien, ja sogar in Irland, Bretagne und Frankreich bedacht wurden.

Man sieht, daß Aelfred, von welchem wohl vorausgesetzt werden darf, daß er diese selbstgewollte Ordnung auch einhielt, sich für seine und seiner Familie Bedürfnisse auf den Ertrag seiner Eigengüter beschränkte und die ihm als dem König zufließenden Einnahmen überwiegend wieder staatlichen Zwecken zuführte, zu welchen eben auch die Sorge für Kirchen und Klöster gehörte. Dieser Umstand konnte im Vereine mit dem anderen, daß Männer seines Vertrauens[1]) die Summen feststellten, welche alljährlich für jeden einzelnen Posten zu verwenden waren, überaus folgenreich für die weitere Entwicklung der angelsächsischen Verfassung werden. Jene Männer waren ohne Zweifel die angesehensten seiner Thegns, als solche dann aber auch Mitglieder des Witenagemota, dessen Befugniß durch kein Gesetz ausdrücklich begrenzt, also unter Umständen auch der Erweiterung zu einer Kontrolle über das königliche Finanzwesen fähig war. War die Finanzordnung Aelfreds zunächst auch nur aus dem freien Entschlusse eines peinlich gewissenhaften Königs hervorgegangen, so bedurfte sie doch nur längerer Dauer, etwa der Einbürgerung unter einer Reihe von nachfolgenden Königen, um gewohnheitsrechtlich und damit für die Krone verbindlich zu werden.

Die Glaubwürdigkeit des von Asser gegebenen Berichts über diese Finanzordnung wird nicht wenig dadurch unterstützt, daß sie vollkommen zu Aelfreds sonst bekanntem Wesen stimmt und ein Seitenstück in seinem Testamente hat.[2]) Aelfred, stets von Krankheitsanfällen heimgesucht, traf schon früh letztwillige Verfügungen, änderte diese jedoch wiederholt ab, bis sie den Inhalt bekamen, welcher auf einer Reichsversammlung zu Langandene zwischen den Jahren 880 und 885 durch das Zeugniß der westsächsischen Witan bekräftigt wurde und der endgiltige blieb. Gestützt auf das Testament seines Vaters und die mit seinem Bruder Aethelred getroffene Abmachung über das Hausgut verschaffte er sich zuerst einen Rechtsspruch der Witan, daß er über dasselbe nach freiem Gutdünken verfügen dürfe, und er vertheilte es dann in namentlicher Aufzählung der einzelnen Güter, so daß sein ältester Sohn Eadward, der künftige König, bei Weitem den größten Theil, aber auch seine Gemahlin, die übrigen Kinder, dann die beiden noch lebenden Söhne Aethelreds, Aethelhelm und Aethelward, und endlich ein sonst unbekannter Verwandter Osferd einige Landgüter erhielten. Der Grundbesitz in Kent wurde dem Bisthum Winchester vermacht, wo Aelfred wohl schon damals sein Grab zu haben wünschte. Was so vom Hausgute ausgethan ward, sollte den Beliehenen auf ihre Tage und dann noch ihrer männlichen Nachkommenschaft verbleiben,

---

1) Asser p. 495. 496 sagt: ministri.   2) Nach Kemble, cod. dipl. nr. 314, auch bei Pauli S 320.

falls solche aber nicht vorhanden wäre, wieder an das Geschlecht und zwar an die nächste männliche Hand zurückfallen. Denn, sagte Aelfred, „mein Aeltervater hat sein Land der Speerhälfte und nicht der Spindelhälfte zugesprochen". Er will durch Ausschließung der weiblichen Erbfolge eine dauernde Zersplitterung des Hausgutes verhüten und dafür sorgen, daß der nächste Erbberechtigte, welchem ja voraussichtlich auch die Krone zufallen mußte, des Rückhalts am eigenen Gute nicht entbehrte. Dieselbe Genauigkeit wurde bei der Vertheilung des königlichen Baarschatzes beobachtet, aus welchem zunächst größere Summen den Söhnen, kleinere der Wittwe und den Töchtern ausgesetzt, aber auch die Ealdormen und „die Mannen, welche mir folgten", mit verhältnißmäßigen Gaben bedacht wurden. Auch die Bischöfe gingen nicht leer aus und ebenso wenig fehlen Stiftungen zum Seelengedächtnisse, bei welchen, ähnlich wie in jener Finanzordnung, die Vertheilung und Verwendung peinlich genau vorausbestimmt wird. Aber das Testament Aelfreds ist nicht nur ein Denkmal seiner Ordnungsliebe, sondern auch der Ausdruck seines feinen Gefühls und einer durchaus wohlwollenden Gesinnung. Es ist ein hübscher Zug, daß unter den Landgütern, welche er seiner Wittwe bestimmte, sein Geburtsort Wantage sich befand, und es zeugte von großer Rücksicht, daß sein Schwiegersohn Aethelred von Mercia, dessen Stellung immerhin eine andere war, als die der übrigen Ealdormen, nicht Geld gleich diesen, sondern ein sehr kostbares Schwert als Vermächtniß erhielt. Der König vergaß, als er sein Testament machte, auch nicht die Förderung, welche er dem Bischof Werfrith von Worcester schuldete, und wie er die Dienste seiner Beamten und Gefolgsleute anerkannte und belohnte, so gedachte er dankbar auch seiner treuen Knechte: Alle, mochten sie als Freie oder Knechte geboren sein, sollten volle Freiheit haben sich einen anderen Herrn zu wählen, und Niemand sollte von ihnen ein Abzugsgeld erzwingen. Viele werden von dieser Freiheit kaum Gebrauch gemacht haben, wenn Aelfreds Erben gleich ihm geartet waren: pünktlich, genau, aller Lässigkeit feind, aber zugleich sorgsam und auf das Wohl Aller bedacht.

Ueber die letzten Lebensjahre Aelfreds seit dem Ende der dänischen Angriffe fehlen alle Nachrichten. Sie verliefen ohne Zweifel friedlich und sie werden von dem König benutzt worden sein, noch emsiger als zuvor die Entwicklung des Landes zu fördern. Er starb, erst 52 Jahr alt, am 26. oder nach Anderen am 28. November 901 und ward zu Winchester in Grimbalds Abtei Newminster beigesetzt. Sein Sohn Eadward, ein Mann in der Blüthe seiner Jahre, der schon im Testamente des Vaters durch Zutheilung des größten Erbtheils deutlich als Nachfolger bezeichnet, als solcher auch wohl schon damals von den Witan anerkannt und wenigstens 898 an Regierungshandlungen des Vaters betheiligt worden war, trat ohne Weiteres in die Herrschaft ein und es ist kein geringer Beweis für die durch Aelfred herbeigeführte Festigung aller Verhältnisse, daß Eadwards Vetter Aethelwald mit seinem Versuche, gewaltsam sich königlicher Hausgüter zu bemächtigen und dann überhaupt Eadwards Nachfolge zu bestreiten, nirgends im Volke Anklang fand und zu den Dänen von Ostangeln flüchten mußte, auf deren Seite er im Jahre 905 gegen seine Landsleute fechtend gefallen ist.

Die dreißigjährige Regierung Aelfreds des Westsachsen bedeutet für England fast in allen Beziehungen den Abschluß der bisherigen und den Anfang einer neuen Entwicklung. Die zahlreichen kleinern Königreiche der ältern Zeit waren bis auf Northumbrien und Ostangeln, welche sich dänischer Herrschaft hatten fügen müssen, entweder dem neuen Reiche der Angeln einverleibt oder demselben untergeordnet wie Mercia und die kleinen britischen Fürstenthümer von Wales. Die regellosen Anfälle dänischer Wikinge schienen sich mit der großen Krisis der Jahre 893 bis 897 erschöpft zu haben und die dänischen Herrschaften, welche in den genannten Provinzen begründet worden waren, hatten kaum ein geringeres Interesse als die Angeln und Sachsen, daß jene Anfälle sich nicht erneuerten. Die angelsächsische Kultur war zwar durch den langen Kriegszustand tief herabgedrückt, aber doch nicht ganz von der Barbarei überwältigt worden, und indem sie eben jetzt einen neuen Aufschwung nahm, war alle Aussicht vorhanden, daß sie in Gemeinschaft mit dem Christenthum sehr bald auch der mitten unter christlichen Angeln niedergelassenen heidnischen Fremden Meister werden würde. Die angelsächsische Kirche verband mit strenger Katholicität und großer Ehrfurcht vor Rom, welche Aelfred theilte und seit 883 fast alljährlich durch reiche Gaben bethätigte, noch immer einen sehr ausgeprägten nationalen Zug und dieser mußte sich nothwendig noch verstärken, als man die Volkssprache für kirchliche Lehr= und Hülfsbücher und überhaupt für gelehrte Arbeiten zu verwenden anfing. Die germanischen Grundlagen der Verfassung, der Rechtspflege und des Heerwesens waren vollends unberührt geblieben, obwohl manche Umbildungen und Weiterbildungen theils schon durch die Zeitverhältnisse herbeigeführt, theils für die Zukunft angedeutet waren. Liefen sie im Allgemeinen darauf hinaus, der unmittelbaren Einwirkung des Königs auf allen Gebieten einen größeren Spielraum zu verschaffen, so war andrerseits in der von Aelfred beliebten Finanzordnung für die Mitwirkung des großen Rathes bei der Feststellung der Ausgaben wenigstens die Möglichkeit einer Anknüpfung gegeben.

Fertig war noch Nichts und das Reich Aelfreds war äußerlich und innerlich noch lange kein England. Aber Aelfred hat mehr als irgend ein Vorgänger dazu gethan, daß es England wurde.